BIBLIOTHÈQUES D'ÉCRIVAINS

TEXTES ET MANUSCRITS

COLLECTION FONDÉE PAR LOUIS HAY

OUVRAGES PARUS

La genèse du texte. Les modèles linguistiques, collectif, 1982
[réimpression 1987]

Genèse de Babel. Joyce et la création, sous la dir. de Claude JACQUET, 1985

Le manuscrit inachevé. Écriture, création, communication, collectif, 1986

De la lettre au livre. Sémiotique des manuscrits littéraires, collectif, 1989

Carnets d'écrivains. 1, collectif, 1990

L'écriture et ses doubles. Genèse et variation textuelle,
sous la dir. de Daniel FERRER et Jean-Louis LEBRAVE, 1991

Genèses du roman contemporain. Incipit et entrée en écriture,
sous la dir. de Bernhild BOIE et Daniel FERRER, 1993

Marcel Proust. Écrire sans fin,
sous la dir. de Rainer WARNING et Jean MILLY, 1996

Pourquoi la critique génétique ? Méthodes, théories,
sous la dir. de Michel CONTAT et Daniel FERRER, 1998

Genèses du « Je ». Manuscrits et autobiographie,
sous la dir. de Philippe LEJEUNE et Catherine VIOLLET, 2000

Écrire aux XVIIᵉ et XVIIIᵉ siècles.
Genèses de textes littéraires et philosophiques,
sous la dir. de Jean-Louis Lebrave et Almuth Grésillon, 2000

Textes et Manuscrits
Collection dirigée par Pierre-Marc de Biasi et Daniel Ferrer

Bibliothèques d'écrivains

Elisabeth Décultot, Catherine Volpilhac-Auger, Hélène de Jacquelot,
Sandro Barbera, Anne Herschberg Pierrot, Claude Mouchard,
Jacques Neefs, Paolo D'Iorio, Frank Simon-Ritz, Daniel Ferrer,
Judith Robinson-Valéry, Brian Stimpson, Jean-Claude Liéber,
Madeleine Renouard

Sous la direction de
Paolo D'Iorio et Daniel Ferrer

 CNRS EDITIONS

15, rue Malebranche – 75005 Paris

En application du Code de la propriété intellectuelle, CNRS ÉDITIONS interdit toute reproduction intégrale ou partielle du présent ouvrage, sous réserve des exceptions légales.

Illustrations de couverture : © Pierre-Marc de Biasi

© CNRS ÉDITIONS, Paris, 2001
ISBN : 2-271-05847-3

SOMMAIRE

Introduction. « Un imperceptible trait de gomme
de tragacanthe… »
    par Daniel FERRER 7

Lire, copier, écrire. Enquête sur la bibliothèque manuscrite
de Johann Joachim Winckelmann
    par Elisabeth DÉCULTOT.. 29

Montesquieu en ses livres : une bibliothèque à recomposer
    par Catherine VOLPILHAC-AUGER....................................... 51

Les bibliothèques de Stendhal
    par Hélène DE JACQUELOT 71

La bibliothèque d'Arthur Schopenhauer
    par Sandro BARBERA 101

Les bibliothèques de Flaubert
    par Anne HERSCHBERG PIERROT, Claude MOUCHARD, Jacques NEEFS 121

Le catalogue multimédia de la bibliothèque de Nietzsche
    par Paolo D'IORIO et Frank SIMON-RITZ 145

Les bibliothèques virtuelles de James Joyce et de Virginia Woolf
    par Daniel FERRER 171

6

La bibliothèque de Valéry: traces de lectures, catalogue et corpus
des notes marginales
    par Judith ROBINSON-VALÉRY *et Brian* STIMPSON 195

La bibliothèque de Monsieur Songe: les livres de Robert Pinget
    par Jean-Claude LIÉBER *et Madeleine* RENOUARD 225

Introduction

« UN IMPERCEPTIBLE TRAIT DE GOMME DE TRAGACANTHE… »

Daniel FERRER

Dans le passé, il n'était pas rare qu'un potentat éclairé achète la bibliothèque d'un grand écrivain. C'est ainsi que les livres de Voltaire, copieusement annotés de sa main, ont été acquis par Catherine II et se trouvent encore de nos jours rassemblés à Saint-Pétersbourg[1]. En dehors de la valeur que pouvaient représenter en eux-mêmes les volumes qui composaient ces bibliothèques, à des époques ou les livres étaient rares ou difficilement accessibles, on peut s'interroger sur les fondements réels de telles acquisitions, qui sont toujours d'actualité au XXe siècle où les mécènes ou les institutions ont pris la relève des souverains. Sans doute s'agit-il parfois d'un simple prétexte pour faire avec tact le don d'une somme d'argent à un grand homme dans le besoin, mais ce geste ne fait que souligner le caractère de valeur reconnue (valeur symbolique, valeur d'échange, qui doit bien reposer sur une certaine valeur d'usage) de la bibliothèque de l'écrivain, quasiment à l'égal de ses manuscrits. C'est d'ailleurs le même effet de métonymie fétichisante qui confère une valeur de relique aux livres et aux manuscrits (et à tous les objets ayant appartenu aux grands hommes), relique d'autant plus précieuse qu'elle est étroitement liée à leur intimité ou à leur activité principale (les livres de l'écrivain sont de ce point de vue à la fois le chapeau de Napoléon et la longue-vue de l'amiral Nelson). Il faut aussi faire une place, plus grande encore peut-être, à l'illusion

---

1. Comme me l'a fait remarquer Jean-Claude Bonnet, la bibliothèque de Diderot a aussi été achetée par Catherine II et se trouve, ou devrait se trouver également à Saint-Pétersbourg, mais les volumes en ont été dispersés dans les collections impériales et la bibliothèque n'est plus identifiable comme telle. Cette présence-absence, qui désole les spécialistes de Diderot, illustre de manière saisissante la différence entre une bibliothèque et les volumes qui la composent.

qu'on va acquérir le savoir du grand homme en même temps qu'on en acquiert l'instrument ou le siège, un peu comme les peuplades primitives dévorent la cervelle ou le cœur de leurs ennemis valeureux pour s'en approprier les vertus. Mais il est important de remarquer qu'il s'agit ici d'une manducation au second degré, puisque la bibliothèque est elle-même pour l'écrivain un lieu de consommation de cervelles plus ou moins fraîches, de digestion – ou de rejet – de la pensée d'autrui. Si nous nous invitons à ce banquet c'est en fait moins pour consommer à l'envi que pour observer les manières de table. Il y a un plaisir, qui s'apparente au voyeurisme, à parcourir les pages qu'un autre a lues et annotées, le plaisir de surprendre un *rapport* intime ou du moins privé. L'intérêt scientifique ne se sépare pas sur ce point de la pensée magique et des désirs obscurs : ce que la bibliothèque de l'écrivain permet d'intercepter et d'appréhender, c'est moins un savoir qu'une série de relations – relations entre des esprits par l'intermédiaire de textes, relations entre des textes par l'intermédiaire de manuscrits, relation entre une écriture et son environnement.

Vice solitaire ou pratique sociale : historicités et anachronies

Les bibliothèques d'écrivain matérialisent de la manière la plus visible l'interface entre l'acte individuel de création et l'espace social dans lequel il est immergé. En effet, le choix des livres lus et la manière dont on les lit sont à la fois culturels et hautement individuels. Les pratiques de lecture résultent d'un apprentissage et même d'un dressage social intense dont les modalités varient selon les époques, mais, habitudes solitaires, elles s'exercent pour l'essentiel hors du contrôle de la collectivité, dans un espace privé qui favorise les dérives idiosyncrasiques. C'est ce qui explique qu'on ne sache pas grand-chose sur ces habitudes et, de ce point de vue, l'étude des bibliothèques d'écrivains présente un intérêt documentaire certain. Elles nous apprennent comment, à une époque donnée, on annote les livres, comment on les classe. Ainsi, au début des années 1990, pour pouvoir mettre au point le futur poste de travail de la Bibliothèque nationale de France, qui était alors envisagé comme un véritable poste de lecture assistée par ordinateur, a-t-on eu recours à quelques utilisateurs modèles, des témoins privilégiés, grands lecteurs par profession. On a enregistré leurs pratiques effectives de lecture-écriture et l'on s'est attaché à définir les fonctions et les besoins à partir des habitudes de ces expérimentateurs témoins. Les bibliothèques des grands écrivains du passé (celles des écrivains de second ordre sont rarement préservées intactes) nous offrent de même le cas concret de quelques grands témoins, particulièrement exemplaires. Malheureusement, cette exemplarité même les rend en définitive peu représentatifs pour une étude historique[2] – et sans doute aussi pour une étude cognitive. Rien ne prouve en effet que les écrivains majeurs, qui, par définition, ont au moins comme particularité d'avoir écrit des œuvres hors du commun, lisent comme tout le monde. Le contraire donnerait matière à réflexion, mais serait quelque peu décevant dans une perspective génétique. Si nous étudions la bibliothèque de Flaubert, de Nietzsche ou de Joyce, c'est avant tout parce que nous nous demandons s'il y a quelque chose d'exceptionnel dans leurs lectures, dans leur manière de lire, qui puisse nous aider à rendre compte de leur œuvre exceptionnelle. Mais même de ce point de vue, la perspective historique et sociale reste capitale : pour comprendre, pour percevoir l'exceptionnel, il faudrait avoir décrit la norme, le courant, le banal… Malheureusement nous connaissons bien mieux la bibliothèque de Nietzsche que celle du professeur allemand moyen dans la seconde moitié du XIXe siècle. Il faudra donc se garder autant que possible de confondre ce qui est trait d'époque, devenu pour nous exotique, et ce qui est spécificité d'un créateur.

À l'inverse, étudier les bibliothèques des écrivains nous permet de nuancer une vision simplificatrice qui ferait surgir l'œuvre d'un «champ littéraire» contemporain, étroitement défini : les traces de lecture prouvent que le dialogisme, le jeu de positionnement, le fait de se définir en fonction de l'autre et en opposition à lui, mettent en jeu les écrivains des générations passées tout aussi intensément que les contemporains. Virginia Woolf dialogue implicitement avec Sterne, Jane Austen et Dickens tout autant qu'avec Joyce ; T.S. Eliot a eu un rapport complexe et passionné avec les poètes du XVIIe siècle et notamment avec Milton, autant qu'avec Ezra Pound et Joyce, qui eux-mêmes

---

2. Malgré les théories qui voudraient que le grand écrivain soit celui qui incarne mieux que personne son temps et sa classe, ce qui permet de concilier commodément la fascination pour l'exceptionnel et le «génie» et la préoccupation historique, sociale et politique. Toutefois la bibliothèque de l'écrivain célèbre de son temps peut avoir en effet un intérêt historique capital du fait, non des livres qu'il a achetés, mais de ceux qu'il a reçus. Comme le fait remarquer Valéry : «Un écrivain célèbre reçoit de tous les points de l'horizon littéraire une quantité toujours croissante d'ouvrages dont les uns lui sont adressés comme des réponses, les autres comme des demandes : et tantôt l'amitié, tantôt l'admiration, tantôt le calcul, parfois l'anxiété d'un auteur et ses doutes sur soi-même, se manifestent par ces envois et se déclarent par les dédicaces qu'ils portent, hommages ou échanges, l'ensemble de ces livres offerts constituant un document qui peut être précieux sur une époque de la littérature, et sur l'homme qui les a reçus» (cité par Philippe ARBAIZAR, «La bibliothèque de l'écrivain», in *Histoire des bibliothèques françaises. Les Bibliothèques du XXe siècle*, Martine Poulain éd., Paris, Le Cercle de la librairie, 1992).

se définissaient à partir d'une longue tradition; un romancier d'aujourd'hui peut chercher à se définir plus par rapport à Joyce ou à Céline, que par rapport à Philippe Sollers et à Guy Des Cars. Il est vrai que la lecture des anciens se fait toujours en fonction de préoccupations contemporaines: ce qu'on va chercher dans le passé et ce qu'on y trouve ne saurait être indépendant de l'époque dans laquelle on vit, mais l'historicité de la lecture (et par voie de conséquence, celle de l'écriture) a ses rythmes propres, très autonomes par rapport à ceux de l'histoire politique, sociale et même culturelle, elle est traversée d'anachronies radicales dont les bibliothèques, dans leurs fonctions de conservation et de sédimentation, sont les reflets et les agents. On peut aussi observer ces juxtapositions de temporalités hétéroclites à l'intérieur d'un seul volume, voire même dans l'espace d'une seule page. Ainsi, en marge d'une édition de Shakespeare, on trouve une note de la main de Wordsworth critiquant sévèrement certains sonnets de son grand devancier. À côté, sur la même page, une autre note, de la main de Coleridge, prend la défense de Shakespeare et critique à son tour Wordsworth pour sa sévérité; puis, considérant que tout ce qui sort de la plume de Wordsworth est digne d'intérêt, il confie ce volume à la garde future de la postérité et de son fils, alors nouveau-né, auquel il enjoint de conserver ce livre pour l'amour de Shakespeare et de Wordsworth. Le dialogue entre contemporains (Wordsworth/Coleridge) n'est pas séparable d'un rapport complexe au passé (Shakespeare) et à l'avenir (la posture testamentaire). De même, Stendhal adolescent projette de se constituer une bibliothèque de citations « de Rabelais, Amiot, Montaigne, Malherbe, Marot, Corneille, La Fontaine », et de s'approprier leurs locutions afin « que dans trois cents ans [on le] croie contemporain de Corneille et Racine[3] ». Il prétend se retirer de son siècle et se faire le contemporain du XVIIe et du XXe siècle[4]. Même quand il sera devenu pamphlétaire du Romantisme, son rapport à Chateaubriand et à son style passera par un dialogue avec Rousseau et avec les écrivains du XVIIe d'une part, et d'autre part avec son futur lecteur « peut-être né ce matin dans la maison voisine » ou avec la jolie femme qui le lira peut-être avec intérêt cinquante ans après sa mort.

---

3. Bibliothèque municipale de Grenoble, R5896, t. VII, f°s 5/5v°. Je remercie Marie Inez Baretto de m'avoir donné accès à ses transcriptions.

4. « Il faut ce me semble se tirer de son siècle et se faire contemporain de celui qui a été le plus favorable aux productions du génie. Ce siècle est probablement celui des grands hommes, il faut donc devenir contemporain de Corneille » (R302, f° 150 v°) ; « Il faut me sortir entièrement de mon siècle, et me supposer sous les yeux des grands hommes du siècle de Louis XIV. Travailler toujours pour le XXe siècle » (f° 151v°).

Lieux de mémoire et espaces de création :
la prolifération des contextes

Quand on dit que l'étude des bibliothèques d'écrivain permet d'observer l'interface de l'écriture avec son contexte culturel, il faut l'entendre, aussi, au sens le plus littéral. On y découvre que nombre d'œuvres surgissent au contact étroit du texte d'autrui, qu'une certaine portion, non négligeable, des textes est rédigée directement dans les marges des livres. Les volumes deviennent alors de véritables manuscrits, justiciables comme tels des méthodes de la critique génétique, mais ce sont des manuscrits bien particuliers puisqu'ils conjoignent sur le même support le domaine public du texte imprimé, exhibé, socialisé, et le champ privé de l'atelier du créateur, le lieu intime de la gestation.

Il est tentant de déclarer non miscibles ces deux espaces hétérogènes et de prendre acte de la différence de statut en recueillant pour les publier les précieuses notations autographes et en négligeant le banal imprimé – qui, après tout, est déjà publié. C'est ainsi, par exemple, qu'on a édité les annotations de lecture de Schopenhauer comme des aphorismes indépendants, sans citer le détail des textes auxquels elles se rapportaient et qu'on a même édité un *Journal* de Stendhal, constitué de bribes glanées dans les marges de nombreux volumes, qui sont quant à eux renvoyés à la poussière des bibliothèques. La démarche génétique va tout à l'opposé, puisqu'elle consiste toujours à placer l'acte créateur dans son contexte – il faudrait plutôt dire dans *ses* contextes spatiaux et temporels.

Ainsi pour le pseudo-journal de Stendhal, il est vrai qu'il est utile, comme le fait l'édition actuelle, de rassembler tous les fragments écrits le même jour pour rétablir la contiguïté temporelle, mais il n'est pas moins révélateur de les confronter au texte imprimé en marge duquel ils ont été inscrits et aussi avec les autres fragments manuscrits voisins sur la page mais disjoints dans le temps. De même qu'un manuscrit présente un état de l'œuvre qu'on peut dater par rapport à un contexte biographique, littéraire ou artistique, tout en faisant coexister sur un même feuillet des marques appartenant à des époques distinctes (les campagnes d'écriture et de révision), de la même manière, le livre annoté peut juxtaposer des marques relevant de campagnes de lectures parfois très éloignées l'une de l'autre dans le temps[5].

---

5. Il ne faut pas oublier que même la première lecture d'un texte, voire d'une page, ne peut être assignée à un instant ponctuel, et donc à un point de vue fixe. Paul Ricœur reprend à Iser la notion de « point de vue voyageur » : « il exprime ce double fait que le tout du texte ne peut jamais être perçu à la fois ; et que, situés nous-même à l'intérieur du texte littéraire, nous voyageons avec lui au fur et à mesure que notre lecture avance » *Temps et récit*, Paris, Editions du Seuil, 1983, p. 245. Tout se complique encore quand il s'agit d *'écrire* cette lecture.

D'autre part, il paraît intuitivement évident que l'espace matériel où prend naissance la première esquisse d'un texte est un déterminant capital qu'il importe de prendre en considération : le type de manuscrit, les inscriptions environnantes et, bien entendu, le texte imprimé quand il s'agit d'une marginale... Si l'on publie souvent « Bright Star », le célèbre poème de Keats, sous le titre : « Written on a blank page of Shakespeare's Sonnets », c'est bien que l'on considère que la page vide où il est censé avoir pris naissance n'est pas un support neutre, et que cette indication de provenance conditionne, ou renforce, l'appartenance générique du texte, et influe même sans doute sur son interprétation sémantique. Mais la multiplicité des environnements que traverse un fragment au cours de ses recopies successives, ou un poème à travers les recueils dans lesquels il est successivement inséré, est tout aussi importante, dans une perspective génétique, que la détermination du contexte originaire.

Il faut s'expliquer sur cette multiplication des contextes pris en compte. Elle permet d'éviter que la mise en contexte ne soit une pratique réductrice, comme certaines lectures sociologiques ou historicistes vulgaires. Mais elle présente aussi des dangers : de proche en proche, tout peut être considéré comme contexte de tout et on risque d'obscurcir au lieu d'éclairer. Pousser aussi loin que possible la contextualisation ne doit pas noyer le texte en le dissolvant dans l'océan des références, mais multiplier les éclairages qui permettront de révéler des dénivellements normalement imperceptibles sur la surface apparemment lisse de l'œuvre.

Le travail sur les manuscrits et plus encore l'étude des bibliothèques d'écrivains permet de vérifier matériellement tous les jours la possibilité pour un énoncé de fonctionner hors du contexte où il a pris naissance, d'être greffé dans un environnement étranger. Les traitements extrêmes que certains écrivains font subir à leurs livres, au contenu (plagiats, citations tronquées, parodies, inversions...) comme au contenant (pages cornées, gribouillées, griffées, découpées, déchirées, volumes démembrés...), ne sont que l'emblème d'une violence du prélèvement, inhérente à toute citation, ou même à tout marquage préférentiel : souligner une phrase dans un paragraphe, c'est déjà l'arracher à celles qui l'environnent et qui sont du même coup repoussées dans l'oubli. Mais l'une des leçons fondamentales de la critique génétique c'est précisément que cette « itérabilité[6] » incontrôlable a pour

---

6. On aura reconnu ici les thèmes développés par Jacques Derrida. Voir notamment *Limited Inc.*, Paris, Galilée, 1990.

contrepoids ce qu'on pourrait appeler une « mémoire du contexte[7] » : le texte conserve la mémoire, aussi ténue et diffuse soit-elle, des contextes qu'il a traversés, y compris donc des bibliothèques où il a vu le jour – ou mieux, il conserve une forme de mémoire des parcours qu'il a effectués, des navigations qu'il a entreprises dans l'espace de la bibliothèque, avant même sa venue à terme. La démarche du généticien vise donc moins à réparer la blessure de l'arrachement du contexte, à suturer, à compléter, qu'à réactiver les contextes fossiles, à réveiller la mémoire qui y est inscrite, à en faire une véritable mémoire vive.

Or la bibliothèque constitue un pan majeur de cette mémoire. Parfois exhibée sur le devant de la scène, elle hante le plus souvent secrètement les coulisses de l'œuvre en attendant d'être invoquée. Les livres qui ont joué le rôle d'échafaudage devenu inutile, ceux contre lesquels on polémique sourdement, ceux qui montrent l'exemple de ce qu'il faut à tout prix éviter, ne sont pas moins importants que les influences revendiquées ou les cibles désignées.

Libido marginalium

Le premier à avoir réfléchi aux implications de la propension des écrivains à écrire littéralement dans les marges les uns des autres fut sans doute Edgar Poe. Il avait intitulé *Marginalia* ses esquisses critiques et les quelques propos désinvoltes avec lesquels il les introduit constituent, d'après Valéry[8], le germe d'une véritable théorie des notes. Ils vont en fait plus loin que cela, ils esquissent une analyse globale des rapports entre lecture et écriture et abordent, en l'espace de quelques paragraphes, les questions qui vont être au centre du présent volume : l'affectivité de la lecture et sa décharge à travers l'écriture ; les pratiques matérielles de lecture, de prise de notes et de rangement des livres chez les écrivains ; la spontanéité et la préméditation qui entrent en jeu dans leurs rapports aux livres d'autrui ; la sélection des livres et la composition d'une bibliothèque comme œuvre d'art ou du moins comme dispositif intellectuel, entretenant un rapport plus ou moins étroit avec les habitudes de pensée et avec la production écrite de son propriétaire ; l'annotation du livre et le rangement de la bibliothèque comme arts de mémoire et l'efficacité, directe ou décalée, de cette mémoire artificielle

---

7. Voir D. FERRER, « La toque de Clementis : rétroaction et rémanence dans les processus génétiques », *Genesis*, n° 6, 1994.

8. Car Valéry a annoté (et traduit) ce texte, ajoutant un étage de *marginalia* aux *marginalia* de Poe. Nous cédons évidemment ici à la même compulsion.

par rapport à l'écriture ; le problème de l'intelligibilité des notes de lecture, de leur caractère résolument privé ou au contraire de prise à témoin des lecteurs futurs, et ce qui passe de ce cryptage ou de cet exhibitionnisme dans l'utilisation de ces notes ; la viabilité des annotations en dehors du contexte qui leur a donné naissance et la présence en creux de ce contexte au sein des écrits qu'il a suscités ; l'historicité individuelle de la lecture, souvent mouvementée, telle qu'elle se sédimente sur les rayons de la bibliothèque ou dans les annotations marginales…

Comme ses contemporains Coleridge et Stendhal, Poe remplit compulsivement les marges des livres qui passent à sa portée. Il va même jusqu'à déclarer que l'ardent souci, le *désir* de vastes marges, propres à recueillir ses « crayonnages » est à l'origine de la constitution de la bibliothèque. Mais comme tout désir, celui-ci est plein d'ambiguïtés. La « circonscription de l'espace » qui prévaut nécessairement dans les marges des livres est, à ses yeux, un avantage en soi : grâce à elle les « pensées, les approbations, les désaccords ou les brefs commentaires critiques suggérés[9] » restent concis, engendrant un style qu'on dirait volontiers lapidaire, si Poe n'avait pas forgé l'épithète plus approprié de « marginalique », comparant cette manière à celle de Montesquieu, de Tacite ou de Carlyle… Et cependant, quelque ample qu'il ait été prévu, l'espace marginal risque toujours de se révéler insuffisant pour la matière irrépressible qu'il suscite. Un pas de plus est alors franchi. Le commentaire ne se contente plus de cerner le texte, de camper sur ses marches, il pénètre dans son sein, il se répand en lui. La marge se supplémente d'une bande de papier insérée entre les pages, petite feuille écrite à la main rivalisant avec les feuilles imprimées, et Poe prend soin d'assujettir le tout « avec un imperceptible trait de gomme de tragacanthe ». Ce petit morceau de colle végétale représente assez bien le sujet de notre volume : la question de l'articulation, au sens le plus matériel comme le plus abstrait, des livres et des manuscrits.

Le dialogue des livres et des manuscrits

C'est une question qu'on peut aborder de bien des manières. Les études dites de postérité ont prétendu montrer comment un livre en

---

9. Valéry traduit ici « suggéré par le texte », mais chez Poe, littéralement, ce sont les marges qui suggèrent.

suscitait d'autres, ou plus exactement quels livres il suscitait. Les études de sources, qui occupent, par leur masse, une place énorme dans les humanités, ont essayé de déterminer, de manière souvent un peu vague mais avec beaucoup d'insistance, comment un livre naissait d'autres livres. C'est en quelque sorte au croisement des deux perspectives que se situe le champ que nous nous proposons d'explorer, espace dialogique abstrait, mais aussi lieu d'exercice de pratiques concrètes, attestées par des documents ou des traces matérielles.

En effet, les bibliothèques d'écrivains, qu'il s'agisse de bibliothèques réelles ou virtuelles, permettent d'observer l'espace transactionnel où interagissent livres et manuscrits, où l'écriture en train de se faire s'articule sur le déjà-écrit. Dans le premier cas, le chercheur se trouve face à une collection de *volumes* ayant appartenu à un écrivain, organisée en un dispositif qui peut correspondre au classement original ou, plus souvent, résulte d'une sédimentation historique de diverses stratégies de conservation. Ces volumes sont généralement porteurs d'un certain nombre de traces matérielles, permettant de reconstituer de manière très fine les pratiques de lecture et d'annotation et leur interaction avec les pratiques d'écriture. Dans le cas des bibliothèques virtuelles, le chercheur rassemble un ensemble de références intertextuelles attestées dans les documents de genèse (carnets, notes, registres, cahiers d'extraits, voire textes définitifs considérés comme stade ultime de la genèse), dessinant en creux un corpus de *titres* dont il s'agit d'opérer une reconstruction dynamique. Mais cette différence se trouve relativisée par la nécessité paradoxale de virtualiser les bibliothèques tangibles et de retrouver, grâce aux bibliothèques virtuelles, le détail des opérations matérielles et intellectuelles de lecture. Pour pouvoir étudier les bibliothèques laissées par les écrivains, il faut en effet sortir de l'impasse dans laquelle s'était retrouvée la philologie du XIXe siècle quand elle avait essayé de traiter, voire d'éditer, ces corpus très particuliers : comment réussir cette opération paradoxale qui consiste à faire entrer une bibliothèque dans un livre, sauf à la réduire à un catalogue qui en laisse perdre toute la substance ou à entreprendre une recension monumentale (comme les éditions des *marginalia* de Voltaire ou de Coleridge) dont l'ampleur rivalise avec celle de la bibliothèque d'origine, carte qui tend à recouvrir le territoire sans pouvoir jamais prétendre à une réelle exhaustivité ni à la cohérence et à la maniabilité d'un objet scientifique ? À l'inverse, dans le cas des bibliothèques virtuelles, la démarche génétique exige de retrouver les modalités concrètes du dialogue des livres et des manuscrits dont elles portent témoignage, au-delà d'une critique des sources qui néglige la complexité spatiale et temporelle et l'épaisseur matérielle des processus de création. Deux exemples, dans le présent volume, permettent de saisir ce mouvement symétrique : la bibliothèque de Nietzsche, conservée dans sa matérialité à Weimar, est transformée, grâce à un catalogue hypertextuel multimédia, en un objet virtuel que le chercheur peut considérer sous toutes ses faces et explorer dans toutes ses dimensions ; tandis que la bibliothèque virtuelle qui est latente dans les cahiers de lecture de Virginia Woolf permet de reconstituer à la fois le détail de la manipulation des volumes et des pages et le procès-verbal de la transaction intellectuelle serrée qui a eu lieu entre les attentes et les préjugés du lecteur (de la lectrice) et les événements de lecture, entre les forces d'inertie et la singularité du texte.

Extracteurs et marginalistes

Il est temps de présenter les quelques exemples de bibliothèques d'écrivains (essayistes et philosophes, romanciers et poètes – voire philosophe romancier, romancier critique, philosophe poète et poète philosophe) qui vont être étudiés dans ce volume et qui constituent, nous l'espérons, un échantillonnage représentatif, depuis Winckelmann, encore tout imprégné des pratiques scolastiques des siècles passés jusqu'aux romanciers modernistes et post-modernes, praticiens d'une intertextualité qui se veut subversive.

Avec les « cahiers d'extraits » de Winckelmann, tels que les présente Elisabeth Décultot, les principales questions que nous avons évoquées et qui reviendront tout au long de cet ouvrage sont déjà en place. Alors que nous avons l'habitude de scruter le manuscrit d'écrivain comme lieu d'invention de l'écriture, voire de l'ériger en figure emblématique de la créativité individuelle, voici des autographes où l'écrivain se complaît dans un rôle de copiste et qui ne comportent guère, sur des milliers de pages, un seul mot de son cru... Ils n'en sont pas moins passionnants pour l'étude génétique dans la mesure où ils permettent d'appréhender de manière détaillée les différentes étapes du processus de digestion de la bibliothèque qui est à l'origine de l'écriture. Cette digestion passe par un démembrement : « extraire » suppose au minimum une analyse qui repèrera les linéaments de ce qui est détachable, et qui peut donc être considéré, sinon comme un corps étranger, au moins comme un élément hétérogène, d'un certain point de vue, à son environnement puisqu'il est, selon ce point de vue, viable de manière autonome. Quelque fidèle que se veuille l'analyse, il s'agit nécessairement d'un point de vue externe à l'œuvre : pour l'œuvre elle-même, l'extraction constituera toujours un arrachement, tranchant dans le vif des réseaux constitutifs de son unité[10]. D'autre part ce point de vue analytique suppose un point de vue électif, plus extérieur encore : avant de découper, il faut avoir décidé qu'il y avait dans cette œuvre quelque chose à retenir, au nom d'un système de valeur ou d'un dessein. Ce système de valeur ou ce dessein (qu'ils préexistent ou émergent à l'occasion de la lecture) peuvent être plus ou moins définis, plus ou moins discriminants. Sur ce point, l'évolution de Winckelmann est significative : pendant la première partie de sa vie, ses cahiers d'extraits reflètent la diversité de ses lectures. Le seul dessein autonome qu'ils trahissent est celui de s'approprier les richesses des livres qui sont dépouillés dans un esprit de fidélité à la source. L'utilisation du « trésor » ainsi constitué reste toute potentielle : il s'agit de se tailler un outil, mais cet outil est si polyvalent qu'il ne prédétermine guère l'œuvre future. Ou bien, si l'on veut, l'œuvre à laquelle l'écrivain travaille à ce stade n'est autre que son propre esprit. Tout manuscrit joue à l'évidence le rôle d'une projection d'un for intérieur qui se trouve inévitablement affecté par cette extériorisation, mais certaines entreprises, dépourvues de finalité opérale directe, ont plus que d'autres une dimension auto-pédagogique d'exercice préparatoire : l'élaboration d'un objet textuel autonome compte moins que l'élaboration en retour des facultés mentales de l'écrivain. Ces cahiers, qui sont le prolongement d'une pratique scolaire en vigueur depuis la Renaissance et remontant, au-delà, aux topiques médiévales et antiques, constituent une *memoria artificialis,* prothèse destinée à suppléer aux capacités du futur auteur. Mais à partir du moment où Winckelmann conçoit le projet de ses premiers ouvrages, les cahiers d'extraits se modifient progressivement, s'orientent vers l'œuvre future dans leur organisation comme dans leur matière : la cible prévaut sur la source. Encore cette prévalence demeure-t-elle relative, car les œuvres de Winckelmann sont visiblement marquées par leur origine, ne se donnant guère la peine de dissimuler les coutures des citations dont elles sont issues ; et l'existence même de certaines de ces œuvres apparaît conditionnée par la commodité – on dirait presque la nécessité – d'utiliser le reliquat des matériaux thésaurisés.

Chez tout écrivain, et notamment chez ceux qui sont étudiés dans ce volume, le texte d'autrui joue un rôle capital, mais son importance n'est nulle part aussi évidente que dans la vie et dans l'œuvre de Winckelmann, qui va jusqu'à utiliser un montage de citations antiques

---

10. Nous n'aborderons pas ici la question de savoir si cette unité est intrinsèque à l'œuvre, aboutissement programmé d'un développement organique, ou si elle n'est pas plutôt elle-même fait de lecture, résultante *a posteriori* de la clôture imposée à l'œuvre de l'extérieur.

en guise d'autobiographie. Son exemple confirme la nécessité de l'étude, de préférence comparée, des bibliothèques, carnets et cahiers d'écrivains, et illustre parfaitement la difficulté de rendre compte des pratiques de lecture et d'écriture au moyen d'une histoire linéaire, de filiations directes et de causalités simples.

Les modes de lecture et les habitudes d'écriture ne sont pas hors de l'histoire, mais ils s'inscrivent mal, nous l'avons vu, dans les chronologies habituelles. Ainsi, la technique de l'extrait, employée par Winckelmann est incontestablement liée à un apprentissage scolastique et on attribuerait volontiers aux pesanteurs d'une tradition moribonde la survivance de ces pratiques archaïques en pleine époque néo-classique, à l'aube du romantisme… si l'on ne devait pas retrouver de semblables rémanences chez Flaubert puis chez Joyce.

La notion de source, si souvent invoquée, perd de son évidente simplicité. Ce qu'Élisabeth Décultot appelle la grande chaîne d'or des écrivains compilateurs (Winckelmann recopie Montaigne, qui recopie Sénèque…) brouille les généalogies en les démultipliant, puisque Montaigne sert de relais à une multitude d'autres écrivains : la chaîne diverge et affecte la forme d'un réseau. Quiconque voudrait retrouver directement la trace de tel passage de Sénèque dans les *Réflexions sur l'imitation* manquerait (au moins) une médiation essentielle que seuls les cahiers permettent d'apercevoir.

Enfin, les explications sociologiques, même les plus évidentes, doivent être maniées avec prudence. Il semblerait naturel d'attribuer l'habitude de se constituer des cahiers d'extraits à l'origine modeste de Winckelmann, qui y trouvait un substitut de la bibliothèque qu'il n'avait pas les moyens d'acquérir… si Montesquieu n'avait lui aussi recours à cette technique. Une attitude semblable vis-à-vis des livres réunit le fils de savetier et le grand seigneur, celui qu'on pourrait croire conditionné par son métier de bibliothécaire et celui qui avait à son service de nombreux secrétaires – tandis qu'à la même époque, un Voltaire ne pratique pas l'extrait, mais noircit les marges des volumes qu'il lit. À travers les différentes situations sociales et historiques, ce sont deux types contrastés qui se dégagent, reposant sur de profondes différences de tempérament : les écrivains qui démembrent le texte d'autrui pour le stocker, sous une forme concentrée et quintessencielle, dans un lieu transitionnel, un sas, une chambre de décontamination ou de digestion avant de pouvoir enfin l'assimiler dans leur œuvre ; et ceux qui lui laissent toute son intégrité contextuelle, se contentant de le *marquer*, de le serrer de près, de l'étoiler de commentaires, de l'enrober de leur propre texte qui prolifère sur cette dépouille pantelante…

Dans le cas de Montesquieu, il existe un important fonds de livres conservés à la disposition des chercheurs et un ample catalogue qui avait été dressé sous sa direction et avec son concours, mais Catherine Volpilhac-Auger montre qu'ils ne suffisent pas à donner une idée précise de l'extension de la bibliothèque utile de l'écrivain, ni surtout de son mode d'utilisation. Il faut recouper toutes les sources d'information disponibles pour reconstituer une image virtuelle d'un ensemble qui a fluctué dans le temps et dans l'espace, sans négliger la description matérielle aussi bibliographiquement précise que possible des volumes qui ont effectivement servi : il est par exemple impossible de comprendre la raison de telle référence si l'on n'a pas sous les yeux la gravure qui orne l'édition consultée par Montesquieu. Mais l'indice le plus sûr et le plus riche en informations sur sa pratique de la lecture est ici aussi constitué par les diverses formes de recueils d'extraits compilés par lui ou sous sa direction. Comme chez Winckelmann, on peut distinguer des compilations qui sont plutôt orientées vers la source, et des ensembles de notes dont le choix et l'organisation sont fonction de l'œuvre en gestation, mais le passage de l'un à l'autre n'est pas chronologique et Montesquieu a utilisé concurremment les deux types d'instruments à des fins différentes, ou parfois successivement en un processus de distillation progressive. L'extrait tel qu'il est pratiqué par Montesquieu est un outil raffiné et diversifié de pensée et d'écriture – c'est en tout cas beaucoup plus qu'une simple commodité matérielle, comme en témoigne son projet longuement mûri mais jamais exécuté, digne de Borges ou de Nabokov, d'une œuvre qui se serait présentée comme un recueil d'extraits d'un ouvrage inexistant...

Stendhal a la particularité d'avoir pratiqué successivement les deux formes d'assimilation : rédaction de copieux cahiers d'extraits dans sa jeunesse, puis débauche d'annotations marginales sur les livres de sa bibliothèque. En fait, comme le montre Hélène de Jacquelot, c'est au pluriel qu'il faudrait parler de ses bibliothèques. Au fil des ans, Stendhal se constitue une série de bibliothèques dispersées à travers l'Europe au gré de ses déménagements, sans qu'il ait jamais manifesté le souci de les rassembler. Au contraire, ses divers testaments organisent (hélas pour nous) la dissémination continuée de ses livres après sa mort, un peu comme on prévoit la dispersion de ses cendres. Sans doute avait-il le sentiment de laisser quelque chose de lui-même auprès de ses amis, ou dans des lieux, comme Milan, où il n'avait plus aucune chance de revenir, mais auxquels il était fortement attaché. C'est que les livres n'étaient pas pour lui un corps étranger, ou en tout cas qu'il faisait en sorte qu'ils ne le demeurent pas longtemps.

On peut parler d'appropriation de l'objet, qui prend la forme d'un véritable détournement de l'instrument de lecture en support d'écriture. Il était habituel de faire relier les livres à sa guise, mais Stendhal ne se contente pas de cet assujettissement par une livrée extérieure, il en profite pour constituer des recueils factices réunissant des titres divers. Il en profite surtout pour y faire insérer des pages blanches interfoliées avec l'imprimé, ou même des cahiers tout entiers sur lesquels il va pouvoir développer son propre texte. La pénétration est donc bien plus intime que l'insertion simple d'un feuillet entre les pages d'un livre, la greffe bien plus solidement ancrée que par un simple trait de gomme de tragacanthe... Le livre est transformé en une sorte de bloc-notes portatif, propre à recueillir toutes sortes de pensées ou d'annotations qui n'ont, en apparence, rien à voir avec le support. Toutes les surfaces libres, marges, pages de garde, couvertures, et même tranches des volumes peuvent être utilisées. À la dispersion géographique des bibliothèques, à l'éparpillement des livres, répond la dispersion du texte propre, y compris des « écrits intimes », à l'intérieur des livres. On pense au parasite qui implante ses petits dans le nid, voire dans la chair de l'animal hôte. Les volumes sont parfois même munis de tables des matières parallèles, renvoyant aux annotations ou aux morceaux divers déposés ici et là dans les marges... L'expropriation est presque complète.

Stendhal disait qu'en reprenant un livre, il revoyait un ancien ami, mais ce qu'il y cherchait et qu'il y retrouvait immanquablement, n'était-ce pas surtout lui-même? C'est en effet dans les *Souvenirs d'égotisme* qu'il a expliqué combien il était important pour lui de noter sur le volume qu'il était en train de lire la date, les circonstances de la lecture et « l'indication du souvenir qui [le] dominait » : « La moindre remarque marginale fait que si je relis jamais ce livre, je reprends le fil de mes idées et vais en avant. Si je ne trouve aucun souvenir en relisant un livre, le travail est à recommencer. »

Dans la grande opposition qu'on peut esquisser entre deux styles d'assimilation de la bibliothèque, nous avons vu que ce qui caractérise les « marginalistes », par rapport aux « extracteurs », c'est qu'ils ne portent pas atteinte à l'intégrité contextuelle du texte source. On pourrait dire que chez Stendhal ce respect du contexte est poussé à l'extrême, puisqu'il s'efforce de préserver non seulement l'environnement textuel du passage lu et élu par lui pour être relu, mais aussi, et peut-être surtout, le contexte psychologique et biographique de la lecture. Ce qui importera, quand le livre sera repris, c'est moins le texte que le souvenir du sentiment dominant que ce texte avait évoqué[11], c'est le fil des pensées qu'il avait suscitées et qu'il s'agira de prolonger. De ce point de vue, l'étrange manie qui le conduit à disperser son journal dans les marges de ses livres peut fort bien se comprendre. Il s'agit à la fois d'annexer au récit du quotidien des pièces à conviction majeures (les textes dont la lecture constitue un élément essentiel de ce quotidien) et d'annexer aux textes les minutes des circonstances quotidiennes qui ont environné sa lecture[12].

Au-delà même de cette opposition, l'idiosyncrasie stendhalienne met en évidence une caractéristique importante de toute note de lecture, qu'elle prenne la forme d'une inscription dans les marges d'une bibliothèque réelle ou d'un prélèvement en faveur du thesaurus d'une bibliothèque virtuelle. La note se réfère sans doute au présent intemporel du texte lu, point de repère censément immuable auquel on pourra se référer au moment de la consultation des notes, mais elle est bien davantage orientée, d'une part, vers un présent ponctuel de la lecture, qui aura glissé dans le passé lors de la relecture, et, d'autre part, vers le futur de l'écriture : la note sert à fixer ce passé et à préparer cet avenir. Elle est le mémorial d'une rencontre entre le texte et une disposition d'esprit mais aussi l'épure embryonnaire d'un nouvel événement de pensée – et en dernier ressort d'un nouveau texte qui sera dérivé du premier.

Le marquage postule que la rencontre ne restera pas unique : il est une pierre d'attente pour une nouvelle lecture, lecture qui portera non plus sur le texte originel, mais sur le texte marqué, voire sur la seule marque. Mais cette nouvelle lecture aura lieu dans un nouveau contexte psychologique et biographique, suscitant peut-être un nouveau sentiment dominant qui méritera à son tour d'être fixé. Pour Stendhal d'ailleurs, qui est toujours attentif à la permanence comme aux intermittences du moi à travers la diversité des situations, la coïncidence des sentiments lors de deux expériences de lecture est elle-même digne d'être remarquée, ce qui le conduit à contresigner ses propres impressions. Ces rencontres successives laissent des traces qui sont d'ordinaire plus ou moins faciles à démêler. Mais Stendhal, logique avec lui-même, pousse fréquemment la prévenance à notre égard jusqu'à dater chacune de ses relectures.

---

11. On se contentera ici de remarquer que, selon la formulation de Stendhal (« l'indication du souvenir qui me dominait »), la première lecture est *déjà* l'occasion d'une opération de remémoration.

12. Ou son écriture, puisque Stendhal traite de ce point de vue ses propres manuscrits comme les livres de sa bibliothèque. Voir J. Neefs, « Marges » in L. Hay ed., *De la lettre au livre : Sémiotique des manuscrits littéraires*, Paris, Éditions du CNRS, 1989, et Hélène de Jacquelot, *Stendhal : marginalia e scrittura*, Roma, Edizioni di Storia e Letteratura, 1991.

Il n'en va pas de même pour la plupart des lecteurs, et notamment pour Schopenhauer. Il est néanmoins facile de discerner la sédimentation d'innombrables séances de travail sur son exemplaire des Upanishads traduits par Anquetil Duperron. Sandro Barbera montre qu'il est important de consulter cet exemplaire pour comprendre la genèse de la pensée du philosophe. Il ne suffit pas de parler d'influence de la pensée hindoue, comme on le fait toujours, il faut voir le texte de la traduction que Schopenhauer a d'abord consultée, comment il a confronté, au fil des années, cette traduction latine avec les autres traductions parues, comment, dans les marges même de cet exemplaire, il s'est laborieusement efforcé d'établir une correspondance avec les concepts de la tradition philosophique occidentale... De même, il ne suffit pas de considérer Schopenhauer comme un post-kantien, il faut savoir qu'il disjoignit de sa bibliothèque son édition de travail de l'œuvre de Kant pour la léguer à son plus fidèle disciple et que lui-même possédait un exemplaire de la *Critique de la raison pratique* annoté par l'auteur ; il faut surtout connaître les passages qu'il avait soulignés, commentés et les renvois marginaux qui permettent de suivre les voies par lesquelles il assimila ou rejeta cette pensée.

Avec cette construction méthodique d'une philosophie au moyen de l'échafaudage fourni par d'autres textes, nous sommes apparemment très loin des impressions dominantes notées par Stendhal en marge de ses lectures, mais les marges des philosophes ne sont pas moins remplies d'exclamations, de mouvements d'humeur, de boutades, qui donnent un peu de chair au dialogisme philosophique. D'ailleurs quand Schopenhauer dessine une petite chaise à côté du verbe « *sich setzen* » dans le texte du *System der Ethik* de Fichte, s'agit-il d'une simple plaisanterie, ou, comme le suggère Sandro Barbera, de la poursuite sous une autre forme de sa critique systématique de la déformation métaphorique du langage qu'il traquait au cœur de la philosophie idéaliste ?

La question du sérieux se pose de manière beaucoup plus systématique et beaucoup plus insoluble dans le cas de la relation de Flaubert à sa bibliothèque. Dans son éblouissant article sur *La Tentation de saint Antoine*, Michel Foucault avait écrit un peu imprudemment que l'œuvre de Flaubert « se rapporte sur le mode sérieux à l'immense domaine de l'imprimé ». Il s'agissait de distinguer Flaubert de ses prédécesseurs qui entretiennent un rapport ironique à la bibliothèque. Sans doute Flaubert n'est-il pas *simplement* ironique (mais le Sterne de *Tristram Shandy*, par exemple, ne l'était pas non plus). Sans doute y a-t-il quelque chose de désespérément sérieux dans la « pioche » obsessionnelle qui lui fait absorber des montagnes de livres. Reboux et

Muller caricaturaient à peine quand ils lui faisaient dire : « Ma documentation me suce le sang. Croirais-tu que j'ai passé toute la nuit dernière à étudier dans les Bollandistes la vie de saint Lazare parce que l'un de mes personnages monte dans le convoi de chemin de fer à la gare qui porte ce nom ? » Mais si Flaubert se noie dans l'érudition, s'il dépouille par exemple, lui aussi, Anquetil Duperron, c'est dans un esprit très différent de celui de Schopenhauer. S'il note avec soin, à l'instar de Winckelmann, les arguments antagonistes portant sur un sujet donné, ce n'est pas pour les articuler de manière à fonder une thèse, mais pour qu'ils se minent réciproquement sans se neutraliser, les plaçant dans une position de suspens par rapport à laquelle ni son lecteur, ni lui-même ne peuvent rester indemnes, à l'abri de leur détachement ironique, comme le montrent Anne Herschberg Pierrot, Claude Mouchard et Jacques Neefs.

Ils rappellent aussi que, pour ce qui est du rapport aux livres, *Bouvard et Pécuchet* ne fait que prolonger et exacerber des tendances qui étaient présentes dans les œuvres antérieures de Flaubert, à ceci près que les livres occupent cette fois le devant de la scène. Cette ostension de la bibliothèque s'accompagne, avec la « copie » finale entreprise par les deux bonshommes, d'une mise en abyme du processus de prise de notes et de constitution d'extraits qui fait écho au labeur souterrain révélé par l'exploration des dossiers manuscrits. Depuis les notes de lecture[13] jusqu'à la mise au net du texte, s'accomplit un travail de rumination qui ne vise pas à l'absorption et à l'assimilation, mais aboutit au contraire à une mise en tension discursive de la bibliothèque. Dans *Bouvard*, la bibliothèque ne fournit pas seulement l'étayage documentaire, les précisions érudites, le remplissage décoratif, mais la substance même de la fiction, le déroulement des épisodes, le squelette des phrases et la matrice de l'énonciation.

Avec la bibliothèque de Nietzsche, nous rencontrons la question de la bibliothèque d'écrivain comme objet de manipulations idéologiques (mais n'était-ce pas déjà ce qui était en jeu avec l'acquisition de la bibliothèque des grands hommes par les monarques éclairés ?). Déformée, voire physiquement mutilée par les partis pris idéologiques successifs, « la bibliothèque d'un philosophe vagabond », selon la formule de Paolo D'Iorio et Frank Simon-Ritz, se trouve d'abord épurée, étouffée, avec ses annotations marginales rognées par les trop luxueuses reliures, occultée par la « bibliothèque d'apparat d'un centre

---

13. Voir le travail pionnier de Pierre-Marc de Biasi sur la bibliothèque virtuelle de Flaubert, présentée de manière aussi élégante et complète qu'il est possible dans le cadre d'une édition imprimée (*Les Carnets de Flaubert*, Paris, Balland, 1988).

de culture germanique » édifiée autour d'elle par la sœur abusive, puis par le régime nazi ; considérée ensuite comme le laboratoire diabolique d'un philosophe maudit, elle est frappée d'interdit et physiquement endommagée par l'abandon sous la République Démocratique Allemande. Pour Paolo D'Iorio et Frank Simon-Ritz, même si la bibliothèque est un précieux instrument de vérité, permettant de corriger l'attribution et le statut de textes qui avaient été méconnus par méprise ou par manipulation délibérée, il ne s'agit pas de proposer à leur tour une vision concurrente de la bibliothèque, qui rétablirait dans son authenticité native un ensemble qui n'a jamais existé tel quel à un moment donné. Avec leur catalogue multimédia, ils souhaitent offrir un instrument qui permette d'appréhender de manière dynamique un objet toujours à constituer en multipliant les angles d'approche. Cette attitude doit trouver son aboutissement avec le projet HyperNietzsche qui se propose de mettre en ligne non seulement ce catalogue, relié à une version numérisée de la bibliothèque elle-même et à l'ensemble des manuscrits quand ils seront disponibles, mais aussi les contributions critiques à caractère philologique, génétique et philosophique qui permettront de mettre cet ensemble en perspective(s).

Avec James Joyce et Virginia Woolf se présente le cas intéressant de deux écrivains exactement contemporains, qui ont tous deux rempli une grande quantité de carnets de lecture, mais dont les méthodes de lecture, de prise de notes et d'utilisation de ces notes sont fortement dissemblables. Les carnets de Virginia Woolf sont très classiques. S'agissant d'un écrivain qui est à la fois romancier et critique, ils permettent toutefois d'appréhender de manière exceptionnellement détaillée le processus de formation d'une esthétique propre par assimilation et rejet de la bibliothèque sur la base de positions préétablies et de leur adaptation. Les carnets de Joyce sont beaucoup plus étranges et on est loin d'avoir encore percé tous leurs secrets. Il est toutefois frappant de constater que même dans ces énigmatiques listes de mots prélevés dans les sources les plus diverses, où les grands écrivains sont moins représentés que les compilateurs obscurs et les journalistes anonymes, on retrouve les mêmes mécanismes d'appropriation de la bibliothèque sur la base d'une attente préalable plus ou moins définie et d'infléchissement progressif de cette attente à partir de ce qui aura été recueilli et de ce qui aura été construit avec les matériaux réunis.

Contrairement à Flaubert et à Joyce qui trouvent leur pâture aussi bien (et souvent mieux) dans des ouvrages médiocres ou grotesques que dans les grands textes, Valéry, lecteur moins boulimique, pratique, comme le montrent Judith Robinson-Valéry et Brian Stimpson, « une politique de la qualité ». Il recherche les ouvrages les plus exigeants et refuse les connaissances de seconde main pour lesquelles Joyce avait une prédilection. En revanche, comme lui, il pratique une lecture prédatrice et irrespectueuse de l'intégrité du texte : « Mon genre d'esprit n'est pas d'apprendre d'un bout à l'autre dans les livres mais d'y trouver seulement des germes que je cultive en moi, en vase clos. Je ne fais quelque chose qu'avec peu et ce peu produit en moi. » Ce n'est pas une assimilation de la bibliothèque, mais une appropriation, voire un détournement. Cette attitude se retrouve jusque dans sa manière de pratiquer le texte de Dante par sondage, pour y trouver, pour y *inventer*, un « beau vers », reléguant de fait du même coup le reste du poème dans une médiocrité indifférenciée. Mais en dehors de la poésie, ce qui semble l'intéresser, c'est moins le texte que l'esprit qui est derrière. C'est notamment en ce sens que, comme le disent Judith Robinson-Valéry et Brian Stimpson, la bibliothèque est avant tout chez lui un phénomène mental. Le livre est un champ clos où se joue un duel entre deux esprits, celui de l'auteur et celui du lecteur. Cette conception agonistique de la lecture, cet usage de la bibliothèque comme une source de stimuli mentaux plus que comme un trésor de textes, expliquent en partie l'importance, exceptionnelle, chez un littéraire, des ouvrages scientifiques les plus divers. C'est ce qui explique aussi qu'il soit plus difficile d'établir avec précision les liens entre la bibliothèque et l'œuvre que, par exemple, chez Joyce, où le rapport à la source se traduit par un transfert systématique de vocables, fussent-ils plus ou moins déformés. Si une lecture est une gymnastique de l'esprit, il n'est pas commode de repérer l'endroit précis où s'est appliqué le muscle spirituel qui en a résulté. On peut espérer toutefois qu'un système de liens hypertextuels permettra d'établir des ponts thématiques et des correspondances chronologiques entre le réseau des traces de lecture relevées dans la bibliothèque matérielle et le réseau extrêmement complexe des manuscrits de travail : c'est en tout cas ainsi qu'on pourra approcher au plus près d'une reconstruction de l'inatteignable bibliothèque mentale de Valéry.

Après la récente disparition de Robert Pinget, Jean-Claude Liéber et Madeleine Renouard, dans une démarche qui ressemble à une archéologie de sauvetage, se sont attachés à préserver sa bibliothèque, matériellement, mais surtout en inventoriant les informations qu'un simple déménagement, même partiel, allait faire disparaître, comme le classement des différents livres entre les différentes maisons et les différentes pièces habitées par Pinget. Ils ont été récompensés par la découverte de nombreux inédits, déposés dans les marges ou entre les pages des volumes, ce qui confirme directement l'importance du rôle joué par cette bibliothèque dans l'écriture de Pinget. L'avantage d'avoir affaire à la bibliothèque d'un presque contemporain, à une bibliothèque qui ressemble beaucoup à la nôtre, c'est que nous pouvons faire d'un coup d'œil le partage, qui nous posait tant de problèmes dans l'étude des bibliothèques du passé, entre ce qui relève de l'époque en général, ce qui relève des mouvements littéraires et intellectuels dans lesquels l'écrivain a été impliqué (ici, le Nouveau Roman et le structuralisme) et ce qui relève d'intérêts individuels, voire excentriques (ainsi, dans le cas de Pinget, les volumes de spiritualité et d'ésotérisme). En revanche, il est beaucoup plus difficile de saisir la valeur affective dont une telle bibliothèque a été investie, or cet aspect apparaît capital dans le rapport qu'entretient Pinget avec ses livres. On peut en avoir une idée à travers les traces graphiques, dessins et décorations, dont Pinget agrémentait certains volumes. Mais il y a aussi un rapport affectif à la bibliothèque en général : comme Pinget l'écrivait lui-même, cette bibliothèque, « impensable de la liquider, il lui faut savoir qu'elle existe et qu'en cas de détresse, il peut y avoir recours ». À l'opposé de la bibliothèque fluide et volontairement disséminée de Stendhal, il s'agit donc d'une bibliothèque valeur-refuge, d'une bibliothèque forteresse. Il est presque impossible de savoir comment et à quelle occasion ce refuge a été utilisé, ou, comme le remarquent Jean-Claude Liéber et Madeleine Renouard, de repérer les « signaux de détresse » auxquels pouvait répondre l'usage attesté des livres. Impossible de savoir s'il faut considérer comme tels les traces abondantes d'un travail serré d'assimilation de quelques textes privilégiés, tout à fait semblable à celui qu'on a pu rencontrer chez les autres écrivains étudiés dans ce volume.

La juxtaposition de ces différentes études laisse en effet entrevoir la possibilité de comparaisons systématiques qui permettraient d'atténuer partiellement l'inconvénient, signalé plus haut, de la non-représentativité des créateurs. De telles comparaisons permettraient de mieux faire la part des idiosyncrasies et des continuités. Il serait par exemple intéressant de comparer les lectures latines de Montesquieu et de Winckelmann, de Joyce et de Valéry, et celles de Pinget ; de voir comment Kant, objet de dérision pour Stendhal, est étudié en profondeur par Schopenhauer, Nietzsche et Valéry ; d'opposer les lectures scientifiques de Flaubert à celles de Valéry, et l'état des savoirs du XIXᵉ siècle qui ressort des dossiers de *Bouvard et Pécuchet*, à l'image du réseau des sciences dans la première moitié du XXᵉ siècle qui émerge de la bibliothèque et des manuscrits de Valéry, image moins panoramique, mais beaucoup plus fouillée, moins axée sur la pratique moyenne que sur les avancées les plus récentes. On devrait aussi considérer la chaîne que forment ces écrivains en s'entrelisant, et étudier Stendhal lecteur de Montesquieu et de Winckelmann, Nietzsche lecteur de Stendhal et de Schopenhauer, Valéry lecteur de Stendhal et de Nietzsche, Joyce lecteur de Flaubert, Virginia Woolf lectrice de Stendhal, de Flaubert, de Joyce, Pinget lecteur de Joyce et de Valéry...

Ces études en appellent beaucoup d'autres. Elles suffisent déjà à apporter la preuve de l'intérêt primordial des bibliothèques d'écrivains comme champ d'investigation. Parce que les bibliothèques apportent aux textes une dimension nouvelle, en réactivant ce que Bakhtine appelait la polémique interne cachée, en ressuscitant la doxa, aujourd'hui oubliée, contre laquelle écrivaient un Montesquieu ou un Nietzsche, en restituant la dimension intertextuelle invisible, que cette dissimulation soit délibérée ou résulte de l'usure du temps qui a renvoyé les *adversaria* à un oubli, souvent bien mérité, mais en l'occurrence dommageable à la pleine compréhension des enjeux de l'écriture. Mais aussi parce que ces bibliothèques réelles ou virtuelles se révèlent être un élément essentiel de la genèse des textes, un élément que l'intérêt actuel pour les processus d'écriture ne peut se permettre de négliger. À vrai dire, ce n'est pas d'aujourd'hui que les généticiens s'en sont aperçus, mais, nous l'avons vu, ces corpus étaient extrêmement difficiles à appréhender jusqu'à ce que, tout récemment, les outils informatiques permettent d'en opérer la reconstruction dynamique de manière à la fois souple et rigoureuse. De fait, sur presque toutes les bibliothèques qui sont étudiées dans ce volume, des projets pilotes[14] de catalogage électronique, voire de numérisation intégrale, sont en cours de réalisation. Le travail génétique sur les bibliothèques d'écrivains a de beaux jours devant lui.

---

14. L'étude des bibliothèques de Flaubert, Nietzsche, Joyce et Valéry s'est inscrite dans le cadre du projet « Intertexte, avant-texte, hypertexte » au sein du programme interdisciplinaire du CNRS « Archives de la création ».

LIRE, COPIER, ÉCRIRE. ENQUÊTE SUR LA BIBLIOTHÈQUE MANUSCRITE DE JOHANN JOACHIM WINCKELMANN*

Elisabeth DÉCULTOT

Des manuscrits ordinairement classés sous la rubrique «papiers d'auteur» (brouillons d'œuvres, carnets, notes personnelles), les cahiers d'extraits, sorte de bibliothèque privée dans laquelle un écrivain note régulièrement des passages entiers de ses lectures, constituent sans doute la forme la plus ambiguë, la plus embarrassante et la moins étudiée. Si, comme tous les manuscrits, ils donnent l'impression de pénétrer dans les coulisses de l'écriture, ces cahiers se distinguent néanmoins en un point majeur des brouillons d'écrivains, c'est-à-dire des manuscrits qui précèdent directement la rédaction d'une œuvre et servent de socle à l'imprimé. L'étude des brouillons conforte ordinairement l'assignation du texte à un auteur: elle apporte la preuve d'un geste auctorial fort, d'une filiation entre le manuscrit et l'imprimé, enracinée dans la figure du créateur. Les cahiers d'extraits, au contraire, ébranlent la figure de l'auteur. Pénétrer dans ces recueils de compilations, c'est prendre le risque de devoir assigner le discours que l'on croyait singulier à une multitude d'autres auteurs, de voir l'originalité présumée d'une pensée subitement réduite au statut d'emprunt ou de plagiat. Résultat de lectures exogènes, les cahiers d'extraits ont cet effet original, dans l'ordre de la genèse, de ramener le texte

---

* Une variante de la présente étude a été publiée dans l'ouvrage que j'ai consacré à Winckelmann: Elisabeth DÉCULTOT, *Johann Joachim Winckelmann. Enquête sur la genèse de l'histoire de l'art*, Paris, Presses Universitaires de France, 2000.

Abréviations

Justi – Carl JUSTI, *Winckelmann und seine Zeitgenossen*, 3 vol., Leipzig, deuxième édition, 1898 (1re édition: *Winckelmann, sein Leben, seine Werke und seine Zeitgenossen*, 3 vol., Leipzig, Vogel, 1866-1872).

WB – J. J. WINCKELMANN, *Briefe*, éd. par Walther Rehm en collaboration avec Hans Diepolder, 4 vol., Berlin, De Gruyter, 1952-1957.

imprimé non pas à une origine unique et définitive, mais au contraire à un infini faisceau de paternités probables et étrangères. Loin de consolider la figure de l'auteur, les recueils d'extraits dissolvent ses contours. Etudier les cahiers d'extraits, c'est prendre le risque de découvrir l'épigone derrière l'écrivain – ou pire, le bricoleur. C'est ce risque qu'invitent à prendre, et à dépasser, les papiers de Winckelmann.

La lecture comme autobiographie

Sa vie durant, Winckelmann entretient un rapport véritablement existentiel aux livres, non seulement à ceux qu'il écrit, mais aussi, et peut-être plus encore, à ceux qu'il lit. Dans ses papiers figure un cahier intitulé *Collectanea zu meinem Leben*, sorte d'autobiographie indirecte, dans laquelle, en 1767, un an avant sa mort violente, il retrace son existence à l'aide de citations tirées d'Aristote, Galien, Sophocle, Plutarque, etc. Winckelmann emprunte ici les mots des autres pour décrire sa propre vie (ill. 1). Ainsi, c'est à Ovide qu'il confie le soin de dire l'indigence de sa jeunesse : « Ma vie a été marquée au sceau de la dureté » ; pour évoquer ses errances de voyageur entre la Prusse, la Saxe et l'Italie, il fait parler Salluste : « traverser la vie comme des pélerins[1] ». Certes, l'usage du livre comme projection de soi est un fait ordinaire de la psychologie littéraire. Mais, d'habitude, c'est l'écriture, la production personnelle du texte que les écrivains envisagent comme miroir de leur existence. Or, pour Winckelmann, la lecture d'ouvrages étrangers est déjà en elle-même autobiographie. Comme le montre ce singulier cahier d'extraits, elle est, au sens propre, écriture de soi[2].

Si Winckelmann résume son existence *par* ces lectures étrangères, on peut dire aussi qu'il la résume *à* ces lectures. Ces extraits ne fournissent pas seulement les mots qui disent sa vie, ils *sont* sa vie même. Dès ses années de formation, en effet, Winckelmann avait pris l'habitude de consigner des passages entiers de ses lectures, constituant par là une bibliothèque portable et manuscrite qui ne le quittait jamais. Sa vie durant, il n'a cessé d'augmenter ce fonds. Le résultat de ce minutieux

---

1. Le manuscrit des *Collectanea zu meinem Leben*, qui se trouve à Savignano en Italie, a été édité *in*: WB, vol. 4, p. 154-163, ici n° 52 (Ovide : « *Et data sunt vitæ fila severa meæ* »), n° 62 (Salluste : « *Vitam sicut peregrinantes transegere* »).

2. À propos de ces manuscrits, on pourra consulter aussi : Wolfgang SCHADEWALDT, « Winckelmann als Exzerptor und Selbstdarsteller. Mit Beiträgen von Walther Rehm », *in*: W. SCHADEWALDT, *Hellas und Hesperien*, vol. 2, Zurich/Stuttgart, Artemis-Verl., 1960, p. 637-657, notamment p. 653 *sq*. W. Schadewaldt insiste sur les rémanences piétistes dans cette technique de lecture.

Ill. 1. Savignano sul Rubicone, Rubiconia Accademia dei Filopatridi,
Ms. Winckelmann *Collectanea zu meinem Leben*.

travail de compilation figure dans environ 7500 pages d'une écriture
serrée, conservées pour l'essentiel au cabinet des manuscrits de la
Bibliothèque nationale à Paris, et, pour le reste, dans quelques autres
villes européennes (Dresde, Hambourg, Montpellier et Savignano).
Dans ses *Collectanea zu meinem Leben*, l'extrait prend donc son sens le
plus chimique. Résultat d'une compilation de compilations, il est la
substance concentrée d'une vie de lectures, le précipité de cette bibliothèque manuscrite.

    « Celui qui les feuillette ne peut qu'être assailli d'un sentiment de
déception, on serait même tenté de dire, d'effroi[3]. » C'est ainsi que Carl
Justi, auteur d'une monographie sur Winckelmann qui fait encore référence aujourd'hui, décrit son premier contact avec les volumes de cette

---

3. Justi, vol. 1, p. 4.

bibliothèque manuscrite. Si ce sentiment d'effroi s'explique par l'ampleur du corpus, son sentiment de déception, en revanche, ne paraît guère justifié – pour peu, du moins, que l'on dépasse le stade du simple inventaire. Ces recueils d'extraits sont une source d'une rare richesse. Ils interrogent deux aspects majeurs de l'activité intellectuelle de l'écrivain, sur lesquels nous ne donnerons ici que quelques aperçus : son activité de lecteur, bien sûr, mais aussi son travail d'écriture.

Les deux cultures winckelmanniennes du livre

Si, donc, le livre occupe une place centrale dans la vie du lecteur Winckelmann, encore faut-il savoir de quel livre il s'agit véritablement. En effet, il existe manifestement pour lui deux types de livres, dotés chacun d'un statut intellectuel et affectif très différent : le livre imprimé des bibliothèques, objet anonyme et public, rangé dans des rayons accessibles au grand nombre, et le livre recopié de sa propre main, dont les passages compilés ont trouvé place dans ses cahiers d'extraits.

Tout dans la constitution des cahiers d'extraits indique que l'écrivain accordait à ces derniers une importance singulière. « Je les ai rédigés très proprement et les tiens pour un précieux trésor », annonce-t-il à son ami Berendis, le témoin privilégié de son activité compilatoire en Allemagne[4]. Ces recueils de compilations sont organisés comme de véritables livres. Dans beaucoup d'entre eux, Winckelmann prend soin de noter en dessous de la dernière ligne les premières syllabes du mot de la page suivante, conformément aux règles typographiques de l'époque. Il reporte scrupuleusement les notes infrapaginales en bas de chaque feuillet, élabore un système de renvoi alphabétique dans la marge, redessine, en cas de besoin, les lettres effacées – autant de signes sûrs d'une application minutieuse et d'une utilisation fréquente.

Cette activité compilatoire accompagne avec une remarquable constance toute son existence. À chaque étape biographique, ce corpus s'accroît. Winckelmann s'est indubitablement familiarisé avec cette technique dès le collège de Stendal et le lycée de Berlin, mais les traces les plus anciennes de ce travail ne datent que de son séjour à Halle (1738-1740). Alors étudiant à l'université, Winckelmann compile des extraits de littérature grecque, son domaine de prédilection, des ouvrages de philosophie et d'histoire. Les séjours suivants à Osterburg,

---

4. WB 98, lettre à Berendis, 6 juillet 1754, vol. 1, p. 142 (toutes nos traductions de Winckelmann sont personnelles).

Iéna, Hadmersleben et surtout à Seehausen, où il enseigne pendant cinq ans (1743-1748), témoignent d'un appétit de lecture insatiable. Mais c'est avant tout à Nöthnitz, dans la bibliothèque du comte de Bünau (1748-1754), que ce corpus manuscrit connaît un accroissement brutal. De 3 à 7 heures du matin, Winckelmann se consacre avec fébrilité et, à l'en croire, jusqu'à épuisement total, à son activité favorite : l'enrichissement de ses cahiers d'extraits[5]. Ses compilations embrassent la quasi-totalité du champ du savoir : la littérature grecque et, subsidiairement, la littérature latine, l'archéologie, l'histoire moderne, la littérature européenne moderne, à l'exception remarquable de la littérature allemande, les récits de voyage et, enfin, les sciences de la nature. C'est de la période Seehausen-Nöthnitz que datent une large part des cahiers conservés.

Contrairement à une idée répandue, l'installation à Rome en 1755 n'interrompt nullement cette activité de lecture. Elle introduit plutôt un déplacement d'accent et de méthode. Winckelmann continue d'accroître son trésor, mais restreint désormais le champ thématique de ses compilations aux domaines directement utiles à ses travaux : la littérature et l'art antiques, pour l'essentiel. Un clivage net se dessine entre la phase allemande et la phase italienne de cette activité compilatoire. En Allemagne, tout dans l'organisation physique des recueils traduit une révérence primordiale envers le texte lu, un souci de le reproduire dans le strict respect de sa cohérence initiale. Dans le geste de Winckelmann copiste subsiste quelque chose d'un acquiescement pré-moderne à l'autorité du texte. En Italie, les extraits se font plus courts et plus ciblés. Désormais, cet arsenal de notes vise moins la *reproduction* massive de connaissances que la *production* autonome d'un discours propre. De lecteur « pieux », Winckelmann devient un lecteur-écrivain.

L'organisation interne des extraits jette sur cette métamorphose une lumière significative. Pendant la première partie de son séjour en Allemagne, Winckelmann compile sans aucun ordre précis. Ses recueils les plus anciens font figure d'entrepôts bigarrés où se superposent les chantiers de lecture les plus divers : auteurs modernes et auteurs anciens, récits de voyage et dictionnaires, ouvrages d'histoire et d'anatomie, de littérature et de géographie. Tout se passe comme si, entraîné par un appétit universel de connaissances, il avait amassé ses extraits selon la chronologie aléatoire de ses lectures. Ce n'est qu'aux alentours de 1750, lorsque naît le projet des *Gedanken über die Nachahmung der griechischen Werke* (*Réflexions sur l'imitation des ouvrages*

---

5. WB 65, lettre à Konrad Friedrich Uden, 7 décembre 1749, vol. 1, p. 94.

grecs), sa première œuvre, que commencent à émerger quelques grands ensembles dans cette bibliothèque manuscrite. Désormais, Winckelmann réunit de longs feuillets d'extraits sur l'art antique ou moderne, les sciences de la nature, l'histoire, etc. Cette bibliothèque privée illustre ainsi une règle fondamentale dans l'économie de son travail : l'organisation des lectures est déjà un début de création. La genèse de la *Geschichte dèr Kunst des Altertums* (*Histoire de l'art dans l'Antiquité*) le prouve. Pendant une large partie de son séjour à Nöthnitz, Winckelmann avait rassemblé dans un ordre manifestement aléatoire une multitude de notes concernant l'art antique. Ce n'est qu'en 1756, au moment même où il fait pour la première fois état d'un projet d'histoire de l'art, qu'apparaissent dans ses cahiers des « Collectanea ad historiam artis » classés selon un ordre précis et sans cesse affiné[6]. Dans le classement des lectures se manifeste pour la première fois un projet d'écriture. Dès 1756, c'est-à-dire un an après son arrivée à Rome, il entame un catalogue de son propre fonds de manuscrits[7].

Cette pratique compilatoire est bien sûr dictée par l'origine sociale de Winckelmann. Dans la première moitié du XVIIIe siècle, le livre constitue encore une denrée rare et onéreuse, notamment pour ce fils de savetier, devenu, par son acharnement à l'étude, précepteur sans le sou. Il faut voir dans cette bibliothèque privée le substitut du pauvre, le succédané modeste des bibliothèques somptueuses dont elle est issue. Mais par-delà ce déterminisme sociologique immédiat, quelque chose de plus profond s'opère dans le geste du copiste, qui ressortit à l'intimité même du rapport au livre. Pour Winckelmann, comme pour tout tenant de l'art de l'extrait, posséder un livre, ce n'est pas être propriétaire de son objet physique, l'avoir acquis et placé sur un rayon de sa bibliothèque, mais le recopier, le reproduire, le mimer. Le processus d'appropriation matérielle de l'objet n'intervient qu'au terme du long parcours physique de la main sur la page. La preuve la plus convaincante en est d'ailleurs que Winckelmann recopiait dans ses cahiers d'extraits des livres qu'il possédait lui-même[8]. Son rapport au livre présente en réalité une nette ambivalence. Alors qu'il consacre à sa bibliothèque

---

6. Pour ces classements, *cf.* Ms. Winckelmann, BNF, Paris, All., vol. 57, f° 198-233 ; vol. 59, f° 252-273 ; vol. 69, f° 43-126.

7. Ms. Winckelmann, BNF, Paris, All., vol. 73, p. 46-68 (*Catalogus*). Ce cahier a été vraisemblablement réalisé au début du séjour à Rome, en 1756. L'entreprise est restée inachevée.

8. C'est notamment le cas de l'*Anthologia Græca* (*Vent. in ædibus Aldi*, 1521) que Winckelmann possédait dans sa très petite collection de livres et dont il tire néanmoins à Seehausen de longs extraits manuscrits. Cf. Ms. Winckelmann, BNF, Paris, All., vol. 60, f° 168-245.

manuscrite une attention extrême, il semble en revanche se désintéresser largement de sa bibliothèque «matérielle». Winckelmann possédait fort peu de livres imprimés[9]. Entre Halle et Seehausen, il acquiert tout au plus une quinzaine de volumes, dont il se débarrasse d'ailleurs sans chagrin lors de son installation à Nöthnitz. S'il apporte à la confection de ses recueils manuscrits un soin de calligraphe, il se montre en revanche assez négligent dans le traitement qu'il inflige aux imprimés. Une lettre de Seehausen nous apprend qu'il macule malencontreusement une page du dictionnaire de Zedler, ce qui lui ferme à jamais la bibliothèque du pasteur Papier, qui lui avait obligeamment prêté l'ouvrage[10]. On trouve même dans les recueils d'extraits deux pages arrachées à un lexique italien-français-allemand, qui témoignent d'une relation pour le moins peu scrupuleuse à l'objet imprimé[11].

Copier. Winckelmann et l'art de la compilation au XVIIIᵉ siècle

De Stendal jusqu'à Rome, Winckelmann prend des notes. Modalité d'un rapport privé au livre, ce procédé obéit aussi à une tradition culturelle ancienne rigoureusement codifiée. Depuis la Renaissance, l'art de l'extrait s'enseigne. Un ouvrage, le *compendium* le plus utilisé dans ce domaine au début du XVIIIᵉ siècle, permet de cerner les règles de cet art au moment où Winckelmann le découvre: le *Polyhistor* de Daniel Georg Morhof (1639-1691)[12]. Paru pour la première fois en 1688, maintes fois réédité par la suite, ce livre constitue l'une des pierres angulaires de la formation scolaire allemande.

De façon symptomatique, l'ouvrage s'ouvre sur une série de chapitres consacrés à l'art des bibliothèques. C'est que l'usage des catalogues, le maniement des imprimés, le commerce des manuscrits, en un mot la maîtrise du livre est, dans la tradition érudite, la condition première de production du savoir. Le *polyhistor* doit d'abord être un *poly-*

---

9. À Seehausen, Winckelmann possédait l'*Anthologia Græca* (*cf.* ci-dessus); *Pollucis Osnomaticon*, Basil. 1536; *Grammatica marchica* (grammaire grecque), Berlin, Nicolai, 1730. *Cf.* WB 77 et 81, lettres à Uden, 24 mai 1751 et 3 mars 1752, vol. 1, p. 105 et 110.
10. WB 33, lettre à Papier (brouillon), début 1746, vol. 1, p. 61-62.
11. Ms. Winckelmann, BNF, Paris, All., vol. 73, derniers feuillets.
12. Daniel Georg «Morhof», *Polyhistor litterarius, philosophicus et practicus, cum accessionibus virorum clarissimorum Joannis Frickii et Joannis Molleri*, 4ᵉ édition (Flensburg) avec une préface de Johann Albrecht Fabricius, Lubeck, Böckmann, 1747 (reprint de cette édition: Aalen, Scientia, 1970). Le livre, édité pour la première fois à Lubeck, chez P. Böckmann, en 1688, connut de nombreuses rééditions, notamment en 1695, 1708, 1732 et 1747.

histor bibliothecarius. Au cœur de cet empire du livre figure une science ou, si l'on veut, une technique vitale pour le savant : l'art de l'*excerptum*, c'est-à-dire l'art de confectionner, à partir d'ouvrages lus, des cahiers de citations. L'extrait constitue, dans cette tradition érudite, la matrice du savoir. Il est l'arme que le *polyhistor* se donne pour dominer la matière proliférante des pandectes compulsés et fournit en même temps le matériau de productions futures. Clef de la lecture, il est aussi la matière de l'écriture. Morhof lui consacre une section entière de son ouvrage[13].

Les longs chapitres du *Polyhistor* sur l'art de l'extrait permettent de cerner la signification – scolaire, certes, mais intellectuellement déterminante – que le jeune Winckelmann, comme tout lettré au début du XVIIIe siècle, donnait à l'acte même de lire. Une chose frappe dans l'exposé de Morhof : l'importance qu'il accorde à la fonction strictement mnémonique de l'extrait. Il s'agit moins de *comprendre* le texte recopié, que de le *mémoriser*. De façon symptomatique, Morhof ne consacre qu'un court chapitre aux *excerptis criticis*, chargés d'expliquer et de discuter la doctrine d'un auteur. La lecture, telle qu'elle s'enseigne dans les écoles allemandes jusqu'au cœur du XVIIIe siècle, est avant tout rhétorique, lexicale et grammaticale. C'est moins le *sens* du texte qui importe, que la reproduction formelle d'un discours.

L'apparence est donc trompeuse : les cahiers d'extraits qui, dans leur matérialité, s'annoncent d'abord comme le butin de *lectures*, visent en fait avant tout *l'écriture*. Des deux moments de l'activité compilatoire, copie et création, c'est le second qui prime pour les pédagogues de l'*excerptum*. Dans le *Polyhistor* se lit l'importance centrale que le XVIIe et le XVIIIe siècle accordent à l'acte, au geste de la *copie*. Mais, plus encore, ces réflexions résument les divers sens qui, à l'époque moderne, se cachent derrière le mot *copier*. Copier, c'est tout d'abord, au sens propre et médiéval du terme, *recopier*, transcrire fidèlement un texte, en fournir un décalque exact par le geste purement mécanique de la main. Mais copier, par un glissement moderne du sens apparu précisément au XVIIe siècle, c'est aussi « imiter » la manière ou l'œuvre d'autrui, la mimer, se l'approprier par une contrefaçon qui est en même temps une création personnelle. La méthode que recommande Morhof fait étrangement converger ces deux significations successives en un seul geste et en un seul lieu : les cahiers d'extraits. En eux se rejoignent les deux moments sémantiques et historiques de la *copie*.

Un cahier d'extraits de Winckelmann – l'un des plus anciens dont nous disposons – atteste l'importance du premier moment, strictement

---

13. D. G. Morhof, 1747, livre III (contenant 13 chapitres), p. 559-714.

manuel et mécanique, de la copie. Dans un carnet vraisemblablement rédigé entre Stendal et Seehausen figurent en effet de longs extraits d'Anacréon minutieusement calligraphiés de sa main (ill. 2)[14]. Dans le geste du jeune homme recopiant les caractères étrangers se lit celui du moine copiste du Moyen Âge, calligraphiant patiemment un texte ancien dans le strict souci de la reproduction fidèle d'un original, avant l'invention de l'imprimerie. La passion de Winckelmann pour la langue grecque, qui s'éveille durant ces années-là, repose largement sur une passion plastique pour la forme de ses lettres. En 1758, il dit son aversion pour les lettres « malingres et rachitiques » des éditions grecques de son siècle et sa nostalgie des grands humanistes typographes du

Ill. 2. Hambourg, Staats-und Universitätsbibliothek, Ms. Winckelmann, Cod. hist. art. 1, 2 (4°), f° 141.

14. Ms. Winckelmann, Hambourg, Staats-und Universitätsbibliothek, Cod. hist. art. 1, 2 (4°), f° 140-155.

XVIᵉ siècle, qui, tel Robert Etienne, mettaient une grâce véritablement artistique à former leurs caractères[15]. La compétence calligraphique faisait d'ailleurs partie des attributs centraux de tout bibliothécaire : l'élégance de son alphabet grec lui vaut dès 1753 l'admiration du cardinal Passionei[16]. C'est, entre autres, pour ce talent technique qu'il est employé par Bünau, Archinto, Albani, puis à la Vaticane. Un feuillet datant probablement de la période Halle-Nöthnitz traduit avec force ce plaisir d'écrire strictement esthétique et sensible. D'un geste fantasque de plume, Winckelmann transforme une simple lettre majuscule en une belle arabesque saturée de courbes, de pleins et de déliés (ill. 3)[17].

Mais l'art de l'extrait ne s'arrête pas au plaisir esthétique de la calligraphie. Dans le geste du copiste se lit aussi le projet d'une écriture personnelle, l'ambition d'une copie qui soit le canevas d'une production nouvelle, plutôt que le décalque strict d'une main étrangère. C'est dans l'intention de les faire écrire à leur tour que Morhof conseille aux élèves de rédiger des cahiers d'extraits. Les chapitres sur l'acte même de la compilation sont immédiatement suivis de développements sur leur *utilisation*. Les cahiers sont conçus comme un matériau brut, rassemblant une *copia* dont l'élève doit puiser, trier, recombiner les éléments selon un ordre propre, pour produire à son tour un discours nouveau. Morhof, par exemple, dresse une liste d'*excerpta* destinés à tout discours de remerciement, privé ou public. Il recommande la confection de recueils de « ligaments », c'est-à-dire de formules de liaison susceptibles d'assurer l'articulation des phrases et propose lui-même un lexique de métaphores[18].

C'est par cet art scolaire de l'extrait que Winckelmann a entamé son existence de lecteur. On trouve dans le fonds de Hambourg un *Fasciculus epistolarum latinarum* datant de 1732, dans lequel le copiste, alors âgé de quinze ans, avait rassemblé quelques lettres-types en latin, sortes d'exercices de style appliqués à des situations fictives : félicitation pour un mariage ou pour un anniversaire, remerciement pour un cadeau, protestation d'amitié, etc.[19] Très marquée en latin, langue cruciale pour sa période de formation, cette pratique s'est étendue à ses lectures modernes, et notamment, comme nous le verrons, à ses lectures françaises.

---

15. WB 225, lettre à Caspar Füssli, 27 juillet 1758, vol. 1, p. 400.
16. WB 88, lettre à Berendis, 6 janvier 1753, vol. 1, p. 22 : « On m'a proposé une place de bibliothécaire chez le cardinal Passionei. Il a vu mon écriture grecque […]. Elle lui a plu et il a écrit au nonce. Je vais recevoir à Dresde l'argent pour le voyage. »
17. Ms. Winckelmann, Hambourg, SUB, Cod. hist. art. 1, 2 (4°), f° 208.
18. D. G. Morhof, 1747, III, p. 668-702, 621-658.
19. Ms. Winckelmann, Hambourg, SUB, Cod. hist. art. 1, 2 (4°), f° 172 *sq*.

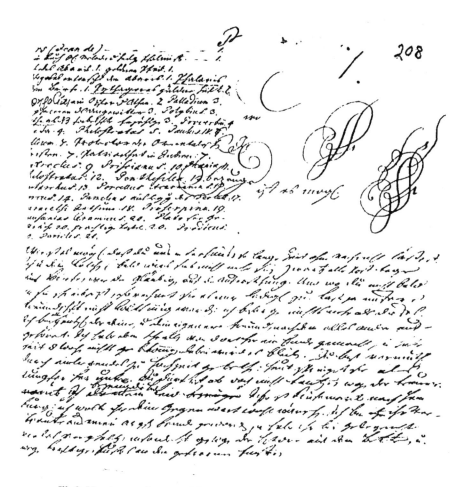

Ill. 3. Hambourg, Staats-und Universitätsbibliothek, Ms. Winckelmann,
Cod. hist. art. 1, 2 (4°), f° 141.

Écrire

Toute scolaire et insignifiante qu'elle soit en apparence, la pratique
de l'extrait engage un rapport spécifique au texte. Elle commande en
vérité une définition précise de la littérature. Pour l'auteur de cahier
d'extraits, la littérature est un corps qui peut à tout moment se décom-
poser en une série de *membra disjecta,* susceptibles d'être recomposés
ensuite en un nouvel ensemble. Cette vision mécanique de la langue,
dominée par l'image d'un démantèlement et d'un remembrement
incessant du texte, transparaît jusque dans le titre des manuels ou des

recueils relatifs à l'art de l'extrait. Melchior Junius publie une *Résolution* des discours de Cicéron en extraits rhétoriques, lexicaux et grammaticaux[20]. Tout discours doit être «dissous» en un nombre fini de rubriques pour pouvoir donner lieu à un discours nouveau.

Par bien des aspects, la pratique winckelmannienne de l'écriture se rattache directement à cette définition de la littérature. Sa vie durant, Winckelmann écrit par compilation. Sa première œuvre, les *Réflexions sur l'imitation*, en porte fortement la marque. Le lecteur contemporain reste frappé par le caractère composite de cet ouvrage. Cette hétérogénéité se manifeste tout d'abord dans la disparité du matériau. Winckelmann alterne sans transition remarques générales et exemples détaillés, notations sur les Anciens et considérations sur les Modernes. Le discours se décompose en bribes hétéroclites. Cette diversité se manifeste plus encore dans la facture typographique de la page. Le texte est fractionné en une multitude de paragraphes brefs. Enfin, l'empreinte compilatoire se lit très nettement dans le jeu des notes de bas de page. Dans la deuxième édition des *Réflexions* (1756), Winckelmann rédige même des notes de notes en insérant des remarques infrapaginales dans le texte infrapaginal, grâce à un système sophistiqué d'astérisques. La citation s'affiche comme telle. L'emprunt est revendiqué.

En vérité, cette économie ostensiblement composite de l'écriture repose directement sur la méthode de lecture de Winckelmann. Avant de procéder à la rédaction des *Réflexions*, Winckelmann avait en effet accumulé, à Nöthnitz et à Dresde, une somme considérable d'extraits sur l'art des Anciens et des Modernes. De cet entrepôt patiemment augmenté au fil de ses lectures, il fait le socle de son essai, le magasin de son argumentaire. Il y garde en dépôt de larges extraits de Pline l'Ancien, de Bellori, de Du Bos, etc., toutes citations dont il fait ensuite, après élaboration personnelle, le matériau de son œuvre. Cependant, même retravaillé, le texte imprimé conserve quelque chose des aléas de la lecture première. Chaque alinéa correspond à un changement de référence bibliographique. Le texte s'annonce comme un collage, arbitraire et visible. Winckelmann en signale les coutures.

Plus encore, la structure même de l'œuvre obéit à l'économie des extraits. Dès la seconde édition des *Réflexions* en 1756, Winckelmann ajoute au texte initial, c'est-à-dire aux *Réflexions* elles-mêmes, deux autres essais. Tout d'abord, un plaidoyer en faveur des Modernes, la *Réponse aux Réflexions*, réplique anonyme et fictive au premier essai, dont

---

20. Melchior «Junius», *Resolutio oratoriæ Ciceronianæ* (cité dans: D. G. Morhof, 4ᵉ édition, 1747, III, p. 606-611).

l'auteur réel n'est autre que Winckelmann lui-même. Enfin, dans un troisième temps, une *Explication des Réflexions*, riposte au second texte, qui, cette fois-ci au nom de Winckelmann lui-même, clôt l'ensemble de ces essais par une illustration des Anciens[21]. Il faut bien sûr voir dans ces échanges factices entre contradicteurs imaginaires une pratique publicitaire assez commune à l'époque. Mais par-delà l'astuce éditoriale, cette structure contradictoire est directement liée à l'activité compilatoire qui a précédé et sous-tendu la parution du texte de Winckelmann. Dans la volumineuse somme de ses extraits, l'écrivain avait en effet réuni à peu près autant de notations en faveur des Modernes que de remarques en faveur des Anciens. Après avoir en grande partie épuisé son stock d'arguments favorables aux Anciens dans les *Réflexions* elles-mêmes, il lui restait de nombreuses références «modernistes» en réserve. La tentation était grande de chercher à exploiter cet imposant arsenal de citations, sinon promises à l'obscurité et au sommeil définitifs. Il n'en alla pas autrement. La *Réponse aux Réflexions* – le deuxième texte donc – est presque intégralement composée de propos «modernistes» empruntés aux cahiers d'extraits: éloge du Bernin par Baldinucci, de Rubens par Roger de Piles, des Hollandais et des Français par d'Argenville[22]. On peut, sur la seule base des notes de bas de page, reconstituer le travail compilatoire de l'écrivain copiste. L'*Explication des Réflexions* obéit au même principe. Winckelmann y a mis bout à bout, et dans un ordre parfois peu convaincant, des idées qu'il avait, pour des raisons de concision et de sobriété, dû laisser de côté dans sa matrice de 1755. La dialectique des Anciens et des Modernes qui sous-tend dans sa structure même la trilogie des *Réflexions* est en réalité directement gouvernée par la méthode de lecture de l'auteur. C'est ici la démonstration d'un principe qui sera souvent vérifié par la suite: Winckelmann écrit comme il lit.

Très présente dans les *Réflexions*, cette économie de l'écriture continue de gouverner ses œuvres ultérieures. Elle sous-tend notam-

---

21. [J. J. Winckelmann], *Sendschreiben über die Gedanken von der Nachahmung der griechischen Werke…, in: Frühklassizismus. Position und Opposition: Winckelmann, Mengs, Heinse*, éd. par H. Pfotenhauer, M. Bernauer et N. Miller, Francfort-sur-le-Main, Dt. Klassiker-Verl., 1995, p. 51-86; J. J. WINCKELMANN, *Erläuterung der Gedanken von der Nachahmung der griechischen Werke…, in: ibid.*, p. 87-148. Entre ces deux textes figurait en outre un troisième: *Nachricht von einer Mumie in dem Königlichen Cabinet der Alterthümer in Dreßden*, dont l'objet était de démontrer que la peinture existait certes dans l'Égypte ancienne, c'est-à-dire bien avant l'apogée de la Grèce, mais que le «bon goût», lui, est une invention des Grecs. Ce texte n'a pas d'incidence directe sur notre propos.

22. Ms. Winckelmann, BNF, Paris, All., vol. 25 v° (Filippo Baldinucci, *Vita del Cavaliere… Bernini*); f° 9 v°, 11 (R. de Piles, *Dissertation sur les ouvrages des plus fameux peintres*); f° 29 *sq.* (A. J. Dézallier d'Argenville, *Abrégé de la vie des plus fameux peintres*).

ment la structure même de l'*Histoire de l'art dans l'Antiquité*. Dans l'édition de 1764, la seule qui paraisse du vivant de Winckelmann, l'ouvrage comprend deux parties. La première affiche une ambition plutôt systématique et normative. C'est un «examen de l'art selon son essence» qu'elle propose, c'est-à-dire une esthétique prescriptive de l'art grec, d'où sont pour une large part exclus les détails historiques et archéologiques précis. L'exposé diachronique circonstancié des arts et de leur évolution n'intervient que dans la seconde partie, significativement intitulée: «Histoire de l'art dans l'Antiquité d'après les *circonstances extérieures* de l'époque». L'articulation de ces deux parties illustre parfaitement l'influence d'une économie ancienne de l'écriture sur la genèse d'un texte que Winckelmann a pourtant voulu en rupture avec la tradition. En Allemagne et durant ses premières années à Rome, l'écrivain avait en effet compilé une somme considérable de matériaux historiques, qu'il avait cependant dû laisser en grande partie de côté, pour ne pas entamer la clarté de son propos, dans la rédaction de sa première version refusée par Walther en 1759[23]. Tout ce qui ne rentrait pas dans ce panorama normatif de la beauté grecque était resté en dépôt dans ses cahiers. Néanmoins, avant même que l'éditeur ne lui signifie son refus, Winckelmann commence de son propre chef à retravailler son texte. Il s'agit de résorber par l'augmentation notable de la partie «historique» le matériau résiduel qui n'avait pu être absorbé dans la première[24]. Comme les suppléments ajoutés aux *Réflexions*, la seconde partie de l'*Histoire de l'art* porte fortement la marque de cette économie érudite de l'écriture. De son arsenal d'extraits Winckelmann a tiré une masse de références, dont il agrémente copieusement son texte initial sous forme de notes ou de citations. Pour signifier plus clairement encore ce procédé d'écriture, il fournit d'emblée en introduction la liste bibliographique de ses références, qui constitue ni plus ni moins un inventaire choisi de ses stocks d'extraits.

Dans sa gestion même de l'écriture, Winckelmann reste, on le voit, très profondément attaché aux paradigmes anciens. Malgré la moder-

---

23. En 1758, Winckelmann fait état d'une histoire de l'art en préparation, qui contient deux parties: l'une théorique, l'autre historique. Mais, dans le descriptif qu'il donne de ce travail, la seule partie qu'il développe véritablement est la partie théorique (WB 202, lettre à Berendis, 5 février 1758, vol. 1, p. 332-333). De façon significative, il n'envoie que la première partie du manuscrit à Walther en 1759. *Cf.* WB, vol. 1, note p. 595.

24. Une lettre de 1757 montre que Winckelmann avait dès la première version de l'*Histoire de l'art dans l'Antiquité* articulé son plan en deux parties, l'une normative, l'autre historique. Néanmoins, cette seconde partie semble, dans la description qu'il en donne en 1757, encore très peu historique. Winckelmann y insère notamment ses descriptions de statues. *Cf.* WB 194, lettre à Genzmer, 20 novembre 1757, p. 314.

nité apparente du genre choisi – l'essai, forme brève, pour les *Réflexions* et le panorama synthétique pour l'*Histoire de l'art* –, c'est pourtant bien une culture ancienne de l'art compilatoire qui continue de guider souterrainement sa plume. Il s'agit, comme le recommandait Morhof, d'épuiser ces magasins du savoir que sont les cahiers d'extraits, de gérer au mieux ces précieux butins de lectures.

L'œuvre inachevée

Parce qu'il commande une technique singulière d'écriture, l'art de l'extrait induit aussi directement une caractéristique centrale de l'œuvre winckelmannienne : son intrinsèque inachèvement. Winckelmann ne clôt jamais ses textes. Envoyer le manuscrit à l'éditeur – équivalent symbolique d'un « bon à tirer » qui n'existait pas encore – ne signifie nullement pour lui apposer un point final à la rédaction. À peine Walther met-il les *Réflexions* sous presse en 1755 que Winckelmann travaille déjà à une nouvelle version augmentée. L'écrivain ne lui a pas plus tôt envoyé son premier manuscrit de l'*Histoire de l'art* en 1759 qu'il commence, de son propre chef, à lui adjoindre des éléments nouveaux. Lorsque cette seconde version augmentée paraît en 1764, Winckelmann a déjà par-devers lui un nouveau manuscrit amélioré, qu'il tente obstinément de publier. Mais Walther refuse de procéder à une nouvelle publication tant que les mille deux cents exemplaires de la première version ne seront pas épuisés – la maison d'édition en possédait encore en 1824 ! Loin de se décourager, Winckelmann conçoit les projets les plus complexes pour que sa nouvelle *Histoire de l'art* voie le jour[25]. C'est à un pur hasard que l'on doit finalement la publication, posthume et peut-être frelatée, d'une ultime *Histoire de l'art* à Vienne en 1776. Ultime, certes, la mort prématurée de Winckelmann en a décidé ainsi, mais non définitive, car l'entreprise considérable de refonte et d'augmentation du texte n'était, tout l'indique, pas près de prendre fin. Particulièrement marquée pour l'*Histoire de l'art*, cette construction par agrégation successive s'étend en réalité à toute son œuvre. Aux deux volumes de *Monumenti antichi inediti*

---

25. Dès décembre 1761, date à laquelle il envoie son texte à Dresde, Winckelmann ne cesse de collecter remarques et correctifs dans la perspective d'une réédition. Par la suite, il envisage de réaliser directement sous la forme d'une « traduction française augmentée » cette version corrigée que lui refuse Walther. Mais toutes ces entreprises avortent et il doit se résoudre à publier ses *addenda* dans un volume autonome, les *Anmerkungen über die Geschichte der Kunst des Alterthums* (*Remarques sur l'Histoire de l'art*) qui paraissent chez Walther en automne 1767.

qui paraissent au printemps 1767 à Rome, Winckelmann projette très vite d'ajouter un troisième, déjà bien engagé lorsqu'il est assassiné.

En vérité, on pourrait diviser l'œuvre entière de Winckelmann en deux catégories distinctes, mais parfaitement complémentaires : d'une part, les ouvrages matriciels (les *Réflexions*, l'*Histoire de l'art*, les *Monumenti*) qui ne sont, dans leur forme publiée, que la fixation temporaire, fortuite et toujours remise en cause, d'un travail en perpétuelle transformation, et, d'autre part, les *addenda* (*Anmerkungen*, troisième volume des *Monumenti*), canevas d'une seconde édition parfois refusée par l'éditeur, textes hybrides qui sont tout à la fois l'expression d'une créativité bouillonnante et d'un remords de l'écrivain. L'œuvre, au sens où Winckelmann l'entend, ne se crée que par adjonction successive. Elle est le produit toujours instable d'un bourgeonnement sans fin, d'un accroissement illimité.

Rien de plus éloigné de cette méthodologie de l'écriture que la conception néo-classique de l'œuvre ébauchée par Goethe une génération plus tard. Pour l'éditeur des *Propylées*, l'œuvre d'art réussie « forme un petit monde en soi », une totalité achevée et définitivement close sur elle-même. Si Goethe voit le processus de création sur le mode circulaire de la plénitude et de la nécessité interne, Winckelmann, au contraire, le voit sur le mode hyperbolique d'une extension à l'infini. L'œuvre est un composé à géométrie perpétuellement révisable.

Winckelmann et Montaigne

Un auteur a joué un rôle central dans l'apprentissage winckelmannien de la lecture et de l'écriture : Michel de Montaigne. Winckelmann a lu les *Essais* avec passion. De leur fréquentation régulière il a retiré, en Allemagne, une longue série d'extraits, qui se singularisent par une minutie et une exhaustivité remarquables (ill. 4)[26]. C'est que le copiste Winckelmann se sent avec Montaigne de multiples affinités, qui tiennent tout d'abord à la personnalité de l'auteur stylisée dans les *Essais* : formation humaniste, goût des voyages, liberté de ton. Mais, davantage encore qu'avec l'homme privé ou le penseur, c'est avec le *lecteur* Montaigne que Winckelmann se sent une parenté immédiate.

---

26. Ms. Winckelmann, BNF, Paris, All., vol. 72, f° 83 v°-95 v° et 128-129. Ces extraits couvrent en tout 28 feuillets. Winckelmann parcourt l'ensemble des trois tomes des *Essais* dans l'édition de Pierre Coste (Londres, 1724), fait des notes lexicales pour les mots qu'il ignore, recopie assidûment les notes savantes de l'édition, glisse même, fait rarissime dans cette bibliothèque manuscrite, des appréciations personnelles (f° 86 v°).

pouvoient s'accorder, ils donnerent au Cardinal Dossa le pouvoir de nommer celui qu'il voudroit, il se nomma lui-même, disant "Ego sum Papa". Cette élection fut approuvée de tous. Ce Pape étoit fils d'un Cordonnier de la ville de Cahors, Jean XXII. mourut en 1334. âgé de 90 ans, on lui trouva la valeur de 20 millions de Ducats & d'autres disent 700, 000 Florins d'or.

Les Essais de Michel de Montaigne. Nouvelle édition. Avec de courtes Remarques &c. par Pierre Coste, Tomes. III. à Londres, 1724, 4. maj. Voll. III.

Tom. I. On recite de Severus Casius, qu'il disoit mieux sans y avoir pensé. "Ut prossentis enimi & maioris ingenii quam studii, mag is placebat in his qued inveniebat quam in hisqued attulerat — Iratus commodius dicebat. Ideo diligenter causabant homines ne dicentem interpellarent." Senec. Praf. Epit. Controv. L. III. Quint il. de cod. "Plus Stomacho quam consilii dedit."

"Gallus Vibius fuit tam magnae eloquentiae quam portae insaniae. Atine accidisse uni. scio "ut in insaniam non casu incideret, sed judicio perveniret — nam dum insanos imitatur, dum "benocinium ingenii fueram putat, quod simulabat, ad verum redegit." Senec. Controv. L. 1. con p. 160. Op. Vol. III. edit. Elzev. 1672.

Les Mariez, le temps estant tout leur, ne doivent ny presser ny taster leur entreprise, s'ils ne sont prests. Et vault mieux faillir indecemment, à estreiner la couche nuptiale pleine d'agitation & de fievre, que de tomber en une perpetuelle misere, pour s'estre estonné & desesperé du premier refus. — On a raison de remarquer l'indocile liberté de ce membre, s'ingerant si importunément lorsque nous en avons le plus d'affaire : & contestant de l'authrité, si imperieusement, avec nostre volonté, refusant avec tant de fierté & d'obstination nos solicitations & mentales & manuelles.

Il fut presenté à Charles Roy de Boheme & Empereur, une fille d'auprès Pise toute velue & herissée, que la mere disoit avoir esté ainsi conceüe, à cause d'un image de St Jean Baptiste pendue en son lict.

Un gentil-homme françois se mouchoit toujours de sa main defendant la dessus son faict : & estoit fameux en bonnes rencontres. Il me demanda, quel privilège avoit ce sale excrement, que nous allassions luy apprestant un beau linge delicat à le recevoir ; & puis, qui plus est, & l'empaqueter & serrer soigneusement sur nous.

Quand ceux de Crete vouloient au temps passé maudire quelqu'un, ils prioent les Dieux de l'engager en quelque mauvaise coustume. Val. Max. L. VII. in Ext orn. 8.15.

Cotta proteste bien opportunement. "Quem de religione agitur, T. Corumanium, P. "Scipionem, P. Sca volam, pontifices maximos, non Eenonem, aut Chantium aut Chry-"sippum sequor." Cic. de Nat. Deor. L. III. c. 2.

L'ame qui loge la philosophie doit par sa santé rendre sain encore le corps : elle doit faire luire jusqu'au dehors son repos & son aise : doit former à son moale le port exterieur, & l'armer par consequent d'une gracieuse fierté, d'un maintien actif & allegre & d'une contenance contente & debonnaire. La plus expresse marque de la sagesse, c'est une esjouissance constante : son estat est comme des choses au dessus de la Lune, toujours serein. C'est Baroco & Baralipton qui rendent leurs supposts ainsi crotés & enfumez ; ce n'est pas elle, ils ne la cognoissent que par ouy dire.

Puisque la Philosophie est celle qui nous instruict à vivre & que l'enfance y a sa leçon, comme les autres aages, pourquoy ne la luy communique l'on ?

Udum & molle lutum est, nunc nunc properandus & acri

Fingendus sine fine. rota. Pers. Sat. III. v. 23. 24.

On nous apprent à vivre quand la vie est passée.

Ciceron disoit que quand il vivroit la vie de deux hommes, il ne prendroit pas le loisir d'estudier les Poetes Lyriques. (Ceci est pris de Seneque epist. 49.

Ill. 4. Paris, Bibliothèque nationale de France, Ms. Winckelmann, All., vol. 72, f° 83 v°.

Montaigne est pour Winckelmann l'homme du commerce des livres et, en premier lieu, le génial organisateur d'une « librairie », dont il recopie attentivement la description.

> Ma librairie, [note Winckelmann dans une forme légèrement abrégée], est au troisième étage d'une tour. (…) La figure en est ronde (…) et vient [m'offrant] en se courbant, d'une vue, tous mes livres, rangés à cinq degrés tout à l'environ. Elle a trois vues de riche et libre prospect, et seize pas de vide en diamètre[27].

Dans la géométrie de cette bibliothèque circulaire, englobante, protectrice mais ouverte, Winckelmann a entrevu le plan d'une bibliothèque idéale.

Le lecteur Montaigne intéresse Winckelmann par le contenu de ses lectures, et notamment par sa connaissance intime de la littérature antique (Virgile et les poètes latins, Plutarque et les historiens anciens). Cependant, plus encore que par la teneur de ces livres, c'est par leur usage que Winckelmann rejoint Montaigne. Winckelmann a trouvé dans les *Essais* le même rapport dialectique de célébration et d'abandon du livre que celui dont il fait lui-même l'expérience à Nöthnitz. Montaigne, lettré pétri de culture humaniste, rompu depuis l'enfance au commerce des bibliothèques, ne cesse de prôner, sur la base même de cette culture, le renoncement à la tradition écrite. Dans les *Essais*, l'absorption et l'abjuration du texte entretiennent une relation nécessaire et complémentaire. Le culte du livre conduit à son rejet, qui a besoin à son tour du livre pour se fonder et s'exprimer. Winckelmann a trouvé dans ce schéma le modèle prémonitoire de son propre scepticisme livresque. « Les livres sont plaisants », recopie-t-il dans les *Essais*. « Mais si de leur fréquentation nous en perdons enfin la gaieté et la santé, nos meilleures pièces, quittons-les. Je suis de ceux qui pensent leur fruit ne pouvoir contrepeser cette perte[28]. » De tous les livres, ce sont bien sûr les ouvrages savants que Montaigne poursuit de ses sarcasmes les plus mordants : « La difficulté est une monnaie que les savants emploient, comme les joueurs de passe-passe, pour ne découvrir la vanité de leur art[29]. » Autant d'extraits où, quelques années plus tard

---

27. Ms. Winckelmann, BNF, Paris, All., vol. 72, f° 93 v°-94 et M. de Montaigne, *Essais*, éd. par Pierre Michel, 3 vol., Paris, 1973 (première édition Paris, 1965), vol. 3, p. 71-72.
    28. Ms. Winckelmann, BNF, Paris, All., vol. 72, f° 84 v° et M. de Montaigne, *Essais, op. cit.*, vol. 1, p. 351.
    29. Ms. Winckelmann, BNF, Paris, All., vol. 72, f° 89 v° et M. de Montaigne, *Essais, op. cit.*, vol. 2, p. 228.

à Rome, Winckelmann puisera ses saillies anti-érudites. Montaigne a été pour Winckelmann un maître d'un genre singulier : un maître de lecture qui l'a accompagné dans un processus lent et ambigu de détachement du livre.

Au cœur des *Essais* figure un art singulier, dont la maîtrise fascine visiblement Winckelmann : celui de la citation. La citation est la marque par excellence de l'activité compilatoire, l'empreinte de l'écrivain-copiste[30]. D'emblée, les *Essais* s'annoncent comme un texte nourri de textes étrangers. Montaigne, d'ailleurs, ne s'en cache pas. De son propre aveu, il glane, pille, moissonne dans sa librairie « de quoi rehausser son propos », agrémente ses textes de « parements empruntés », « allonge » et « bigarre » ses chapitres de pièces rapportées, interrompt fréquemment son propre discours pour faire parler quelque poète en italique ou quelque prosateur entre guillemets[31]. L'écrivain se défend certes d'être un pur « ravaudeur », un simple expert en « pastissage de lieux communs », mais déclare en même temps puiser chez Plutarque et chez Sénèque « comme les Danaïdes, remplissant et versant sans cesse[32] ». Winckelmann a été très sensible à ce travail de marqueterie. Les *Essais* sont pour lui un texte polyphonique qui l'intéresse non seulement pour la voix de Montaigne lui-même, mais aussi pour celle, rapportée, de Diogène Laërce, Pline l'Ancien, Sénèque, etc., dont il note minutieusement les références. Tout indique que Winckelmann a lu cet ouvrage comme l'œuvre de plusieurs auteurs, et non comme celle d'un seul.

Plus encore que l'art de l'allégation explicite, c'est celui de la citation inavouée que Winckelmann a appris avec Montaigne. Des passages entiers de Sénèque se trouvent insérés sans guillemets dans les *Essais*. Montaigne ne fait pas mystère de ces larcins : « Parmi tant d'emprunts, je suis bien aise d'en pouvoir dérober quelqu'un, les déguisant et déformant à nouveau service[33]. » C'est qu'il n'y a là rien d'illicite à ses yeux. Lire le texte d'autrui, c'est en effet en être déjà quelque peu propriétaire[34]. Winckelmann a puisé dans les *Essais* cet art de la contrebande. Consignée de sa main, l'œuvre d'autrui se trouve parfois annexée sans indication d'origine à son œuvre propre. Comme Montaigne, Winckelmann « copie » dans tous les sens du terme. Il reproduit, contre-

---

30. Pour le rôle du cahier d'extraits et de la compilation chez Montaigne, *cf.* Francis GOYET, « À propos de ces pastissages de lieux communs » (le rôle des notes de lecture dans la genèse des *Essais*), *in* : *Bulletin de la Société des amis de Montaigne*, n° 5-6, juillet-décembre 1986, p. 11-26 et n° 7-8, janvier-juillet 1987, p. 9-30.

31. M. de MONTAIGNE, *Essais*, *op. cit.*, vol. 2, p. 104 ; vol. 3, p. 343 ; vol. 2, p. 453.

32. *Ibid.*, vol. 1, p. 218 et vol. 3, p. 343.

33. *Ibid.*, vol. 3, p. 343-344.

34. *Ibid.*, vol. 2, p. 411.

fait, parodie. C'est chez La Bruyère qu'il trouve la matrice de cette formule fameuse des *Réflexions*: «La seule manière pour nous de devenir grands, et même, si cela se peut, inimitables, c'est d'imiter les Anciens[35].» Ou encore, c'est à l'abbé Bouhours qu'il emprunte la comparaison, récurrente chez lui, de la beauté et de l'eau pure[36]. Winckelmann a fait de ses extraits sur le grand siècle français une réserve personnelle de tropes et de formules marquantes.

La longue chaîne de la compilation

La tentation est grande de voir dans de tels procédés la marque infâmante du plagiaire, de l'écrivain faussaire. Pourtant, ce serait sans doute commettre là un anachronisme. La culture de l'extrait suppose une définition singulière de la propriété littéraire. Le plagiat, au sens moderne et juridique qu'il acquiert au XIXe siècle, n'existe pas à proprement parler pour les tenants de l'*excerptum*. «J'aimerais quelqu'un qui me sache déplumer», annonce Montaigne dans son chapitre sur les livres[37]. C'est la marque même des plus grands ouvrages que de se prêter à cette activité de démembrement. Dans cette culture de la lecture et de l'écriture, l'auteur est, au sens propre, celui qui «augmente», qui «accroît». «Nos opinions, écrit Montaigne, s'entent les unes sur les autres. La première sert de tige à la seconde, la seconde à la tierce. Nous échelons ainsi de degré en degré[38].» L'histoire littéraire forme ainsi une spirale harmonieuse, dont la progression repose sur l'art de l'*excerptum*. Chaque auteur est le maillon d'une immense chaîne de l'imitation, qui est d'abord une chaîne de la compilation. Et c'est seulement comme maillon de cette chaîne qu'il accède au statut d'auteur.

Winckelmann – c'est là tout son intérêt – apparaît comme l'un des derniers maillons «complets» de cette chaîne au XVIIIe siècle. Il est en effet l'un des derniers à avoir non seulement pratiqué l'art de l'extrait sur ses *prédécesseurs*, mais aussi fait lui-même l'objet de compilations

---

35. J. J. WINCKELMANN, *Gedancken über die Nachahmung der Griechischen Wercke in der Mahlerey und Bildhauer-Kunst* (d'après le texte de la première édition de 1755), *in*: *Frühklassizismus*, op. cit., p. 14. Cf. Ms. Winckelmann, BNF, Paris, All., vol. 70, f° 20 (extrait des *Caractères* de La Bruyère: «On ne saurait en écrivant rencontrer le parfait et s'il se peut surpasser les Anciens que par leur imitation»).

36. Ms. Winckelmann, BNF, Paris, All., vol. 71, f° 44 v° (abbé BOUHOURS, *Les Entretiens d'Ariste et d'Eugène*): «Le beau langage ressemble à une eau pure et nette qui n'a point de goût, qui coule de source, qui va où sa pente naturelle le porte.» Cette comparaison apparaît à plusieurs reprises chez Winckelmann. *Cf.* par exemple, GdK, p. 150.

37. M. de MONTAIGNE, *Essais, op. cit.*, vol. 2, p. 105.

38. *Ibid.*, vol. 3, p. 358.

systématiques chez ses *successeurs*. Sa postérité le prouve. Avec une intuition sûre, quelques tenants de l'extrait ont trouvé dans son œuvre, au XIXe siècle, un terrain de prédilection pour leur activité compilatoire. Jean Paul, «auteur» d'une bibliothèque manuscrite plus importante encore que celle de Winckelmann, a fait à partir des textes de Winckelmann le même travail que Winckelmann avait lui-même réalisé dans ses cahiers d'extraits. Dans sa «bibliothèque de poche», une collection d'extraits particulièrement chère au romancier, Jean Paul consigne plusieurs formules frappantes glanées dans ses lectures. De l'*Histoire de l'art*, il tire une sentence sur la beauté sereine des Anciens, qu'il place dans un cahier d'adages. Ou encore, il prend en note quelque curiosité winckelmannienne, comme cette anecdote du roi de Suède utilisant un tableau du Corrège pour boucher une fenêtre de ses écuries[39].

On voit se dessiner ainsi à travers l'histoire de la littérature une sorte d'*aurea catena* d'un genre nouveau. Jean Paul compile Winckelmann, qui compile Montaigne, qui compile Sénèque, qui compile…, etc. Entre des auteurs de langue et de siècle différents s'esquisse une chaîne d'or, un dialogue des esprits fondé non sur une sympathie abstraite des génies, mais sur un mode commun de lecture et, indirectement, d'écriture. Si Jean Paul aime à lire Winckelmann, c'est qu'il a reconnu en lui un familier de l'extrait et si Winckelmann goûte à son tour Montaigne, c'est qu'il a distingué dans son œuvre un lecteur de même lignage. Par une sorte d'affinité élective, les tenants de l'*Exzerpieren* reconnaissent dans le style de l'autre, elliptique et primesautier, la marque d'une écriture compilatoire, susceptible d'être à son tour compilée. L'écrivain-copiste élit avec un instinct infaillible l'écrivain-copiste. Jean Paul avait pour Montaigne, grand maître de l'extrait, la même prédilection que Winckelmann. On pourrait ainsi écrire une histoire de la production littéraire qui, moins qu'une histoire de l'écriture, serait une histoire de la lecture.

---

39. Ces observations et aphorismes sont tirés de: J. J. WINCKELMANN, *Geschichte der Kunst des Alterthums*, 2e éd., Vienne, Akad. Verl., 1776, p. 317, 318 *sq.*, 846 et *Gedancken über die Nachahmung der Griechischen Wercke…*, in: *Frühklassizismus, op. cit.*, p. 3; [J. J. Winckelmann], *Sendschreiben über die Gedanken…*, in: *ibid.*, p. 56; J. J. Winckelmann, *Erläuterung der Gedanken…*, in: *ibid.*, p. 88. Pour ces extraits de Jean Paul, réutilisés dans *La Loge invisible*, *L'Âge ingrat* et *La Vallée de Campan*, cf. Walther REHM, Jean Pauls vergnügtes Notenleben oder Notenmacher und Notenleser, *in: Jahrbuch der deutschen Schillergesellschaft*, 3, 1959, p. 244-337, ici, p. 288, note 51. Pour le rapport de Jean Paul à Winckelmann, *cf.* Eduard BEREND, *Jean Pauls Ästhetik*, Berlin, Duncker, 1909, p. 101.

MONTESQUIEU EN SES LIVRES :
UNE BIBLIOTHÈQUE À RECOMPOSER

Catherine Volpilhac-Auger

Montesquieu en ses livres, ou parmi ses livres ? Les livres qu'il a lus, ou qu'il a écrits ? La formulation est volontairement ambiguë. Que cherchons-nous ? À saisir l'image d'un homme, ou d'un auteur, à travers le corps mort de sa bibliothèque, construite à force d'héritage, de dons ou de hasards, alors que seule nous intéresse la partie vivante que fut son œuvre. L'une serait née de l'autre. Rien n'est plus vrai pour Montesquieu, qui se retirait à La Brède pour achever ses grandes œuvres, qu'il s'agisse des *Lettres persanes*, des *Considérations sur les [...] Romains* ou bien sûr de *L'Esprit des lois*, et qui s'avançait sous la protection de références solides aux relations de voyage, aux histoires anciennes et modernes, aux traités juridiques, dans quelque œuvre que ce soit. Mais la démarche qui consisterait à faire correspondre à une citation, voire à une idée, le numéro correspondant dans une armoire et sur une étagère, n'est qu'un préalable, ou une précaution. L'essentiel est ailleurs, dans ce rapport de familiarité entre l'homme et les livres qui l'entourent, dans ce mouvement qui le pousse à en tirer des livres de notes, d'extraits et de réflexions, pour écrire d'autres livres, qui à leur tour serviront de références à leur auteur, en attendant de constituer l'horizon intellectuel de la pensée historique et politique des Lumières. La bibliothèque de Montesquieu, réelle ou virtuelle, telle que nous pouvons la reconstituer, est une bibliothèque en mouvement vers les livres à venir : une bibliotexte par excellence.

In concreto

La bibliothèque de Montesquieu semble bien connue : la vaste salle du château de La Brède qui l'abritait jusqu'en 1994 a été maintes fois décrite, et le catalogue manuscrit dressé à son usage, et quelquefois

même portant son écriture, a été publié dès 1954, peu après avoir été
découvert dans les archives de La Brède. Pourquoi y revenir? D'abord
pour des raisons scientifiques, on s'en doute: une lecture plus
soigneuse du document initial était nécessaire, afin de respecter à la fois
les incertitudes et les acquis. Ensuite pour des raisons matérielles: une
dation de Mme de Chabannes, en faveur de la bibliothèque municipale
de Bordeaux, a permis le transfert de milliers d'ouvrages et de documents, dont l'intégralité des livres imprimés conservés jusque-là à La
Brède, et dont une grande partie (plus de mille cinq cents volumes)
avaient appartenu à Montesquieu. Il est évident qu'à ceci il fallait faire
correspondre cela... Enfin, et ce n'est pas la moindre des raisons, l'édition des *Œuvres complètes* de Montesquieu, lancée en 1989 par Jean
Ehrard[1], a conduit à s'interroger sur la mise en œuvre d'une documentation considérable ainsi que sur la méthode de travail d'un auteur qui
a laissé maintes traces de son activité – dont certaines encore inédites:
très en amont du travail d'écriture, des «fiches» et des notes de lecture,
suivies ou discontinues; dans la perspective immédiate de l'œuvre, des
brouillons ou des rejets destinés à des réemplois... Les manuscrits,
répartis depuis deux siècles entre bibliothèques publiques et privées par
le jeu de ventes successives, doivent être considérés comme faisant
partie d'un ensemble artificiellement démembré dès la fin du
XVIIIe siècle. Vaste chantier dans lequel l'inventaire des ouvrages de La
Brède sert d'échafaudage. Et peut-être un peu plus...

Du catalogue à la bibliothèque

Le catalogue de La Brède[2] fournit, de manière parfois incomplète,
environ 3300 titres, correspondant à près de 5000 volumes, répartis en
3236 «rubriques» – c'est ainsi que nous appellerons chaque ensemble
composé au minimum d'un nom d'auteur (facultatif), d'un titre, du
lieu d'édition (presque toujours signalé), du nom de l'imprimeur-
libraire (facultatif; dans les rares cas où il est signalé, il s'agit presque

---

1. En cours de publication à la Voltaire Foundation (Oxford). Parus ou à paraître:
Correspondance, I (t. XVIII), 1998; *L'Esprit des lois (livres I et XIII)*, 1998; *Considérations sur
les [...] Romains* (2000); *Spicilège* (2001); *Collectio juris* (2 vol., 2002).
2. Nous désignons par «catalogue» (sans capitale initiale ni italiques) le volume
manuscrit rédigé par le secrétaire de Montesquieu, et par *Catalogue* l'édition que nous en
avons donnée (*Catalogue de la bibliothèque de Montesquieu à La Brède*, éd. par L. Desgraves
et C. Volpilhac-Auger, avec la collaboration de Françoise Weil, *Cahiers Montesquieu*, n° 4,
Naples, Liguori, Oxford, Voltaire Foundation, Paris, Universitas, 1999). Une présentation   substantielle   de   cette   publication   est   accessible   sur   le   site
http://www.grenoble3.fr/montesquieu [rubrique: «Textes»]. Sur l'histoire de la bibliothèque de La Brède, voir l'introduction de L. Desgraves, p. 1-15.

toujours d'Elzévir), de la date d'édition (omise seulement quand la rubrique est de la main de Montesquieu), du format (apprécié visuellement, et non « bibliographiquement »), et du nombre de volumes. Quand un volume comporte plusieurs titres, ceux-ci sont généralement signalés (d'où l'écart entre le nombre des « titres » et celui des « rubriques »), mais il existe aussi nombre de recueils factices ou d'ouvrages dont les différents titres ne sont pas tous mentionnés[3]. Très facilement lisible, il présente finalement peu d'erreurs, bien qu'il ne soit pas dû à un spécialiste : il a été dressé par l'abbé Bottereau-Duval, qui fut le secrétaire de Montesquieu entre 1718 et 1731, et a été complété au fur et à mesure des acquisitions.

Ces 3 236 rubriques ne représentent pas tout à fait la bibliothèque. Vers 1890, Raymond Céleste, bibliothécaire à Bordeaux, avait trouvé sur les rayons de La Brède nombre d'ouvrages portant l'ex-libris manuscrit de Montesquieu, et les avait signalés sur le catalogue lui-même : une quarantaine de titres pouvaient donc être ajoutés[4]. Autre source documentaire : en 1926, deux ventes successives mettaient en circulation la plupart des ouvrages de Montesquieu qui se trouvent actuellement sur le marché. Beaucoup figuraient dans le catalogue, mais il s'en est tout de même trouvé près de vingt, revêtus du fameux ex-libris, qui ont pu être ajoutés à la liste. De même, parmi les quelque mille cinq cents livres de La Brède désormais conservés à la bibliothèque de Bordeaux, quatre n'étaient pas inscrits au catalogue. Enfin, l'inventaire après décès du domicile parisien de Montesquieu laisse deviner l'existence de plus de sept cents volumes. Il n'a permis d'identifier (avec une large marge d'incertitude), qu'une soixantaine d'ouvrages[5], dont plus de la moitié correspondent à des ouvrages de La Brède, mais dont plusieurs témoignent de l'activité de Montesquieu dans les dernières années de sa vie, alors que la bibliothèque de La Brède semble s'être figée après 1735.

Pouvait-on espérer avoir écumé tout ce qui était passé entre les mains de Montesquieu ? Louis Desgraves a retrouvé la trace d'un volume qui échappait à toutes les catégories précédentes, un incunable conservé chez les Franciscains de Toulouse, qui porte désormais le

---

3. L'édition de 1954 (Lille-Genève, Droz) leur avait assigné un numéro d'ordre que nous avons conservé, nous contentant de désigner comme « numéros non utilisés » ceux qui avaient été distingués de manière erronée comme constituant une rubrique à part entière.

4. Ils sont classés dans notre édition sous les numéros 3237-3278. Certains d'entre eux avaient été déjà répertoriés par l'édition de 1954, comme faisant partie de la rédaction initiale du catalogue.

5. Ceux-ci ont été classés à part, et non à la suite des titres de La Brède.

numéro 3300 et constitue la preuve irréfutable qu'aucun relevé ne peut jamais espérer être exhaustif.

Nous devons de toute manière nous résigner à ne pas atteindre ainsi la totalité de la bibliothèque de travail de Montesquieu : tous les ouvrages qu'il a achetés (ce dont témoignent quelques notes de libraires), ou qui lui ont été offerts ou envoyés à sa demande (sa correspondance en mentionne plusieurs), ne figurent pas sur ces différentes listes. On sait aussi qu'il faisait des emprunts à la Bibliothèque du roi ainsi qu'à celle de l'Académie de Bordeaux, que la bibliothèque de l'Oratoire lui était ouverte grâce à son ami le P. Desmolets[6], et qu'il puisait dans le fonds de ses amis, comme Jean-Jacques Bel et le président Barbot. Et de fait, quand dans une note il se réfère à une édition précise, il n'est pas rare que celle-ci ne figure pas dans nos relevés : ainsi les trois derniers chapitres des *Considérations sur les [...] Romains*, consacrés à l'histoire byzantine, renvoient constamment à la traduction en huit volumes de l'*Histoire de Constantinople* du président Cousin (1672-1673), à laquelle Montesquieu emprunte parfois des expressions littérales, ou qu'il traite avec plus de distance, mais toujours en donnant l'impression qu'il écrit en l'ayant sous les yeux. Ou encore ce *Traité des finances des Romains* qu'il critique dans *L'Esprit des lois*, XIII, 18, et dont on ne saurait rien si l'on se bornait à l'exploration du catalogue. Cela détermine ce qui sera la prochaine étape du travail : dresser la liste de cette bibliothèque virtuelle, peut-être plus réelle que la bibliothèque matérielle, car c'est celle dont Montesquieu s'est servi.

Du *catalogue* au Catalogue

L'état actuel de nos recherches nous permet en tout état de cause de travailler d'ores et déjà sur une énorme masse documentaire, et surtout de l'exploiter dans la perspective de l'édition des *Œuvres complètes*. Notre propos n'était pas de faire œuvre bibliographique (quoique cela puisse être exploité ultérieurement pour l'histoire du livre), mais d'abord de fournir un instrument de travail lisible, qui reste fidèle à l'esprit dans lequel le catalogue avait été constitué, tout en conservant un certain nombre de caractéristiques qui permettraient d'expliquer la manière dont il était lu et utilisé à des fins documentaires : aussi avons-nous limité les interventions à ce qui était absolument nécessaire à l'identification des titres. Nous en avons respecté l'ortho-

---

6. Le fonds de La Brède comporte d'ailleurs de nombreux ouvrages portant la marque de cette bibliothèque.

graphe, jusque dans ses aberrations et sa diversité, mais pas la présentation matérielle, qui aligne à droite la mention du format et du nombre
de volumes, destinée à faciliter l'inventaire plutôt que l'utilisation quotidienne. Nous avons reproduit, ajouté ou restitué le ou les noms d'auteurs, nettement distingués en vedette et donnés sous la forme moderne
en usage dans le catalogue de la Bibliothèque nationale de France (ce
qui en permet une indexation complète), tout en les conservant tels
qu'ils apparaissent dans la rubrique : Cudwords pour Cudworth,
Hypocrate pour Hippocrate, Deffonteines pour Desfontaines, Gué-
Troüin pour Du Guay-Trouin, et la forme latinisée du nom telle qu'elle
a été recopiée d'après la page de titre dont disposait Bottereau-Duval.

Mais surtout nous avons adopté comme principe de n'ajouter
d'indication bibliographique que d'après l'exemplaire décrit, soit que
nous l'ayons sous les yeux, dans le fonds de La Brède, soit que celui-ci
soit décrit par les catalogues des ventes de 1926 ou par des catalogues
de bibliothèques. Si nous ajoutons entre crochets le nom de Pierre
Marteau, à Cologne, ce n'est pas parce que nous croyons à son existence, mais parce que c'est celui que découvrait Montesquieu quand il
soulevait la couverture d'un de ces ouvrages imprimés sous une fausse
adresse qui ne trompait personne. C'est aussi le seul moyen d'éviter la
réduction de l'inconnu au connu : toute restitution, de date ou
d'adresse bibliographique, ne repose que sur une analogie avec des
exemplaires répertoriés ; si cette analogie est autorisée quand on
connaît parfaitement tel ou tel cas[7], elle est généralement fondée sur la
consultation de catalogues de fonds anciens qui ne peuvent prétendre
à l'exhaustivité. C'est cette naïveté volontaire qui pourra être utile aux
historiens du livre, car ils pourront trouver là mention d'exemplaires
rares ou uniques, que nous-même n'aurions pas eu les moyens d'exploiter.

De même, nous n'avons pu tirer parti des indications de provenance, ex-libris biffés ou non et signatures diverses[8], qui n'ont vraisemblablement pas été notées de manière exhaustive lors de l'inventaire du
fonds de La Brède[9], ou du type de reliure de chaque ouvrage, désigné
également de manière trop sommaire. Il est certain pourtant que la

---

7. C'est ainsi que nous avons introduit mention de la collection *Ad usum Delphini*, sur
laquelle nous avons travaillé par ailleurs, ou du nom du traducteur d'Homère, sur lequel
Bottereau-Duval avait fait une erreur d'identification, comme l'a démontré Salvatore
Rotta : voir les nos 2059-2060 du *Catalogue*.
8. Comme la marque initiale : P.D.L., suivie de la devise de l'Oratoire : *Per angusta ad
augusta*, présente sur de nombreux ouvrages.
9. La mention de l'ex-libris de Malebranche a pu néanmoins être signalée (plus de
vingt cas). Trois ouvrages avaient également appartenu à Montaigne.

présence de nombreuses « reliures anglaises », aisément reconnaissables, renvoie au séjour de Montesquieu en Angleterre, entre 1729 et
1731 : la plupart des ouvrages ainsi distingués sont des ouvrages anglais
postérieurs à 1720 et antérieurs à 1730, et témoignent d'un intérêt
remarquable pour la poésie et le théâtre anglais (Waller, Congreve,
Milton, Shakespeare, Dryden, Cibber, Rochester, et recueils factices de
pièces de théâtre et d'opéras), bien avant qu'avec les *Lettres philosophiques*, Voltaire ne lance en France l'anglomanie.

Du livre à la lecture

Un des buts essentiels de cette publication, dans la perspective de
l'édition des *Œuvres complètes*, est de donner les moyens de savoir,
chaque fois qu'il est fait référence à un ouvrage, si Montesquieu le
possédait ou non. Ce qui n'implique pas qu'il s'en soit effectivement
servi, mais qu'il en connaissait l'existence et l'avait à sa disposition. La
nécessité de distinguer avec certitude l'édition qu'il détenait est parfois
de première importance. Ainsi quand il s'appuie sur des textes latins
(ou sur des traductions latines de textes grecs), où le lecteur moderne
repère d'épouvantables contresens, voire des absurdités, et en conclut à
la faiblesse d'une méthode historique fondée sur un tel mépris des
sources, et à la désinvolture du philosophe. Il suffit de se reporter aux
éditions utilisées pour s'apercevoir que dans la plupart des cas,
Montesquieu est fidèle au texte qu'il a sous les yeux, sensiblement différent de celui que portent les éditions modernes, issues de l'énorme
travail philologique du XIXe et du XXe siècle. Ainsi le chapitre XIX des
Romains renvoie à l'*Histoire byzantine* de Malchus, dans l'*Extrait des ambas-
sades*, pour évoquer les cruautés des Goths, qui avaient « coupé les mains
à tous ceux qui menaient les chariots ». L'historien Camille Jullian,
commentant ce texte, avait dénoncé la faille : Malchus était loin de dire
cela, et d'ailleurs cela aurait signifié que les Goths auraient mis à mort
tous les agriculteurs du pays ; raisonnement inconséquent dont
Montesquieu se serait rendu coupable. Et pourtant telle est exactement
la leçon que comporte l'édition de La Brède, traduite en latin par
Chanteclair (*Ad Attilam legatio*, de Priscus, *Catalogue*, n° 2883, Paris,
1606). Quelles raisons Montesquieu aurait-il eues d'en douter, quand
les éditeurs les plus savants du siècle précédent présentaient ce texte,
qui n'a été remis en cause que beaucoup plus tard ?

Autre cas où la consultation de l'édition de référence est indispensable : l'influence des images est parfois déterminante, comme on le
constate avec la Lettre 40 des *Lettres persanes*, où Usbek écrit : « Quand je
vois le Mogol qui, toutes les années, va sottement se mettre dans une

balance et se faire peser comme un bœuf [...] ». Cette référence au souverain des Indes provient-elle du voyage qu'il dit avoir fait en ce pays (Lettre 146) ? Ce n'est pas impossible, mais quand il en écrit à Rhédi, c'est pour évoquer les Français sous le nom des Indiens, et les coutumes de ce peuple ne l'intéressent guère. En fait, il a sous les yeux, comme Montesquieu, l'édition d'Amsterdam, 1710, des *Voyages* de François Bernier (*Catalogue*, n° 2735), dont une gravure représente justement cette scène. Usbek, en énonçant *je vois* (et non *j'ai vu*, qui attesterait de son expérience personnelle), se déclare lecteur de relations de voyages, et pas seulement observateur de la société parisienne contemporaine. Il vit donc lui aussi au milieu d'une bibliothèque. Cela serait-il apparu si nous n'avions eu nous aussi sous les yeux la gravure de l'édition d'Amsterdam ?

Quant à Montesquieu lui-même, quel rapport faut-il lui supposer avec cette masse de livres ? La plus grande partie lui en est venue par héritage, mais il se l'est en quelque sorte appropriée, en y apposant son ex-libris manuscrit (ill. 1) : il les a tous ouverts au moins une fois... De leur poids, de leur valeur, il n'est pas dupe, quand dans le catalogue, sur la première page consacrée aux historiens grecs, il porte lui-même une citation de Juvénal, que l'on peut traduire ainsi : « Tous les récits impudents de ces menteurs de Grecs[10]. » Les jurisconsultes s'attirent ce vers de Virgile, *Monstrum horrendum ingens*[11], les spécialistes du blason l'incipit des *Satires* de Perse, « que la réalité est vide[12] ». Ironie réservée aux seuls lecteurs du catalogue, son secrétaire du moment et lui-même, mais qui ne laisse pas aussi de donner à réfléchir, quand en tête des *Politici* il inscrit cette devise de Marc-Aurèle : « Ce qui n'est pas utile à l'essaim n'est pas utile à l'abeille[13]. » Les citations latines qui ponctuent le catalogue traduisent un rapport de familiarité et de distance critique ; la culture antique, qui alimente l'ample réservoir des souvenirs scolaires, se retourne contre elle-même pour se juger sans ménagement. Mais finalement, c'est toujours elle qui reste vainqueur.

Lire, écrire avec, écrire contre

Un des principaux enseignements de cette bibliothèque est peut-être ce que l'on pourrait définir comme une « lecture réactive » (dont

---

10. *Catalogue*, p. 341.
11. *Ibid.*, p. 106.
12. *Ibid.*, p. 315.
13. *Ibid.*, p. 293.

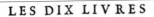

LES DIX LIVRES

D'ARCHITECTURE

DE

VITRUVE

CORRIGEZ ET TRADVITS
nouvellement en François, avec des Notes
& des Figures.

Seconde Edition reveue, corrigée, & augmentée.

Par M. PERRAULT *de l'Academie Royalle des Sciences, Docteur en Medecine*
de la Faculté de Paris.

A PARIS,

Chez JEAN BAPTISTE COIGNARD,
Imprimeur ordinaire du Roy, ruë S. Jacques, à la Bible d'or.

M. DC. LXXXIV.
AVEC PRIVILEGE DE SA MAJESTE.

Ill. 1. Cliché de la Bibliothèque municipale de Bordeaux.

nous signalons plus loin des applications particulières à travers des recueils de notes). On savait déjà ce que les *Considérations sur les causes de la grandeur des Romains et de leur décadence* doivent au *Discours sur l'histoire universelle* de Bossuet (*Catalogue*, n° 2658) : le refus de sa perspective christianocentrique de l'histoire, selon laquelle Dieu n'aurait permis l'établissement de l'Empire romain que pour mieux préparer le monde à la venue du Messie. Mais il est d'autres sources de « réaction » que les listes du catalogue permettent d'identifier avec certitude, à commencer par un grand classique de l'histoire romaine, celui de l'abbé de Vertot, *Histoire des révolutions arrivées dans le gouvernement de la république romaine* (*Catalogue*, n° 2886, 2e éd., 1720 ; 1re éd., 1719) : lecture psychologique de l'histoire, réduction de Rome à sa composante aristocratique, autant de principes auxquels ne pouvait souscrire Montesquieu, mais qui étaient devenus si familiers aux lecteurs que ceux-ci, déconcertés par les *Romains,* ne pouvaient y voir qu'une anti-histoire – ce qu'ils sont, en effet, puisqu'ils récusent les lieux communs qui peuplent les bibliothèques et les esprits. Il en est de même pour l'*Histoire des croisades pour la délivrance de la Terre sainte* du P. Maimbourg (*Catalogue*, n° 2996) où se lit une interprétation tout aussi choquante pour Montesquieu : la légitimation par la religion d'une entreprise de conquête ; le jésuite Maimbourg la complète en voyant dans la chute de Constantinople (comme beaucoup de ses contemporains) la sanction divine du schisme dont les Grecs se sont rendus coupables : l'historien-apologiste transforme la chute du siège de l'empire chrétien d'Orient en combat presque apocalyptique de l'ange contre le démon – ce que Montesquieu dénonce implicitement en évoquant fugitivement la fin de Constantinople, désignée comme un non-événement, indigne même d'un récit : « [...] l'Empire [...] finit comme le Rhin, qui n'est plus qu'un ruisseau lorsqu'il se perd dans l'Océan » (derniers mots du chap. XXIII et dernier).

Des livres à l'œuvre

À la recherche des marginalia

Comment Montesquieu travaille-t-il ? Que fait-il de ses livres ? La quête des *marginalia* est peu fructueuse : la plupart des annotations qui figurent sur les ouvrages ne sont vraisemblablement pas de lui. À peine en a-t-on trouvé trois qui en présentent de remarquables : le *Recueil des harangues de l'Académie française* (n° 1813), où il glisse des commentaires d'ordre stylistique (ill. 2) ; le *Mars françois*, traduit de Jansénius (n° 3274), qui porte sur le feuillet de garde un récapitulatif (très sommaire) des démêlés entre Rome et les jansénistes au XVIIe siècle ; l'*Application de l'algèbre à la géométrie* de Guisnée (n° 1588), qui comporte des démonstrations mathématiques dont il fait par ailleurs état dans sa correspondance[14], et où il a même reproduit sur le feuillet de garde le système d'abréviations qui lui sert au fil des pages[15]. Procédé qui annonce un traitement systématique (avec renvois à *L'Analyse démontrée* de Reyneau, à la *Géométrie* de Descartes, à plusieurs ouvrages du P. Lamy,

---

14. *Correspondance, Œuvres complètes*, t. XVIII, p. 173-174 (1725).
15. *Catalogue*, p. 207. Ces trois ouvrages sont conservés à la bibliothèque de Bordeaux. Les annotations que porte celui de Guisnée doivent être analysées par Jeanne Peiffer dans le n° 5 (2001) de la *Revue Montesquieu*.

DE L'ACADEMIE FRANÇOISE.   III

ORAISON FUNEBRE
DE MESSIRE
HARDOUIN DE PEREFIXE
DE BEAUMONT,
ARCHEVÊQUE DE PARIS,
Et l'un des Quarante de l'Académie Françoise ;
PRONONCÉE EN MDCLXXI.
A SES OBSEQUES FAITES AU NOM
de cette Compagnie en l'Eglise des Billettes.
Par Monfieur L'ABBE' CASSAGNES.

Vas electionis est mihi iste, ut portet nomen meum coram Gentibus & Re-
gibus. Act. cap. 9.

MESSIEURS,

CE n'est pas d'aujourd'huy qu'on rend des honneurs
publics à la mémoire des hommes extraordinaires. On a reconnu depuis long-temps qu'il faloit conserver le souvenir des
grandes vertus après qu'elles avoient quitté la terre; & l'on a
jugé même qu'on ne pouvoit prendre un temps plus favorable
pour les celebrer, que ces momens de douleur, où les loüan-
ges ne font plus sujettes à l'envie. Aussi n'y a-t-il rien qui
semble plus humain & plus raisonnable que de pleurer nos
amis quand la mort nous les ravit, de justifier publiquement
les larmes qu'ils nous font répandre, & de chercher plûtôt
nôtre consolation dans l'éloge de leur merite, que dans l'ou-
bly de leur perte.
    Quand vous n'auriez que ces raisons, MESSIEURS,
pour rendre des devoirs funebres à vos Confreres, elles se-
roient sans doute legitimes, mais vous en avez de bien plus
fortes, qui font la certitude où nous met la Religion Chrê-
tienne de l'immortalité de nos ames; l'assurance qu'elle nous

Ill. 2. Cliché de la Bibliothèque municipale de Bordeaux.

etc.) dont on a ici un exemple unique et qui surtout constitue le seul témoignage subsistant, à notre connaissance, de travaux mathématiques de Montesquieu.

Il est quelques cas, tout aussi exceptionnels, où c'est sur le catalogue même que Montesquieu a préféré porter des mentions personnelles: un portrait de Louis XIV[16], bâti sur le jeu traditionnel des contradictions qui avait fait le succès de ce même portrait dans les *Lettres persanes* (Lettre 37), et qu'il faut rapprocher de deux autres états du texte consignés dans les *Pensées* (n° 1122 et 1145), et un jugement sur l'auteur du *Dîner des sophistes*, Athénée de Naucrate: «L'auteur est

16. *Ibid.*, p. 368.

mauvais, mais son ouvrage précieux [...] par la connaissance qu'il nous donne de la vie privée des Grecs, par les fragments des ouvrages de poètes que nous n'avons plus», en une note qui révèle également qu'il connaît l'existence des travaux de l'académicien Jacques Adam sur cet auteur[17]. C'est finalement fort peu, et c'est le signe qu'il faut chercher ailleurs les traces de lecture : dans la « bibliothèque intermédiaire » qu'il a dressée à partir de tous les livres qui ont retenu son attention.

Les recueils de notes et les extraits de lecture : un classement à revoir

Malheureusement cette bibliothèque se laisse saisir infiniment moins facilement que la première. Montesquieu aurait composé près de trente recueils de notes, selon une liste établie par L. Desgraves et C.P. Courtney[18]. Mais vingt et un ont été perdus, et quelquefois leur existence est purement conjecturale : par exemple un *Journal de livres peu connus*, un volume intitulé *Prince* ou *Princes*, auquel Montesquieu fait plusieurs fois allusion dans ses écrits, des *Anatomica*, des *Politica* ou des *Juridica*, et jusqu'à des *Doutes*. Si l'on exclut l'*Historia romana*, simple cahier de cours de quatrième, il ne reste finalement que sept manuscrits, dont certains de plusieurs volumes : la *Collectio juris*, notes de travail sur le droit romain, du temps où Montesquieu étudiait le droit ; le *Spicilège*, constitué à partir d'une petite compilation prêtée par le P. Desmolets ; *Mes pensées*, en trois volumes ; un *Recueil d'airs*, destiné au prince de Galles ; les *Geographica II*, constitués d'extraits annotés de relations de voyages ; un *Recueil* ou des *Matériaux pour des dissertations* qui se distinguent mal des rejets de *L'Esprit des lois*[19].

En effet nous entrevoyons là une difficulté centrale : comment définir ces recueils, selon leur nature et selon leur fonction ? S'agit-il de compilations ? C'est vrai pour le *Recueil d'airs*, ce l'est déjà beaucoup moins pour les *Geographica*, ce ne l'est plus du tout pour les *Pensées*, qui s'ouvrent avec le titre « Quelques réflexions ou pensées détachées que

---

17. *Ibid.*, p. 235-236.

18. C.P. Courtney, avec la collaboration de C. Volpilhac-Auger, « Bibliographie chronologique provisoire », *Revue Montesquieu*, n° 2, 1998, p. 211-245, partiellement fondée sur un article de Louis Desgraves, « Les extraits de lecture de Montesquieu », *Dix-huitième siècle*, n° 25, 1993, p. 483-491, lequel dérive lui-même des listes établies par Robert Shackleton, *Montesquieu. Une biographie critique*, Grenoble, PUG, 1977, p. 321-328.

19. Toutes les références de ces manuscrits, conservés à Bordeaux sauf la *Collectio juris* (BNF) et le *Recueil d'airs* (Windsor, Royal Library), ainsi que celles de leur première publication, se trouvent dans la « Bibliographie chronologique » mentionnée à la note précédente. Sont récapitulées aussi les mentions qui permettent de conjecturer l'existence des manuscrits perdus.

je n'ai pas mises dans mes ouvrages », immédiatement suivi d'une annonce quelque peu différente : « Ce sont des idées que je n'ai point approfondies, et que je garde pour y penser dans l'occasion » (n° 1) ; plusieurs articles correspondent en fait à des états très élaborés de la pensée de Montesquieu, et parfois se retrouvent à peine modifiés dans des œuvres publiées, comme les « Quelques réflexions… » (n° 2033) insérées dans toutes les éditions des *Lettres persanes* à partir de 1754. Tout au long des trois volumes, le « je » est fréquent, et quand il est absent, la main de l'auteur se laisse encore deviner dans la manière dont sont ciselées maximes et réflexions. C'est une différence majeure avec le *Spicilège*, dont les 202 premiers articles sont empruntés à un compilateur inconnu, et dont les suivants, loin de refléter la pensée de Montesquieu (qui apparaît néanmoins quelquefois), constituent autant d'informations qu'il accumule soigneusement. La formule type en est : « J'ai ouï dire… », « X a dit que… » – sans compter les innombrables notes qui renvoient à des lectures, dont le titre et l'auteur ne sont pas forcément précisés. Néanmoins, l'intervention de l'auteur est patente, dans le choix des informations retenues et, dans une moindre mesure, dans leur rédaction. Si les *Pensées* sont une sorte de laboratoire de l'œuvre, le *Spicilège* en est plutôt l'office, où Montesquieu a soigneusement préparé des matières premières de toute origine, dont il n'est pas rare de déceler la présence ultérieure dans *L'Esprit des lois*.

C'est sa nature, non sa destination, qui différencie le *Spicilège* des recueils thématiques (*Geographica, Juridica, Anatomica, Mythologica et antiquitates,* etc.). S'agit-il de compilations ordonnées, comme le laissent à penser leur titre ou la publication très partielle qu'en donne l'édition Masson[20] ? Ceux-ci ont dû eux aussi jouer un rôle important dans la rédaction des œuvres majeures, et surtout de *L'Esprit des lois*, ouvrage qui se caractérise par la multiplicité de l'information mise en œuvre de manière méthodique. Mais ces recueils thématiques se distinguent nettement des recueils de notes : le seul modèle subsistant, celui des *Geographica II*, présente une table des matières pour annoncer une suite d'extraits, qui sont accompagnés de brèves notes personnelles, généralement introduites par un astérisque. Les *Geographica*, où Montesquieu trouvera le renseignement dont il a besoin, complété du numéro de la page auquel il peut renvoyer, sont un magasin bien rangé. Mais est-il radicalement différent de l'endroit où l'œuvre s'élabore ? Cette distinction est d'autant plus nécessaire qu'on sait en quelle piètre estime Montesquieu tenait les compilateurs (*Lettres persanes*, 66). Certes ces

---

20. Paris, Nagel, t. II, 1950, p. 923-963.

extraits de lecture n'ont fait l'objet d'aucune recomposition et ont été dressés en attente d'une utilisation probable – mais ils contiennent maint exemple de « prérédaction » de *L'Esprit des lois*[21] ; l'intervention de Montesquieu, outre le choix des passages retenus, ne se limite pas à un seul commentaire, rôle second, quantitativement réduit et toujours identifiable : elle joue constamment comme formulation personnelle de passages qu'il donnera parfois plus tard comme étant des citations, mais qui ont été en fait réécrits aussitôt que lus[22]. Peu importe que ces recueils, que nous ne saurions plus appeler proprement « compilations », soient ordonnés thématiquement ou qu'ils fassent l'objet d'un extrait séparé[23] ; peu importe également qu'ils aient été constitués de manière ponctuelle, alors que la rédaction du *Spicilège* et des *Pensées* s'est étalée sur un grand nombre d'années. Ils nous apparaissent d'ores et déjà (dans l'attente de leur analyse complète et définitive), comme une forme particulièrement intéressante de « bibliothèque intermédiaire » ou de la bibliotexte.

En tout cas il est certain qu'il ne faut jamais sous-estimer le rôle de simples annotations de Montesquieu : même bref, son commentaire vaut par lui-même, comme dans ces « Notes sur le cobalt », dont nous n'avons pas encore identifié la source avec certitude. Loin d'être purement technique, cet extrait s'attarde sur les conditions matérielles des mines d'arsenic d'où l'on extrait le cobalt, si dangereuses qu'il faut « commencer par bâtir un hôpital pour nourrir et entretenir les ouvriers malades[24] ». La suite, qui témoigne du caractère oral de l'extrait, présente nettement les deux niveaux de texte. La source apparaît ainsi : « Celui qui dans la mine de cobalt va trouver les cristallisations d'arsenic qui vont se faire dans une galerie que l'on fait exprès afin que l'arsenic aille s'y dissiper, celui-là dis-je est un criminel condamné à mort que l'on emploie à cela. » Le commentaire est appelé par l'astérisque habituel : « Voilà bien de l'inhumanité pour avoir de la couleur bleue. On n'estime guère les hommes malheureux ; c'est faire trop de cas des hommes, et en

---

21. Voir Catherine VOLPILHAC-AUGER, « Du bon usage des *Geographica* », *Revue Montesquieu*, n° 3, 1999, p. 169-179.

22. Si nous voulons varier la métaphore, nous dirons donc que les recueils thématiques ne jouent pas le rôle d'un filtre, mais celui d'un moule.

23. Ainsi ont été donnés jusque-là comme « extraits de lectures » des extraits d'Hérodote et de Constantin Porphyrogénète qui devaient en réalité faire partie du volume intitulé *Histoire universelle* (voir *Pensées*, n° 2191 et *Essai sur les causes*, *Œuvres complètes*, Paris, Nagel, t. III, 1955, p. 399). Il est peu vraisemblable que certains aient pu être dressés par un secrétaire ; néanmoins l'hypothèse devra être envisagée sérieusement, notamment pour ceux qui datent des années 1750, quand la vue de Montesquieu a beaucoup baissé. Encore avait-il toujours la ressource de se faire lire les ouvrages en question.

24. Bordeaux, BM, ms. 2526, n° 14 (ms. inédit ; nous avons modernisé l'orthographe).

faire trop peu de la nature humaine. Je voudrais que sur les arts on mît un magistrat de la santé, comme on en met un sur le commerce. » L'auteur de « L'esclavage des nègres » sait ici trouver des formules qui n'auraient pas déparé *L'Esprit des lois*, pas plus que le jugement final – même s'il s'oppose au chapitre II du livre XV : « On sait qu'aujourd'hui les hommes qui sont employés [dans les mines] vivent heureux. »

Par ailleurs, ces répertoires commodes, auxquels Montesquieu fait fréquemment allusion (ce qui a permis de supposer l'existence de plusieurs d'entre eux, qu'on ne connaît pas autrement), et qu'il a donc couramment utilisés, témoignent de la méthode de travail de Montesquieu au même titre que l'étude génétique d'un manuscrit – mais en amont de celui-ci. Leur publication, dans le cadre des *Œuvres complètes* qui se doivent de présenter l'ensemble d'une démarche intellectuelle, est une des nouveautés de l'entreprise. Elle est également fidèle à un des principes qui président à l'annotation : au-delà de l'inventaire des sources, s'efforcer de restituer l'horizon intellectuel de Montesquieu, l'ensemble des savoirs ou des croyances *avec* lesquels ou *contre* lesquels il écrit, que permettait déjà d'envisager l'inventaire de sa bibliothèque. Comme ceux dont il fait justice à propos du *Traité des finances des Romains* de Chassipol que nous évoquions plus haut, et auquel il consacre des notes très critiques, qui fondent les elliptiques remarques de *L'Esprit des lois*[25] et permettent de les comprendre.

Il en est de même pour la *Collectio juris*. Cet ensemble, sans doute chronologiquement le premier écrit, et un des plus importants (il occupe près de 1500 pages), vise peut-être à constituer un répertoire utilisable ultérieurement, mais surtout à servir d'abord d'exercice ou d'instrument de travail au cours de la rédaction elle-même : il suit l'ordre des codes du droit romain (qui sert de droit écrit dans une partie de la France), dont il rappelle en général sommairement les titres, et se présente comme un commentaire personnel ou non (il fait intervenir les gloses et les commentaires de grands juristes du XVIIᵉ siècle) de ces textes. S'y ajoute la mention de quelques affaires remarquables jugées entre 1711 et les années 1719-1721[26]. Nous devons donc y voir un extrait de lecture d'un genre particulier, qui a très bien pu être utile à l'auteur de *L'Esprit des lois* : les innombrables renvois aux

---

25. C'est ce qu'a montré Catherine Larrère dans son édition du livre XIII, dans *L'Esprit des lois (Livres I et XIII)*, sous la direction d'Alberto Postigliola (éd. citée) ; voir notamment le chapitre 18.

26. Nous devons ces précisions à Iris Cox et Andrew Lewis, « Montesquieu observateur et étudiant en droit, Paris et Bordeaux, 1709-1721 », *Montesquieu, les années de formation, 1689-1720, Cahiers Montesquieu*, n° 5, 1999, p. 55-66. I. Cox et A. Lewis sont les éditeurs de la *Collectio juris*, à paraître.

Novelles, au *Digeste* ou au code théodosien que Montesquieu jette en notes ont très bien pu être puisés dans la *Collectio juris*, qui aura ainsi servi de relais. Mais cette « collection » révèle avant tout une culture juridique et un mode de lecture qu'il importe de cerner pour prendre la mesure de *L'Esprit des lois*.

En tout état de cause, outre la *Collectio juris*, ce sont des centaines de feuillets qu'il faut éditer, pour rendre compte des lectures multiples de Montesquieu[27]. Trente-cinq manuscrits subsistent actuellement[28], sans compter d'innombrables fiches de quelques centimètres carrés (peut-on encore parler d'extraits ?), regroupés dans des dossiers où ils attendaient une utilisation probable (ill. 3), ou intégrés à un manuscrit qu'elles devaient compléter : extrait d'extraits[29] où n'apparaissent que les informations directement utilisables, mais avec des détails suffisants pour qu'on en retrouve l'esprit, où le latin se mêle naturellement au français, au fil de la plume. C'est peu par rapport aux soixante-seize extraits d'ouvrages ou d'auteurs (sans titre précis), qu'à la suite de nos prédécesseurs et en complétant leurs observations, nous avons répertoriés : depuis « l'Alcoran » jusqu'à Virgile, il faut certes en vérifier la liste, peut-être en supprimer qui ne sont que des renvois indirects, en ajouter d'autres, qui sont insérés dans les *Pensées* ou le *Spicilège* (et seront donc édités à leur place, non en tant qu'extraits séparés) ; il en est ainsi des *Mémoires sur l'ancienne chevalerie* de Lacurne de Sainte-Palaye, dont le résumé inachevé, trace de la dernière des lectures de Montesquieu, se trouve à la dernière page du *Spicilège*, ou de ces remarques sur l'*Histoire de l'ancien gouvernement de la France* de Boulainvilliers qui figurent dans les *Pensées* (n° 1184), et ne sauraient être considérées comme une œuvre à part entière comme elles l'ont été parfois jusque-là.

Des notes à l'œuvre

Il reste en effet un problème de taille, posé par un certain nombre d'écrits dont il ne reste plus que le titre, ou quelques traces : quel est leur statut exact ? Ainsi les *Pensées morales* seraient-elles une compilation

---

27. La précédente édition dite « complète » (voir note 20 p. 62) publie une douzaine de pages d'extraits divers, et des *Geographica* une cinquantaine de pages sur plus de 450 folios. L'édition publiée par Gallimard dans la Bibliothèque de la Pléiade (1949-1951, 2 vol.) n'en parle pas.

28. Ils se trouvent presque tous à la bibliothèque de Bordeaux.

29. Tel est le cas de Diodore de Sicile, dont des notes « sur la peinture et sculpture » figurent à la fin du petit traité *De la manière gothique*. Je remercie Pierre Rétat de m'avoir signalé ce cas.

Ill. 3. Cliché de la Bibliothèque municipale de Bordeaux.

ou un recueil de notes? En fait elles ne peuvent que grossir la liste des œuvres que Montesquieu a projetées et abandonnées: dans les *Pensées* (n° 220), il subsiste «quelques morceaux qui n'ont pu entrer dans mes "Pensées morales"», soit environ une page et demi. Et que penser des *Academica*? Ceux-ci n'existent en effet[30] que par la seule apparition de ce mot dans un passage des *Pensées* (n° 2035) où il précède la mention: «Fragments d'une dissertation sur la différence des esprits[31]», titre d'un passage que l'on retrouve partiellement dans l'*Essai sur les causes qui peuvent affecter les esprits et les caractères*; le terme *Academica* renvoie au

---

30. Sauf erreur de notre part, que nous ne saurions exclure tant la masse documentaire est énorme. Mais Shackleton ne les mentionnait même pas.

31. Il faut le rapprocher de l'ouvrage «De la différence des génies», lu à l'Académie de Bordeaux le 25 août 1717, et dont le manuscrit est perdu: nous en publions les fragments subsistants dans la *Revue Montesquieu*, n° 4, 2000, p. 226-237.

genre de la dissertation, auquel Montesquieu s'est beaucoup employé à l'Académie de Bordeaux, essentiellement entre 1716 et 1726.

Mais l'écrit le plus intéressant est sans conteste celui qui porte le titre de *Prince* ou *Princes*, dont plusieurs fragments figurent dans les *Pensées*. C'est évidemment une œuvre de plein droit (mais inachevée, ou restée informe), puisqu'il est constitué de réflexions personnelles, dont certaines rejetées des *Romains*, de *L'Esprit des lois* et d'*Arsace et Isménie*, après que Montesquieu y eut puisé ce dont il avait besoin pour l'un ou l'autre de ces ouvrages[32] ; un certain « M. Zamega » « demande si un prince doit mettre les affaires de son État entre ceux qui gouvernent sa conscience [...]. M. Zamega se demande encore si le prince doit consulter son directeur sur le choix des personnes qu'il doit élever aux dignités [...]. Il ne croit pas même que le prince doive mettre en crédit les gens qui sont attachés à un corps particulier monastique ». De la conduite prêtée à ce mystérieux personnage on passe, dans le même article des *Pensées*, à une formulation générale prescriptive : « Il faut que l'exercice de la puissance souveraine [ou] la confiance du souverain soit communiquée à autant de gens qu'il est nécessaire ». Plus loin dans le même recueil[33], l'idée est présentée sous forme générale, mais M. Zamega a disparu : « On demande si un prince doit mettre les affaires de son État [...] ». On retrouve là des prescriptions (« Un prince ne doit pas surtout consulter son directeur sur le choix des personnes qu'il doit élever »), et un « je » qui s'affirme : « Je ne crois pas même que le prince doive prendre pour [l'emploi de confesseur] une personne attachée à un corps particulier monastique ».

Quelques pages plus loin (n° 2002), l'explication est donnée : « J'avais mis cet ouvrage sous le nom de M. Zamega, et je l'avais mis sous la forme d'un extrait d'un livre de M. Zamega[34], et je le finissais ainsi :

---

32. Voir *Pensées*, n° 1983, et 1984-2003. L'ouvrage, commencé sans doute assez tôt (vers 1731-1733), était donc encore en projet en 1748. Autres références au *Prince* : *Pensées*, n° 540 (et sans doute aussi 533-539), 610, 631bis. Les *Réflexions sur le caractère de quelques princes* (publiées dans *Œuvres complètes*, Nagel, t. III, p. 537-551), en sont peut-être un chapitre détaché ; mais ces *Réflexions* sont des observations d'ordre historique, quasiment des portraits, alors que le *Prince* se présente sous forme de principes généraux. C'est seulement récemment que le *Prince* a été considéré comme « recueil de notes » ; Barckhausen, dans son classement méthodique des *Pensées*, reproduit par la Bibliothèque de la Pléiade et L'Intégrale, le donnait bien comme « fragments d'œuvres projetées » (n° 634-671 selon sa numérotation), et Shackleton parle avec précision de ses avatars (*op. cit.*, p. 115 et 174). Pour un approfondissement de cette question, voir C. VOLPILHAC-AUGER, « Montesquieu : l'œuvre à venir », *Revue Montesquieu*, n° 4, 2000, p. 5-26.

33. N° 1993. Ce passage fait partie des extraits que Montesquieu déclare appartenir au *Prince*.

34. Celui-ci réapparaît dans les *Pensées* (n°s 1565, 1692). Ce procédé est particulièrement visible dans les n°s 540, 1565, 1692.

"C'est l'ouvrage que je m'imagine qu'aurait fait M. Zamega, s'il était jamais venu au monde, et dont je donne ici l'extrait[35]" ». Montesquieu déclare ailleurs, en note, dans un fragment où intervient encore le même personnage (n° 1692) : « Ceci est un fragment d'un ouvrage que j'avais commencé, intitulé *Journaux de livres peu connus.* » Il précise ainsi ce qu'il entend par « extrait » : non pas celui qu'il pourrait faire pour son usage personnel (comme ceux des *Geographica*), mais ceux qui constituent l'essentiel des journaux au XVIIIe siècle. Plusieurs autres pages des *Pensées* renvoient d'ailleurs à un « Journal ». Leur point commun : tous portent sur le prince, ses devoirs ou ses relations avec ses sujets[36], à l'exception d'un seul, qui porte sur la république romaine et les causes de sa chute[37]. Exception fâcheuse qui ne nous interdit pas néanmoins de conclure que le titre « Journal[38] » permet de traiter de manière originale, par un dialogue entre un auteur fictif et son « commentateur », de problèmes politiques.

Ce n'est pas ici le lieu de reconstituer les idées de M. Zamega – il faudra pourtant le faire un jour. Il importe davantage d'en définir la mise en œuvre. Il s'agit plus en fait d'un principe de composition que d'une véritable ruse d'auteur ou d'une supercherie littéraire, puisque tout est dévoilé à la fin pour créer un effet de surprise, voire un renversement qui ne nous étonne pas chez l'auteur des *Lettres persanes*, qui révèle au lecteur (et à Usbek) le fond du cœur de Roxane dans l'ultime lettre du recueil. De même, comme il s'était fait persan en se multipliant à travers Rica, Usbek ou Roxane, il se fait auteur politique, sous le nom de Zamega (ne faut-il pas être italien pour écrire un *Prince*? mais le nom peut aussi être espagnol ou portugais[39]), et en même temps commentateur, c'est-à-dire critique, instance détenant une autorité qui l'autorise à porter des jugements et à formuler des principes au nom d'un savoir (« Il faut que l'exercice de la puissance souveraine… »), tout en s'avançant masqué. Chez un auteur dont les publications essentielles ont été anonymes (quoique cet anonymat, dans presque tous les cas, ait été purement formel et levé en quelques semaines), le procédé n'a rien

---

35. Il l'assortit de cette note : « Voir s'il n'y aurait pas là quelque chose que j'ai mis dans *L'Esprit des lois* : j'ai retranché de l'original tout ce que j'ai cru y avoir mis. » C'est dire que l'ouvrage, commencé avant la rédaction de *L'Esprit des lois*, se prolonge bien après, comme l'avait établi R. Shackleton.

36. N°s 140, 162, 318, 478.

37. N° 194.

38. Qui peut renvoyer à un ou plusieurs ouvrages (d'où le pluriel employé dans le n° 1692), puisque le propre d'un journal est de traiter d'objets différents d'une livraison à l'autre.

39. Dans les *Pensées* (n° 524), Montesquieu reprend « quelques morceaux qui n'ont pu entrer dans l'article de la "Bibliothèque espagnole" sur les princes ».

de surprenant. Il témoigne en tout cas d'un goût du dialogue que l'on verra prendre d'autres formes au XVIIIe siècle, quand le narrateur de *Jacques le Fataliste* interpellera son lecteur, ou que Lui et Moi s'opposeront en s'influençant mutuellement tout au long du *Neveu de Rameau*. Mais dialogue *différé*, comme pouvait l'être celui d'un roman épistolaire comme les *Lettres persanes*, et surtout dialogue avec des livres, comme le catalogue de La Brède en donnait l'exemple avec ses citations autographes, qui répliquaient en quelques mots incisifs à l'énumération des titres[40], ou comme on en trouve maintes fois la trace dans ses propres extraits, à travers ses commentaires critiques. Mais encore double discours qui pourrait autoriser l'exposé d'apparentes contradictions, que le commentateur serait apte à résoudre, et qui serait destiné à prêter vie à la démonstration : le « traité des loix », comme il l'appelle lui-même, n'en donnait-il pas constamment l'exemple ?

Ce *Prince* fantomatique, cette œuvre constamment sur le métier et restée inachevée, ou pour mieux dire éclatée, émiettée, dont la forme et les thèmes se laissent néanmoins encore deviner à travers les *Pensées*, ne serait-il pas emblématique ? Conçu comme lecture d'un discours premier, comme extrait d'un écrit fictif, il est fidèle à la pratique de Montesquieu, qui n'a cessé de se nourrir de ses livres, accumulés et classés dans une « bibliothèque première », et de se construire une « bibliothèque seconde » : dans les extraits comme dans les recueils de notes, se fait entendre une voix qui est déjà celle de l'écrivain, ou de l'homme, chez qui la lecture suscite la réaction du cœur et de l'intelligence. L'œuvre en train de se faire est elle-même conçue sur le modèle de la bibliothèque, comme dialogue d'un livre à l'autre, ou dialogue du lecteur et des livres. Dans la bibliothèque, l'œuvre à venir existe déjà.

---

40. N'est-il pas significatif que les *Pensées* (n°s 1656-1658) recueillent plusieurs de ces mentions ?

LES BIBLIOTHÈQUES DE STENDHAL

Hélène DE JACQUELOT

Le 9 septembre 1810, alors qu'il séjourne à l'Abbaye-sous-Plancy, dans l'Aube, chez Louis Crozet, pour une des nombreuses campagnes de lecture que les deux amis complices organisent, Henri Beyle imagine, ou rêve, se faire construire une tour : « Dix-huit pieds de diamètre, trente-sept pieds (dix-neuf mètres) de tour, et soixante (vingt mètres) de hauteur. Dans le bas, quatre-vingts centimètres, dans le haut, quarante centimètres. Balcon circulaire à mon cabinet[1] ».

« Ma tour », intitule-t-il avec orgueil cette page du *Journal* accompagnée d'un dessin illustratif et complétée d'un devis. Rêverie ou projet, fantasme ou plan d'architecte, la tour fait très concrètement l'objet d'une prévision de dépense sur la base des dimensions et du prix du matériel à Plancy. S'il n'a guère l'occasion de réaliser ce rêve humaniste « à la Montaigne » d'un cabinet de lecture et d'écriture au cœur d'une bibliothèque personnelle circulaire et unique, Stendhal tend à accumuler, où qu'il aille, livres et volumes qu'il s'efforce d'emporter avec lui lors de ses déplacements. Mais au fil des années et des voyages, cette bibliothèque toujours plus vaste ne se déplace pas aussi facilement que leur propriétaire. C'est ainsi qu'à la fin de sa vie, et de façon emblématique, Stendhal se retrouve avec des bibliothèques, de dimensions variables, qui se sont constituées dans chacune des grandes villes où il a demeuré un peu longuement : Paris, Milan, Civitavecchia, Rome.

Des bibliothèques de l'enfance aux bibliothèques de la maturité, il est possible de reconstituer une partie du patrimoine en livres de l'écrivain même s'il est difficile d'en évaluer la consistance de façon satisfaisante[2].

---

1. *Journal*, 9 septembre 1810, dans *Œuvres intimes*, Bibliothèque de la Pléiade, t. I, Paris, Gallimard, 1981, p. 629-630.
2. Dans sa longue préface au *Catalogo del fondo stendhaliano Bucci* (Milan, All'insegna del pesce d'oro, 1980), V. Del Litto fait un historique détaillé des bibliothèques de Stendhal et particulièrement de celle de Civitavecchia. À compléter, entre autres, par la *Corrispondenza stendhaliana di Donato Bucci*, Milan, All'insegna del pesce d'oro, 1993.

L'apprentissage du jeune Beyle se fait à travers l'exploration des bibliothèques de la constellation familiale. Du moins c'est ainsi que Stendhal raconte son enfance dans la *Vie de Henry Brulard* qui est aussi l'autobiographie d'un lecteur. La tante Séraphie s'oppose farouchement à toute lecture, l'abbé Raillane impose des lectures obligées et la bibliothèque paternelle de Grenoble ne contient que livres dévots, prosaïques ou royalistes. Le plaisir de lire va naître à l'insu de l'autorité paternelle grâce à la complicité du grand-père Henri Gagnon qui prête à son petit-fils Horace, Sophocle, Euripide, Hippocrate, *Jérusalem délivrée* et *Roland furieux*, et qui lui lit aussi à haute voix les journaux[3]. Le jeune Henri découvre Dante et Shakespeare dans la bibliothèque de sa mère morte en 1790 et à Claix, dans la bibliothèque paternelle il vole Voltaire et dévore *Don Quichotte*, Molière, Destouches et *Grandison* de Richardson[4]. Le livre dérobé, lu en cachette fonctionne comme un « objet transactionnel[5] » qui balise le parcours de formation, affective et intellectuelle, de l'enfant. Dans le *Brulard*, Stendhal fait ainsi le bilan de cette période de son existence : en 1800 – il avait seize ans – « [...] j'avais des idées justes sur tout, j'avais énormément lu, j'adorais la lecture, un livre nouveau, à moi inconnu, me consolait de tout[6]. » Les livres constituent donc alors « un espace symbolique qui est à la fois un refuge, une alternative à l'espace familial du deuil et le lieu de représentation du drame des signes[7] ».

Quand le jeune Beyle quitte Grenoble, commence l'époque, intermittente mais riche et stimulante, des lectures actives avec plans de travail, campagnes de lecture, commentaires, études sur le style et sur le théâtre, extraits et traductions de textes étrangers. La quarantaine de volumes (pour une quinzaine de titres[8]) restés à Plancy chez Louis

---

3. *Vie de Henry Brulard*, chapitre XII, dans *Œuvres intimes*, Bibliothèque de la Pléiade, t. II, Paris, Gallimard, 1982, p. 654.

4. *Ibid.*, chapitres IX et XXXI, p. 616-619 et p. 821.

5. Martine POULAIN, « Moi, Henri Beyle, dix ans, lecteur », *Nouvelle revue de psychanalyse*, n° 37, printemps 1988, p.149-160. Dans sa thèse, *Stendhal lecteur*, Catherine Mariette envisage Stendhal comme un nouveau Don Quichotte qui va affronter le monde avec le seul bagage de ses lectures.

6. *Vie de Henry Brulard*, chapitre XXXIX, *op. cit.*, p. 907.

7. J. E. JACKSON, « Henry Brulard et les fondements subjectifs de l'écriture chez Stendhal », *Versants*, n° 8, 1985, p.72.

8. Dans la mesure du possible, j'indique, pour un même fonds : 1) le nombre de volumes ou fascicules, c'est-à-dire d'objets imprimés reliés ou brochés, pour donner une idée de la dimension matérielle des bibliothèques stendhaliennes (c'est le critère adopté par G. F. Grechi pour son *Catalogo del fondo stendhaliano Bucci, op. cit.*, p. 3) ; 2) le nombre de titres, pour donner un ordre de grandeur des œuvres lues par Stendhal. Cette double numération tient compte du fait que beaucoup d'ouvrages en plusieurs volumes sont lacunaires et que, d'autre part, Stendhal a parfois réuni plusieurs ouvrages en un seul volume (recueils factices).

Crozet et annotés parfois par les deux amis, sont le témoignage vivant des séances systématiques de lectures et d'études littéraires, philosophiques et d'économie politique, effectuées dans les années 1810-1812[9]. Mais c'est aussi l'époque des lectures disparates et éclectiques « d'un esprit curieux des dernières parutions, amoureux de l'histoire immédiate, contemporaine[10] ». Un ensemble de matériaux hétérogènes permet de reconstituer cet horizon de lectures : les cahiers du *Journal* – y compris les cahiers de travail qu'une certaine tradition critique appelle le « Journal littéraire » –, la *Correspondance*, les dossiers de l'*Histoire de la peinture en Italie*, les extraits et les traductions plus ou moins fidèles[11]. Projets d'achats, programmes de lecture, listes d'auteurs à lire, comptes rendus, conseils de lecture à Pauline – en écrivant à sa sœur, Beyle devient à son tour « prescripteur de lectures[12] » –, tout ceci permet de saisir sur le vif des pratiques originales. Dans sa *Vie intellectuelle de Stendhal*[13], Del Litto a retracé cette période de la formation personnelle et intellectuelle et des premières publications, reconstituant en quelque sorte la bibliothèque de l'apprenti écrivain. Il reste encore à compléter une histoire des lectures de Stendhal, et de ses méthodes de lecture, pour mesurer à quel point il oscille entre le désir de combler de façon assez systématique les lacunes d'une éducation et d'autre part, une curiosité naturelle et un tempérament frondeur qui le portent à s'intéresser à ce qui est nouveau, hors des sentiers battus.

Mais bientôt Stendhal n'aura de cesse de courir le monde ; sans demeure fixe, il habite dans des logements de fonction ou de fortune, partageant son appartement avec des amis si l'occasion se présente. Ce qui ne l'empêche pas, bien au contraire, d'enrichir, à Paris ou au cours de ses déplacements en France et à l'étranger, son patrimoine de livres. Intrépide, il passe les frontières avec sa « bibliothèque portative[14] », ses malles de manuscrits et de livres qui, comme les cahiers du journal, sont

---

9. *Cf.* l'inventaire de la bibliothèque de l'ami Louis Crozet fait par L. ROYER, *Les Livres de Stendhal dans la bibliothèque de Crozet*, Paris, Giraud-Badin, 1923. Ces livres sont maintenant conservés à la bibliothèque municipale de Grenoble.

10. Y. ANSEL, « Stendhal lecteur du XVIIe siècle ou l'invention d'une nouvelle critique », *Elseneur*, Presses de l'université de Caen, 1999.

11. Il reste encore à faire une édition philologique et critique rigoureuse des matériaux préparatoires de l'*Histoire de la peinture en Italie* (publiés en partie dans le troisième volume des *Mélanges* de l'édition des *Œuvres complètes* du Cercle du bibliophile).

12. M. POULAIN, *op. cit.*, p.154.

13. V. DEL LITTO, *La Vie intellectuelle de Stendhal. Genèse et évolution de ses idées (1802-1821)*, Paris, PUF, 1962. Cet ample panorama est à compléter avec toutes les études ponctuelles publiées ultérieurement.

14. L'expression est de J.-L. LEBRAVE, « Hypertextes-Mémoires-Ecriture », *Genesis*, n° 5, 1994, p. 9-24.

ses compagnons de voyage envers et contre tout, même dans les circonstances les plus extrêmes (dans la retraite de Russie, il perd la mise au
net de l'*Histoire de la peinture en Italie*). Le sous-lieutenant au sixième
régiment de dragons emporte avec lui dans la campagne d'Italie une
soixantaine de volumes (pour vingt-quatre titres) comme il le précise
dans son *Journal*[15]. Soldat, touriste ou consul, Stendhal se déplace avec
des livres dans les poches et dans ses bagages. Il en achète au cours de
ses déplacements[16] et quand il s'arrête pour une période assez longue,
il les fait venir et constitue une bibliothèque, comme à Milan où il s'ins-
talle en 1817. Mais quand il quitte la ville en 1821, il laisse livres et
manuscrits à son ami Luigi Buzzi; et quand il y repasse fin 1827, il ne
récupère que les *Novelle* de Bandello, comme il le signale sur le plat de
couverture: «pris le 12 janvier 1828 dans ma bibliothèque à Milan[17]».
Stendhal renonce à reprendre le reste puisqu'en 1836 il lègue «sa»
bibliothèque à son ami milanais. Dans le même testament il lègue ses
livres de Rome au prince Filippo Caetani (Stendhal connaissait bien la
bibliothèque de la famille Caetani, entre autres pour y avoir fait copier
les fameux «manuscrits italiens»). Puis dans le testament de septembre
1837 complété par celui de septembre 1840, il lègue ses livres de Paris
à son cousin Romain Colomb en le chargeant «de donner quelques
volumes à chacun de [ses] amis», ses livres de Civitavecchia et de Rome
à l'ami antiquaire Donato Bucci en le priant de tout vendre sauf les
manuscrits et la biographie Michaud (cinquante-quatre volumes à
remettre à l'avocat Blazi[18]). Même si, en dernière instance, il ne prévoit
pas la conservation de l'ensemble de ses livres et, en particulier, de ses
livres annotés, toute sa vie Stendhal a utilisé le don du livre comme
sceau d'une amitié. C'est ce que nous disent, entre autres, les nombreux
testaments qui manifestent ce souci presque obsessionnel de conjurer la
mort en maintenant un lien vivant avec les amis à travers le don d'objets imprimés et manuscrits.

---

15. *Journal*, 2 octobre 1801 (*Œuvres intimes*, t. I, *op. cit.*, p. 27-28). Stendhal évoque son
équipée dans la *Vie de Henry Brulard*: «J'avais avec moi une trentaine de volumes stéréo-
types» (chapitre XLII, *op. cit.*, p. 933).
16. Stendhal ne résiste pas devant un livre qui l'intéresse: pendant l'incendie de
Moscou, il «pille [...] un volume de Voltaire, celui qui est intitulé *Facéties*», dépareillant
une belle édition; de la même façon, il emporte avec lui les *Lettres à mon fils* de
Chesterfield trouvées dans la maison de campagne de Rostopchine, gouverneur de
Moscou (*Journal*, 4 octobre 1812 et 4 février 1813, dans *Œuvres intimes*, t. I, *op. cit.*, p.832
et 835).
17. *Ibid.*, t. II, p. 94; *cf.* p. 171 et 175.
18. *Ibid.*, p. 1005-1008. Sur Donato Bucci l'ami fidèle de Civitavecchia, *cf.* G. F. Grechi,
«Donato Bucci, cet inconnu», *Stendhal Club*, n° 67, 15 avril 1975, p. 202-212, et «Per l'inconnu Donato Bucci: nuovi documenti», *La Martinelle di Milano*, II-III, février-mars 1980;
Corrispondenza stendhaliana di Donato Bucci, a cura di G. F. Grechi, *op. cit.*

La répartition dans l'espace de bibliothèques organiques devient systématique au cours des dernières années partagées entre les séjours obligés à Civitavecchia, les escapades libératrices à Rome et les longs congés parisiens. Ainsi au moment de sa mort en 1842, Stendhal a une bibliothèque dans chacune de ces trois villes, sans compter les livres laissés à Milan chez Luigi Buzzi et jamais repris[19]. Romain Colomb hérite de la «petite» bibliothèque de Paris, qu'il léguera, à part quelques exemplaires distribués aux amis de l'écrivain, à Auguste Cordier qui la donnera à son tour à Casimir Stryienski. Colomb charge Donato Bucci de vendre celles, très fournies, de Rome et de Civitavecchia et lui demande de lui envoyer les livres sur Rome, «une ville, dit-il, dont j'aime à m'occuper, dans les courts loisirs que me laissent les affaires[20]». Désir exaucé dès que Bucci arrive à faire venir à Civitavecchia les ouvrages de via Condotti, malgré la censure qui «maintenant exerce aussi une surveillance sur [l']exportation» des livres. Quant à la vente, elle s'avère difficile, l'opération «la plus épineuse de la succession[21]» d'autant plus qu'il s'agit de livres «sales» parce que annotés... À ce sujet nous n'avons que des bribes d'informations: un certain Donati, employé à la douane de Civitavecchia, acquiert une petite partie de la bibliothèque de Civitavecchia[22], les visiteurs de marque reçoivent des mains de la famille Bucci des livres, parfois annotés, ayant appartenu à Stendhal. Après ventes et dons, ce qui reste est conservé avec vénération par Donato Bucci, puis par ses descendants. Par la suite, d'heureux hasards permettront de retrouver quelques-uns des livres vendus alors: c'est le cas des livres achetés par le comte Primoli[23].

Des inventaires nous permettent de nous rendre compte de façon approximative et incomplète de l'état des livres possédés par Stendhal dans les dernières années de son existence:

---

19. V. DEL LITTO a publié une «note inédite où Mareste informe Romain Colomb des directives qu'il venait de donner à Buzzi en vue du règlement de la succession de l'écrivain», entre autres, «qu'il vende tous les livres imprimés» («Textes et documents inédits», Stendhal Club, XXXIII, n° 130, 15 janvier 1991, p. 168-169).

20. Lettre de Colomb à Bucci du 19 août 1842, Corrispondenza stendhaliana di Donato Bucci, op. cit., p. 111.

21. Lettre de Bucci à Colomb du 5 avril 1843, Catalogo del fondo stendhaliano, op. cit., p. LVIII-LIX.

22. «À sa mort, ces livres furent vendus à Rome les 12 et 13 novembre 1877. C'est à cette occasion que le comte Primoli se procura des ouvrages ayant appartenu à Stendhal», ibid., p. LIX, n. 2.

23. G. Primoli raconte comment il a retrouvé par hasard à une vente de charité les quatre volumes interfoliés et annotés des Mémoires d'un touriste, reliés sous le titre Voyage en France (Une promenade dans Rome sur les traces de Stendhal, Paris, Champion, 1922). Cf. «Il Fondo Stendhal della Biblioteca Primoli. Prima parte. Fondo antico», a cura di S. Fasoli-A. Teresi, Micromégas, XXIV, n°s 1-2, janvier-décembre 1997, p. 99-117.

– l'inventaire de la police pontificale des quatre caisses de livres et de papiers envoyées de Paris à Civitavecchia en 1839 recense 487 volumes imprimés pour 334 titres, et 32 volumes manuscrits[24];

– l'inventaire *post mortem* des livres de l'appartement de via Condotti, fait le 12 avril 1842 par les services de l'ambassade de France à Rome, signale 389 volumes; la ré élaboration, par Ferdinand Boyer, de cet inventaire plutôt sommaire permet de calculer 200 titres environ[25];

– l'inventaire des livres de Paris, dressé en 1911 par Auguste Cordier et publié par Adolphe Paupe, enregistre 26 volumes pour 32 titres[26];

– l'inventaire de la bibliothèque Bucci à Civitavecchia, dressé sur place par Ferdinand Boyer en 1924, rend compte de 390 volumes pour 233 titres environ, auxquels il faut ajouter 78 volumes (38 titres) qui ont probablement appartenu à Stendhal bien que, contrairement aux autres, ils ne contiennent aucune preuve matérielle – notes autographes, dédicaces[27].

Le fonds Bucci[28] conserve actuellement ce qui reste des livres de Stendhal à Civitavecchia après la vente effectuée par Donato Bucci suivant les instructions de Romain Colomb, l'envoi au cousin de Stendhal des livres sur Rome, les dons faits par la famille Bucci aux visiteurs de passage et l'intégration des livres de Rome non vendus. Dans la première partie du catalogue de ce fonds, Gian Franco Grechi a réuni et décrit «les œuvres dont le millésime d'édition se place avant 1842,

---

24. Archives du Vatican, Segreteria di Stato, rubricella 265, busta 247. *Cf.* V. DEL LITTO, «Un épisode inconnu de la vie de Stendhal. Stendhal, Lysimaque et le gouvernement pontifical (Documents inédits)», *Stendhal Club*, IX, n° 34, 15 janvier 1967, p. 119-139; V. DEL LITTO-Ph. HAMON, *Catalogue du fonds Stendhal, Première partie Imprimés (1814-1900) Ouvrages annotés*, Ville de Grenoble, 1987, p. 90-100.

25. *Henri Beyle, consul de France à Civitavecchia et sa succession*, Archives de l'ambassade de France auprès du Saint-Siège. *Cf.* F. Boyer, «La bibliothèque de Stendhal à Rome», *Revue de littérature comparée*, n° 3, juillet-septembre 1923, p. 450-462, puis Editions du Stendhal-Club, n° 3, 1923; V. DEL LITTO-Ph. HAMON, *Catalogue du fonds Stendhal, op. cit.*, p. 100-112.

26. A. PAUPE, «La bibliothèque de Stendhal. Documents inédits», *L'Amateur d'autographes*, août-septembre 1911 puis dans *La Vie littéraire de Stendhal*, Paris, Champion, 1914; V. DEL LITTO, *Catalogo del fondo stendhaliano Bucci, op. cit.*, p. CVII-CIX.

27. F. BOYER, «Bibliothèques stendhaliennes à Civitavecchia et à Rome», *Revue de littérature comparée*, octobre-décembre 1924, puis Editions du Stendhal Club, n° 10, 1925; remanié dans *Stendhal e la Toscana, op. cit.*, p. 185-205; V. DEL LITTO-Ph. HAMON, *Catalogue du fonds Stendhal, op. cit.*, p. 112-123.

28. Ce fonds fut repris par la Banca commerciale Italiana qui en fit don à la Biblioteca comunale de Milan. Del Litto précise que la Bibliothèque nationale de Paris dut renoncer à acquérir le fonds Bucci, vu l'interdiction d'exportation de la part du gouvernement italien; et les crédits prévus «furent affectés à l'achat des manuscrits de Heinrich Heine», ce qui ne fut pas sans conséquence pour l'ITEM (*Catalogo del fondo stendhaliano Bucci, op. cit.*, p. CLXIX).

année de la mort de Stendhal. Ceci, pour faire immédiatement ressortir les volumes qui, chronologiquement parlant, offrent un potentiel sûr d'appartenance à l'écrivain »[29]. Enrichi par les 19 volumes récupérés par un habitant de Civitavecchia chez un chiffonnier pendant la guerre[30], le fonds réunit en tout 974 volumes (493 titres). En fait seulement la moitié de ces volumes portent une trace de leur appartenance certaine à Stendhal : dédicace de l'auteur à « Henri Beyle », annotations autographes, chiffre – H.B. – gravé sur le dos de la reliure…

D'autre part, Bucci n'ayant pas fait la liste des livres dont il avait hérité, les inventaires qui nous sont parvenus laissent dans l'ombre certaines données : en particulier le nombre de livres qui étaient restés à Civitavecchia avant le départ pour Paris en 1836, et la quantité de livres, de Rome et de Civitavecchia, vendus ou donnés par Bucci. Del Litto observe que plus de la moitié des volumes présents dans l'inventaire de la police pontificale ne figurent pas dans le fonds Bucci, et que plus de la moitié des livres de Rome ne se trouvent pas non plus dans ce fonds ; il conclut que « c'est seulement dans la proportion de 50 % que nous sommes renseignés sur la composition de la bibliothèque de Stendhal lors de son décès »[31]. Les informations que nous possédons ne nous permettent donc pas d'évaluer de façon satisfaisante la consistance du patrimoine en livres de l'écrivain. C'est bien la conséquence inévitable d'une part des dernières dispositions testamentaires qui ont facilité une dispersion posthume par vente ou par don et de l'autre, d'une existence partagée de fait entre plusieurs villes.

Ce rapide historique sur les bibliothèques stendhaliennes permet de voir dans quelles directions travailler pour reconstituer virtuellement le patrimoine en livres de Stendhal du double point de vue diachronique (les sédimentations successives au cours des années) et synchronique (l'état de ses différentes bibliothèques à sa mort). Il s'agirait de réunir en premier lieu les données fournies, directement ou indirectement, par l'écrivain lui-même : d'une part, à partir du *Journal*, des écrits autobiographiques, de la correspondance et des brouillons de travail, il est possible de dresser la liste des livres effectivement possédés et lus par Stendhal ; d'autre part un dépouillement plus systématique des « sources », déclarées ou non, et de l'intertexte des œuvres permettrait

---

29. G. F. GRECHI, « Premessa metodologica », *Catalogo del fondo stendhaliano Bucci, op. cit.*, p. 3. Nous traduisons.

30. V. DEL LITTO, *Catalogo del fondo stendhaliano Bucci, op. cit.*, p. CLX-CLXIII ; *cf.* « Addenda Barbaranelli », p. 485-492.

31. V. DEL LITTO, *ibid.*, p. LXXXV. Pour reconstituer virtuellement la bibliothèque de Civitavecchia, il faudrait ajouter, entre autres, les 26 volumes de la Biblioteca Primoli et les 54 volumes de la biographie Michaud légués à l'avocat Blazi de Civitavecchia.

de compléter cette liste et de dessiner un horizon de lectures[32]. Il faudrait dans un deuxième temps confronter et intégrer ce corpus virtuel avec les différents inventaires dont nous disposons, faits du vivant de l'auteur ou après sa mort, et avec sa bibliothèque matérielle, les livres qui nous sont parvenus et qui conservent la trace de leur appartenance à l'écrivain.

À défaut d'une « grande » bibliothèque stendhalienne, il nous reste en effet d'importants fragments de cet ensemble, plus d'un millier de livres, dont plus de la moitié annotés : une bibliothèque matérielle d'environ 1 257 volumes (640 titres), répartis entre fonds publics (1 140 volumes, 585 titres) et collections privées (117 volumes, 55 titres[33]). Quand bien même ce corpus ne serait que la moitié ou le tiers des « bibliothèques » de l'écrivain, il représente malgré tout un bon échantillon de l'ensemble.

Et ces livres sont précieux dans la mesure où Stendhal a établi avec eux un rapport très particulier. Faute de demeure fixe et de tour-bibliothèque personnelle, l'écrivain-voyageur élit domicile dans ses livres, dans tous ses livres, ceux qu'il achète et ceux qu'il écrit. Il en occupe le moindre recoin, il « habite » littéralement marges et couverture, pages de garde et pages imprimées, frontispice et table des matières, couvrant d'annotations l'intérieur et même l'extérieur du volume. En effet les couvertures cartonnées sont souvent remplies de dates, d'injonctions, d'annotations très privées et très effacées, jusqu'à la tranche qui n'échappe pas à la graphomanie de Stendhal. C'est le cas de l'exemplaire de L'Esprit des lois sur la tranche duquel il calligraphie avec soin cette sentence : « 1re Règle Être soi même. » – répétée à l'intérieur du volume[34] (ill. 1). L'écrivain-lecteur dilate encore plus l'espace blanc du

---

32. Dans cette perspective, il faut ajouter que Stendhal a été un usager de bibliothèques publiques et privées. *Cf.* W. Milde, « Stendhal et la bibliothèque de Wolfenbuttel », *Stendhal et l'Allemagne*, textes recueillis par V. Del Litto et H. Harder, Paris, Nizet, 1983, p. 79-84. N'oublions pas que le grand-père Gagnon fut un des promoteurs de la bibliothèque publique de Grenoble (*Vie de Henry Brulard*, chapitre V, *Œuvres intimes*, t. II, *op. cit.*, p. 573).

33. Ces chiffres veulent seulement donner une idée de grandeur et n'ont pas la prétention d'être parfaitement exacts. Pour les fonds publics, *cf.* l'Appendice. Pour les collections privées, je renvoie à la liste « la moins incomplète possible » dressée par V. Del Litto et Ph. Hamon dans leur *Catalogue du fonds Stendhal, op. cit.*, p. 130-137. Cette liste ne peut malheureusement pas être exhaustive : certains collectionneurs privés sont très « réservés » et beaucoup d'ouvrages signalés, et même décrits, ont ensuite « disparu ». Deux corrections : entre temps, les 21 volumes de l'édition Sautelet des *Mémoires* de Saint-Simon ont été acquis par la Bibliothèque nationale de France ; d'autre part, il existe bien deux exemplaires interfoliés et annotés des *Idées italiennes sur quelques tableaux célèbres*, actuellement « disparus ».

34. Montesquieu, *L'Esprit des lois*, 1803, éd. stéréotype, t. I, édition en 5 volumes annotés dans les années 1814-1815 (Bibliothèque J. Doucet, Paris).

livre imprimé en faisant relier des liasses de feuillets, de véritables cahiers qu'il met à sa disposition et que, d'ailleurs, il n'utilise pas toujours. Et pour ses propres livres, à partir d'*Armance*, il augmente sa zone personnelle d'intervention en faisant insérer un feuillet entre chaque page imprimée, réalisant ainsi des volumes interfoliés qui lui permettent, entre autres, de préparer une éventuelle seconde édition.

Stendhal personnalise ses reliures, en faisant graver son chiffre – H.B. – et le titre du volume, souvent légèrement modifié : par exemple son exemplaire interfolié des *Mémoires d'un touriste* en quatre volumes devient *Voyage en France*[35]. Suivant une certaine tradition, le moment de la reliure est une occasion ultérieure de manipulation et de dilatation : c'est la constitution des recueils factices. Stendhal opère ainsi des montages de livres ou de fragments d'ouvrages, souvent déjà annotés, sur la base de critères qui peuvent être monographiques, thématiques, chronologiques (ce qu'il lisait au même moment) ou, tout simplement, fonctionnels quand le recueil factice regroupe de minces fascicules brochés qu'il était nécessaire de relier pour ne pas les égarer ou pour mieux les conserver. Par exemple, il fait relier les trois premiers chants du poème de Vincenzo Monti, *In morte di Ugo Bassville*, à la fin de *Rome, Naples et Florence en 1817* sans doute parce qu'il le cite dans une note de son ouvrage[36]. Il enrichit un tome de ses *Œuvres complètes* de Saint-Simon d'un pot-pourri d'œuvres théâtrales allant

Ill. 1. Montesquieu,
L'Esprit des lois, 1803,
éd. stéréotype, t. I,
tranche (Bibliothèque
J. Doucet, Paris).

---

35. Ouvrage conservé dans le fonds Stendhal de la Bibliothèque Primoli à Rome. De même, les deux volumes d'un exemplaire de l'édition originale des *Promenades dans Rome* sont intitulés sur le dos de la reliure *Voyage dans Rome* : c'est ce détail qui laisse supposer qu'ils ont appartenu à Stendhal (« Il Fondo Stendhal della Biblioteca Primoli... », *op. cit.*, p.102-103).

36. STENDHAL, *Rome, Naples et Florence, en 1817*, Paris, Delaunay, 1817 et V. MONTI, *In morte di Ugo Bassville...*, Assise, 1793 : volume annoté en 1830-1831 et en 1839 (Biblioteca Primoli, Rome).

de Rotrou à Lafosse ou Crébillon[37]. Le montage de son édition stéréotype de *L'Esprit des lois* avec des lettres de *La Nouvelle Héloïse* n'est pas fortuit comme le soulignent à la fois le titre gravé sur le dos de la reliure – *Mont. Stile* – et l'annotation de la page de garde du premier tome : «5 Stiles / Dalembers / Mont. / Préface de Rousseau 1re / 2e / Lettres de Julie[38]».

Comme toute personne qui tient à ses livres, Stendhal y appose sa signature, souvent avec l'indication de la date : «ce livre appartient à Beyle 18 frimaire 8 décembre 1794 III° a. Rép. h. beyle» écrit le jeune Henri sur le deuxième plat de couverture de son livre de géographie[39] (ill. 2). C'est une des premières annotations datées qui nous est parvenue. Le plus souvent il fournit avec précision les coordonnées de sa prise de possession du volume, le lieu, la date et le prix de l'achat : «Le 24 mai 1808, acheté ce livre / 2 thalers 1 b[on]gros, 6 pfennings / à l'encan de M. le G. de Stamford[40]». D'une façon générale, il tend à inscrire les dates qui concernent le livre : «Le 12 janvier 1828, I was in 1000an. Je prends Bandello dans ma bibliothèque. 1828[41]» ; «Volume retrouvé le 24 avril 1827, rue de Grenelle-St-Germain[42]».

En début ou en fin de volume – plat de couverture, page de garde, frontispice –, Stendhal indique souvent son parcours de lecture ; il condense ou résume ses réactions, prend note des pages qui l'ont intéressé, compose parfois sa propre table des matières en guise de table d'orientation, comme sur son Saint-Simon où il dresse une «table raisonnable choses intéressantes pour moi» avec le renvoi aux pages concernées[43]. Les annotations du lecteur-écrivain sont prises en compte

---

37. SAINT-SIMON, *Œuvres complètes*, Paris-Strasbourg, Onfroy-Treuttel, 1791, 7 vol., annotés entre 1808 et 1818 (Bibliothèque municipale, Grenoble).

38. MONTESQUIEU, *L'Esprit des lois*, *op. cit.*, t. I, page de garde, recto, annotation à l'encre (Bibliothèque J. Doucet, Paris). Dans le premier tome qui contient déjà deux échantillons de styles différents, celui de la préface de D'Alembert et celui de *L'Esprit des lois*, Stendhal ajoute les deux préfaces de Rousseau à son roman et des lettres du premier volume de *La Nouvelle Héloïse*.

39. TASSIN, *Cartes générales des provinces de France et d'Espagne...*, [1633-1639], annotation à l'encre (Bibliothèque municipale, Grenoble). *Cf.* L. HAMON, «Sur un livre ayant appartenu à Chérubin Beyle et au docteur Gagnon», *Stendhal Club*, n° 115, 15 avril 1987, p. 290-292.

40. HOMÈRE, *L'Iliade*, 1776, t. I, page de garde à la fin, annotation à l'encre (Bibliothèque municipale, Grenoble). *Cf. Journal littéraire*, t. III, Genève, Slatkine Reprints, 1986, p. 239.

41. MONTAIGNE, *Essais*, par Amaury Duval, Paris, 1822, t. VI, quatrième plat de couverture, annotation à l'encre de 1832 (Biblioteca comunale, Milan). *Cf. Œuvres intimes*, t. II, *op. cit.*, p. 171 et p. 175 et 94.

42. Recueil factice *Elementari sulla poesia*, troisième plat de couverture, annotation au crayon (Bibliothèque municipale, Grenoble). *Cf. Œuvres intimes*, t. II, *op. cit.*, p. 90.

43. SAINT-SIMON, *Mémoires*, Paris, Sautelet, 1829, t.1, troisième plat de couverture, annotation au crayon et à l'encre, exemplaire annoté entre 1833 et 1841 (Bibliothèque nationale de France, Paris).

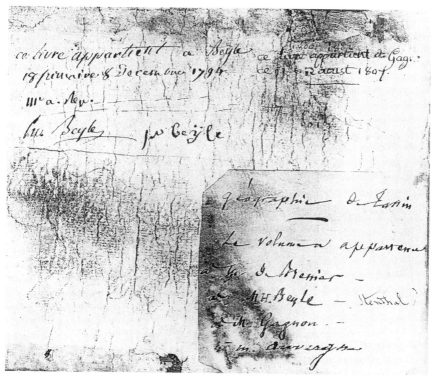

Ill. 2. Tassin, *Cartes générales des provinces de France et d'Espagne...*, [1633-1639]
(Bibliothèque municipale, Grenoble).

par le paratexte manuscrit, la table manuscrite étant la table du volume
annoté, et recomposé s'il s'agit d'un recueil factice. Ainsi la table du
recueil factice *Elementari sulla poesia* contient un *marginalia* important
qui signale l'épitaphe : « Avant *Hamlet* épitaphe de l'animal[44] ».

Les traces de lecture peuvent n'être que de simples traits –
Stendhal souligne, coche, trace des accolades – ou de brèves observations, le plus souvent des appréciations lapidaires qui tracent comme le
parcours en dents de scie de réactions immédiates : « frappant de
vérité », « vague et commun », « true », « cela est vrai, mais commun »,
« cela est faux », « bien exprimé », « vague et mauvais », « bonne page »,
« non, non, non », « bravo ! », « faux », « excellent », annote-t-il en marge

---

44. Recueil factice *Elementari sulla poesia*, page de garde à la fin, recto ; *cf.* « l'épitaphe
de l'animal » à la dernière page de la brochure n. 2, *Dialogo di Ermès Visconti sulle unità
drammatiche di tempo e di luogo*, 1819, p. 31 (Bibliothèque municipale, Grenoble) (ill. 3).

Ill. 3. Recueil factice *Elementari sulla poesia*, dernière page de la brochure n. 2,
Dialogo di Ermès Visconti sulle unità drammatiche di tempo e di luogo, 1819, p. 31
(Bibliothèque municipale, Grenoble).

du premier tome des *Œuvres complètes* de Vauvenargues[45]. «Excellent»,
«sublime», «absurde», «bravissimo», «vrai», «très vrai», «very true»,
«very well», «tout cela est téméraire», «ridicule», «mal écrit», «pas
mal»: les marges du *Cours de littérature dramatique* de Schlegel enregistrent la sédimentation polyphonique des éloges et des blâmes qui s'alternent et s'accumulent au fil des différentes campagnes de lecture (en
1814, 1816, 1819 et 1825[46]). Dans le secret des marges, le romancier ne
mâche pas ses mots et voilà le Balzac du *Médecin de campagne* taxé
d'«animal», de «bas flatteur» et de «bête[47]». «Ces sortes d'idées me

45. VAUVENARGUES, *Œuvres complètes*, t.1, Paris, Dentu, 1806, lu en 1811 (coll. privée).
Cf. V. DEL LITTO, «Marginalia inédits de Stendhal sur un Vauvenargues», *Mercure de
France*, n° 1053, 1ᵉʳ mai 1951, p. 95-118.
46. SCHLEGEL, *Cours de littérature dramatique*, Paris-Genève, Paschoud, 1814, 3 vol.
(Bibliothèque J. Doucet, Paris). *Cf.* A. BLANCHARD DE FARGES, «Un peu de Stendhal
inédit», *Le Correspondant*, 25 septembre 1909, p. 1091-1099.
47. BALZAC, *Le Médecin de campagne*, Bruxelles, Louis Hauman, 1833, 2 vol., exemplaire
lu en 1835 et en 1840 (Biblioteca comunale, Milan). *Cf.* V. DEL LITTO, «Marginalia inédits
II. Balzac», *Stendhal Club*, n° 76, 15 juillet 1977, p. 281-286.

font bailler » prend-il la peine d'annoter en marge du commentaire de Monti à *La Musogonia* (ill. 4[48]). Du mot à la phrase et au paragraphe, Stendhal module ses interventions : observations sur le contenu, appréciations sur le style, objections. Juge et complice, il intervient sur le texte : il complète, corrige une tournure, un mot, une date, un nom, ajoute des notes en bas de page, intervient rarement dans l'interligne. L'annotation manuscrite introduit une autre voix qui double le texte imprimé, parfois de façon ironique : « (1) ou de l'Ars-de *[sic]* filouter à l'usage des filoux et des honnêtes gens, écrit par l'auteur pour profitter *[sic]* de ses *[illisible]*, et peut-être dans l'espérance éloignée qu'un jour les honnêtes gens se réuniront pour coffrer les frippons *[sic]*. »

Le sous-titre « ou de l'Ars-de filouter » ajouté face au frontispice de *L'Esprit des lois* devient à son tour le titre du commentaire de Stendhal à l'ouvrage de Montesquieu, commentaire enserré par ailleurs entre deux annotations personnelles datées (ill. 5[49]). Dans la marge retentit

Ill. 4. Monti, *La Musogonia*, Milan, 1804, p.24, pièce n. 6 du recueil factice *Sieyès, Courier, Stend.* (Bibliothèque municipale, Grenoble).

48. Monti, *La Musogonia*, Milan, 1804, p. 24, pièce n. 6 du recueil-factice *Sieyès, Courier, Stend.* (Bibliothèque municipale, Grenoble).

49. Montesquieu, *op. cit.*, deuxième plat de couverture, encre (Bibliothèque J. Doucet, Paris). *Cf. L'Histoire de la peinture en Italie*, chap. CXXVIII, note 1.

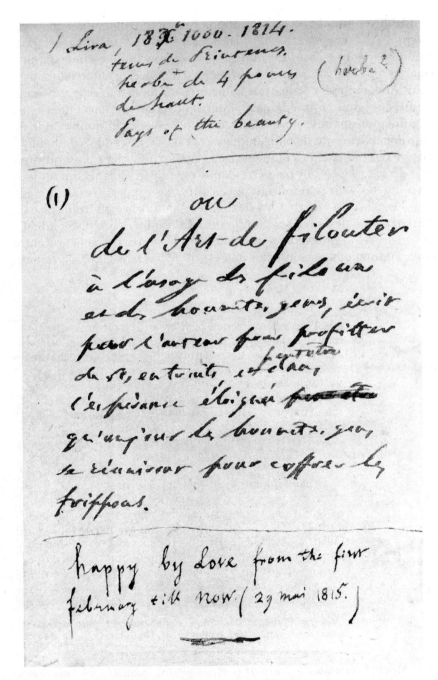

Ill. 5. Montesquieu, *L'Esprit des lois*, 1803, éd. stéréotype, t. I, deuxième plat de couverture (Bibliothèque J. Doucet, Paris).

l'écho de cette voix qui s'exprime sur le ton de la conversation quotidienne et familière avec une liberté d'allure et une franchise spontanée. Observons au passage que la même désinvolture illocutoire caractérise certaines prises à partie adressées directement au lecteur aussi bien dans les romans que dans les essais. Le lecteur-écrivain peut interpeller directement l'auteur qu'il lit et la marge porte l'écho de ce dialogue, comme cet acte d'accusation adressé à Benjamin Constant qui exalte Napoléon : « Vous êtes de mauvaise foi, M le Cer d'Etat et l'OPINION[50]. » Stendhal souscrit pleinement à la déclaration suivante de Montaigne : « Je parle au papier, comme je parle au premier que je rencontre. Qu'il soit vray, voici de quoy » ; et d'ailleurs il coche ce passage du troisième Livre des *Essais* et annote : « Admirable d'esprit et de vérité[51]. »

Le livre est un réservoir d'idées, un terrain de découvertes, un lieu de confrontation, un laboratoire d'écriture ; Stendhal lit « for glaner somewhat[52] », il va à la « chasse aux idées » en se frottant aux idées des autres dans le vif du texte imprimé : il sélectionne, corrige, discute, et emmagasine dans les marges, comme il emmagasine dans ses cahiers de travail[53]. Avec le même geste, il thésaurise les idées des autres et les siennes. Il y a chez lui une sorte de rodage de l'écriture qui passe par la prédation, la fragmentation et la réécriture. Il faudrait envisager l'étude des *marginalia* dans la perspective d'un art de la compilation et de l'emprunt qui perdure au fil des années, des cahiers d'extraits de jeunesse aux œuvres de la maturité en passant par les comptes rendus et les articles.

Ce dialogue avec le texte des autres est une forme de monologue avec soi-même[54]. Stendhal lit à la recherche de similitudes, de confirmations et de justifications de sa propre pensée « qui, doutant d'elle-même, n'ose s'assumer que confirmée d'une rencontre » comme le souligne Gérald Rannaud[55]. Les sigles de reconnaissance qu'il appose – « as D^que », « myself », « the same », « idem de D^que[56] », « Very true, I have

50. B. CONSTANT, *Principes de politique...*, Paris, Eymery, 1815, p. 317 (Bibliothèque J. Doucet, Paris). *Cf.* A. Blanchard de Farges, *op. cit.*, p. 1104.

51. MONTAIGNE, *op. cit.*, t. IV, p. 381, annotation au crayon (Biblioteca comunale, Milan).

52. *Journal*, 23 février 1916, dans *Œuvres intimes*, t. I, *op. cit.*, p. 958.

53. *Cf.* « [...] mes cahiers. Ils sont mes magasins », 22 août 1804, dans *Journal littéraire*, t. II, *op. cit.*, p. 128. *Cf. Journal*, 15 septembre 1813, *Œuvres intimes*, t. I, *op. cit.*, p. 885.

54. *Cf.* V. DEL LITTO, *La Vie intellectuelle de Stendhal*, *op. cit.*, p. 688.

55. G. RANNAUD, « Le naturel et ses équivoques », *Stendhal colloque de Cerisy-la-Salle*, Paris, Aux amateurs de livres, 1984, p. 106.

56. En marge du passage des *Essais* (livre III, chap. 13) où Montaigne parle de l'« âpreté de l'été » qui lui est plus ennemie que celle de l'hiver : MONTAIGNE, *Essais*, *op. cit.*, t. VI, p. 161, annotation au crayon (Biblioteca comunale, Milano).

seen that in my[57] », « 149 vrai for me[58] » – créent un effet de miroir. Sur
la même page Stendhal peut critiquer l'auteur qu'il lit et s'identifier
avec lui, comme sur ces marges du *Génie du christianisme* (ill. 6[59]) : d'un
côté, il prend ses distances d'avec Chateaubriand et sa description de la
baie de Naples et d'avec Cicéron cité en note : « toujours souvenir faus-
sant la sensation Directe », « Toujours tout phisique *[sic]*, tout ce qu'on
peut peindre avec des phrases et rien de Moral faute d'esprit » ; de
l'autre il reconnaît dans l'attachement de Chateaubriand à Rome son
propre attachement à Milan ; en face de la déclaration suivante : « Là il
trouvera pour société une terre qui nourrira ses réflexions et qui occu-
pera son cœur, des promenades qui lui diront toujours quelque chose »,
il appose sa griffe : « As M[ilan] for Dque by its women. »

Et le seul destinataire de ces traces de lecture est bien Stendhal lui-
même qui annote en vue d'une relecture, du livre et des marges, relecture qui lui permet de faire le point entre passé et présent : « Relu le
7 mars 1816 [...] En 1809, j'avais le même amour fou for sweet music,
and truly I think me happier there without amb[ition] that in the tourbillon des affaires[60]. » Le dialogue de Stendhal avec le lecteur et le
graphomane qu'il a été s'ajoute alors sur la page imprimée au dialogue
du lecteur avec l'auteur dans un échange amical qui confère au livre
une aura affective : « Il me semble revoir un ancien ami » annote-t-il en
reprenant un de ses exemplaires des *Mémoires* de Saint-Simon (ill. 7[61]).
La note marginale matérialise le souvenir et ses coordonnées spatio-
temporelles, opération nécessaire à la vitalité de l'idée : « La moindre
remarque marginale fait que si je relis jamais ce livre, je reprends le fil
de mes idées et *vais en avant*. Si je ne trouve aucun souvenir en relisant

---

57. En regard de cette observation de Vauvenargues : « [...] s'il fait tant que de s'y
livrer, elles [les petites choses] l'occupent tout entier et l'engagent à des petitesses dont
il est lui-même surpris » (*op. cit.*, p. 124). *Cf.* V. DEL LITTO, « Marginalia inédits de
Stendhal sur un Vauvenargues », *op. cit.*, p. 105.

58. Stendhal renvoie ici à la phrase des *Essais* (Livre III, chap. 19) : « La vie n'est de
soy ny bien ny mal : c'est la place du bien et du mal, selon que vous la leur faites »,
MONTAIGNE, *Essais*, Londres, Jean Nourse, 1739, t. I, page de garde à la fin, verso, annotation au crayon (Biblioteca comunale, Milan). *Cf. Œuvres intimes*, t. II, *op. cit.*, p. 1036.

59. CHATEAUBRIAND, *Génie du christianisme ou beauté de la religion chrétienne*, Lyon,
Ballanche, 1809, t. VI, p.220-221 (Bibliothèque municipale, Grenoble). *Cf. Journal littéraire*, t. III, *op. cit.*, p. 221.

60. COXE, *Histoire de la maison d'Autriche*, Paris, Nicolle, 1809, annotation à l'encre au
verso du premier feuillet relié (Bibliothèque J. Doucet, Paris). *Cf. Œuvres intimes*, t. I, *op.
cit.*, p. 958.

61. « Il me semble revoir un ancien ami. Après avoir adoré ce livre, je ne l'ai pas lu
depuis 1808, que je croyais encore la cour un lieu agréable et que je songeais aux belles
dames. Je vois d'un coup d'œil tout le chemin que j'ai fait depuis. Mi nov 1814 », en
marge de Saint-Simon, *Œuvres complètes*, Strasbourg-Paris, Treuttel-Onfroy, 1791, t. X,
p. 57 (Bibliothèque municipale, Grenoble). *Cf. Œuvres intimes*, t. I, *op. cit.*, p. 921.

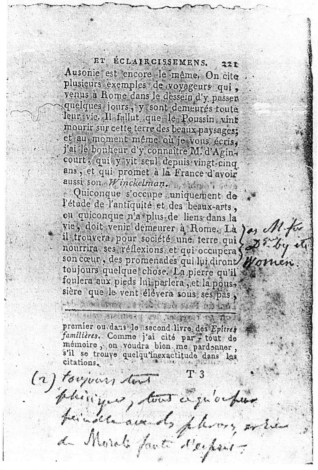

Ill. 6. Chateaubriand, *Génie du christianisme ou beauté de la religion chrétienne*, Lyon, Ballanche, 1809, t. VI, p.221 (Bibliothèque municipale, Grenoble).

un livre, le travail est à recommencer», observe-t-il lui-même dans *Souvenirs d'égotisme*[62]. Lire, écrire, se souvenir pour mieux penser: voilà les trois temps indissociables de l'activité intellectuelle du marginaliste, obsédé par le mauvais fonctionnement de sa mémoire, désireux de conserver, et retrouver, la trace «d'un acte de pensée[63]». «Quelquefois j'écrivais une date sur un livre que j'achetais et l'indication du senti-

---

62. *Souvenirs d'égotisme, Œuvres intimes, op. cit.*, t. II, p. 478.
63. «La marginale en fait fonctionne, quelle que soit la forme qu'elle affecte, sur le mode du mémento. Ce n'est pas d'un fait, d'une idée qu'elle enregistre la trace mais d'un acte de pensée», G. RANNAUD, «La marge et la pensée», *Recherches et travaux*, n° 53, 1997, p. 123.

Ill. 7. Saint-Simon, *Œuvres complètes*, Strasbourg-Paris, Treuttel-Onfroy, 1791, t. X, p. 57
(Bibliothèque municipale, Grenoble).

ment qui me dominait» observe-t-il dans *Souvenirs d'égotisme*[64]. Dans cette
perspective la date peut être le pivot autour duquel s'organise le marginalia: «très bien 30 7b 1822 Anniversaire del Giardino», annote-t-il en
marge de l'introduction de son édition anglaise d'*Hamlet* (ill. 8[65]). Nous
avons là, réduite à l'essentiel, la brève indication des instances en jeu: la
lecture, le temps, le contexte affectif. De marges en marges nous
pouvons suivre à la trace les oscillations du souvenir amoureux à travers
la répétition lancinante de cette même annotation sibylline du
«Giardino», une rue de Milan liée à la difficile relation avec Matilde
Dembowski[66]. En marge des annotations de lecture, Stendhal note les

---

64. *Souvenirs d'égotisme, op. cit.*, p. 471.
65. SHAKESPEARE, *Hamlet*, Londres, Simpkin and Marshall, 1820, p. IX, annotation à
l'encre, dans *Elementari sulla poesia* (Bibliothèque municipale, Grenoble). *Cf. Œuvres
intimes*, t. II, *op. cit.*, p. 63.
66. «30 7bre 1818 9.^{h} 32.^{mi} di rimpetto alla chiesa del Giardino», annotation à l'encre
sur le premier plat de couverture de Chateaubriand, *Génie du christianisme, op. cit.*, t. III
(Bibliothèque municipale, Grenoble). *Cf. Œuvres intimes*, t. II, p. 27.

had excellent materials to work upon in the life that surrounded him, and even if that were not enough for his genius, he might borrow from the time which was still fresh to the fancy of men; his cotemporaries were minds of the same bold stamp, though bitted and curbed by social discipline, and would acknowledge the reality of his pictures.*, It is not fair therefore to condemn such writers, because we have not the same originals before us; and equally unjust is it to censure modern poets, who are forced to borrow their description of the passions from their

---

* We do not by all this mean to decide that the rudeness of ancient society is preferable to modern refinement; that point is not at all in question; we only wish to shew that the passions have not been exaggerated by tragedy, but tamed down by modern habits—perhaps for the better.

B 5

Ill. 8. Shakespeare, *Hamlet*, Londres, Simpkin and Marshall, 1820, p. ix, dans *Elementari sulla poesia* (Bibliothèque municipale, Grenoble).

circonstances – heure, date, lieu, événements de la journée, souvenirs d'anniversaire… – et la note marginale à la note marginale peut se développer à son tour dans un jeu infini d'emboîtements cryptographiques.

En effet nous retrouvons dans ces notes hâtives et parfois peu lisibles certaines caractéristiques de l'écriture du *Journal*, de l'ordre du ludique et du secret: le recours au mélange de langues étrangères approximatives, le langage chiffré qui se limite parfois à une lettre, un mot, une date, un fragment de phrase[67], la co-présence de signes graphiques, d'abréviations et de croquis. Lors de l'étude, dans une perspective diachronique, du développement des marginalia stendhaliens[68],

---

67. Sur le sabir comme langue «privée» *cf.* M. Crouzet, «Notes sur le langage-self» in *Stendhal et le langage*, Paris, Gallimard, 1981, p. 389-392
68. H. de Jacquelot, *Stendhal: marginalia e scrittura*, Rome, Edizioni di Storia e Letteratura, 1991; deux chapitres ont été publiés, dans une première version, dans *Micromégas* ("Lire mes ouvrages m'attriste", Stendhal lecteur de lui-même, XII, n° 34, septembre-décembre 1985, p.83-90) et dans *Stendhal Club* («La double trace de l'auto-biographie», XXXI, n° 124, 15 luglio 1989, p.273-281).

j'ai pu observer que c'est à partir du moment où le *Journal* se fait plus discontinu, dans les années 1813-1815, que l'on assiste progressivement à un transfert de la pratique de l'annotation journalière dans les marges des livres et des manuscrits. L'abandon, en 1818, des cahiers du *Journal* ne correspond donc pas à l'abandon d'une pratique, bien au contraire ; il y a alors prolifération d'annotations fragmentaires, dispersées dans les marges de ses bibliothèques, mais qui restent pour Stendhal de l'ordre du *Journal* si l'on en croit l'annotation suivante : « Ajouter cent pages de détails faciles à comprendre comme ceux que j'ai ajoutés sur le journal vis-à-vis 220[69]. » Le romancier relit et corrige La *Chartreuse* sur un de ses exemplaires interfoliés, et dans cette annotation de travail, il renvoie aux notes du feuillet relié face à la page 220 du roman comme à un feuillet d'un « journal » virtuel qui aurait définitivement abandonné la continuité des cahiers réservés à cet usage, mais qui aurait tendance à se reformer dès que s'en offre à lui la possibilité : sur les feuillets des volumes interfoliés ou des liasses reliées à la fin des volumes. Par exemple le cahier relié à la fin d'une édition des *Vies de Haydn, de Mozart et de Métastase* tient lieu de journal provisoire dans les années 1838-1840 ; s'y accumulent notes de service et notes de travail (à propos de *Trop de faveur tue*), indications médicales, embryons d'autobiographie (« The history of the writings of Dom.que 1838-39 », « dates for his Life ») et notes de voyage[70]. Parce que le livre, glissé dans une poche, peut servir de bloc-notes lors d'un voyage comme les *Pensées et souvenirs* du « proscrit italien » Palmieri di Miccichè, que Stendhal lit pendant son voyage dans le sud de la France en 1838 (ill. 9-10[71]). Sur les mêmes pages, Stendhal trace un rapide « very well » face à un beau passage dans lequel Miccichè rend un ultime hommage à la mémoire d'une amie morte, la princesse de Vintimille ; il ajoute une note en bas de page : « 1. non ou *jamais soi* dans l'idée de mourir pour ce qu'on aime », à propos du passage suivant : « il est prouvé qu'il existe des personnes qui en aiment d'autres où le *moi* n'a point de part », et il griffonne une note de voyage, datée : « 25 avril 1838. superbe coucher de soleil (il pleuvait il y a 1/4 heure) derrière le filigrane du Taur » ; sur la page précédente il

---

69. *La Chartreuse de Parme*, Paris, Ambroise Dupont, 1839, t. I, annotation à l'encre du 10 novembre 1840, feuillet relié face à la p. 2, exemplaire interfolié Chaper (Pierpont Morgan Library, New York). *Cf. Œuvres intimes*, t. II, *op. cit.*, p. 400.

70. *Vies de Haydn, de Mozard [sic] et de Métastase*, Paris, Levavasseur, 1831 (Biblioteca Primoli, Rome).

71. Michele PALMIERI DI MICCICHÉ, *Précis et souvenirs historiques et contemporains*, suivi d'un *Essai sur la tragédie ancienne et moderne, et de quelques aperçus politiques*, Paris, chez l'auteur, 1830, t. I, p. 12-15, annotations au crayon (Biblioteca Primoli, Rome). *Cf. Mélanges V. Littérature*, Genève, Slatkine Reprints, 1986, p. 172-173 et *Œuvres intimes*, t. II, *op. cit.*, p. 311.

plus choisi, et c'est là que je fus lancé dès mon premier début dans le monde. C'est là aussi que mon
jeune cœur commença à battre la première fois
pour la France, et cela pour une raison toute simple, c'est que je croyais que toutes les Françaises
ressemblaient à la princesse. Cet intérêt est maintenant moins vif, il est vrai, mais il n'est point

Ill. 9. Michele Palmieri di Micciché, *Précis et Souvenirs historiques et contemporains*, suivi
d'un *Essai sur la tragédie ancienne et moderne, et de quelques aperçus politiques*, Paris, 1830,
t. I, p. 12 (Biblioteca Primoli, Rome).

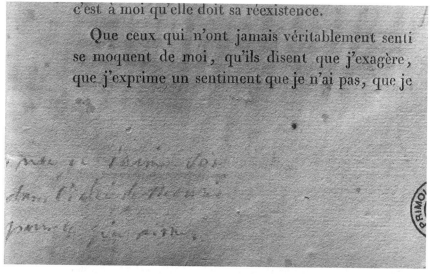

c'est à moi qu'elle doit sa réexistence.

Que ceux qui n'ont jamais véritablement senti
se moquent de moi, qu'ils disent que j'exagère,
que j'exprime un sentiment que je n'ai pas, que je

Ill. 10. Michele Palmieri di Micciché, *Précis et Souvenirs historiques et contemporains*, suivi
d'un *Essai sur la tragédie ancienne et moderne, et de quelques aperçus politiques*, Paris, 1830,
t. I, p. 15 (Biblioteca Primoli, Rome).

dessine la façade de Saint-Sernin et le profil du Taur et annote : « *[illisible]* le soleil couchant *[illisible]* architecture 2 étages supérieures de l'église du Taur».

Mais, datés ou non, les marginalia inscrivent de façon tangible les livres, et la lecture, dans une temporalité affective entre passé, présent et avenir. Stendhal accumule dans les marges, dans une double perspective, de conservation rituelle du passé et de projection vers l'avenir. Ces empreintes balisent les bibliothèques, comme des points de repère qui permettent au lecteur-écrivain de mieux s'orienter dans sa géographie affective et intellectuelle, comme des pierres de touche qui scandent une sorte de calendrier perpétuel. Du reste ces exercices de mémorisation donnent parfois lieu à la rédaction de listes de dates, en ordre ou en désordre, comme celle que nous pouvons trouver dans l'édition anglaise de Shakespeare (ill. 11[72]). Ces listes récapitulatives – intitulées «Life», «his Life», «history of his life» – manifestent très tôt un souci de reconstruction autobiographique qui reste encore à approfondir.

L'annotation marginale ne se cantonne pas toujours dans les marges latérales de la page imprimée ; elle occupe parfois les pages blanches, et Stendhal gère cet espace vierge comme celui d'un feuillet manuscrit avec parfois un souci de mise en scène typographique. Des pages où se manifestent, sinon une volonté de lisibilité, du moins une régularité aérée et un équilibre serein comme dans cette page sur le paysage et la musique «*Plectrum* de l'âme de D.qu » née en marge de l'exemplaire interfolié des *Mémoires d'un touriste* (ill. 12[73]) s'alternent avec des pages où s'accumulent de façon plus ou moins ordonnée des matériaux plus ou moins hétérogènes comme sur un feuillet du recueil factice *Elementari sulla poesia*[74] (ill. 13). L'amplitude du trait traduit l'impact de certains mots-clés : «courage», écrit-il en très grosses lettres sur la couverture d'un des volumes de son Shakespeare traduit par

---

72. Shakespeare, *The Works*, Londres, Sherwood, Harvey [s.d.], f° 10 recto relié à la fin, annotation à l'encre (Bibliothèque J. Doucet, Paris). Cette liste est mise en ordre et complétée dans la liste «the history of his life» qui se trouve dans le recueil factice *Stile* (Biblioteca comunale, Milan). *Cf. Œuvres intimes*, t. II, *op. cit.*, p. 155.

73. «Le paysage et la musique ne sont que le *Plectrum* de l'âme de D.qu de là son peu de mémoire de la forme de telle montagne quand il connait trop le paysage comme ceux de la route de CV. a à Omar alors il [s'enrage *lecture incertaine*] parce que son âme n'a pas de *Plectrum* CV. ita le 25 mai 1841 mais pensé souvent en 1839, et avant», *Mémoires d'un touriste*, Paris, Ambroise Dupont, 1838, exemplaire interfolié *Voyage en France*, t. I, feuillet relié face à la page 6 (Biblioteca Primoli, Rome). *Cf. Œuvres intimes*, t. II, *op. cit.*, p. 419.

74. Recueil factice *Elementari sulla poesia*, page de garde à la fin, verso, annotations à l'encre (Bibliothèque municipale, Grenoble). *Cf. Œuvres intimes*, t. II, *op. cit.*, p. 115, 117, 118-119.

Ill. 11. Shakespeare, *The Works*, Londres, Sherwood, Harvey [s.d.], f. 10, recto, relié à la fin du volume (Bibliothèque J. Doucet, Paris).

Letourneur[75] ; « RIEN » : ce mot qui remplit toute une page de l'exemplaire interfolié de *Le Rouge et le Noir*[76], concerne-t-il la mystérieuse Earline qui fait l'objet, sur ce volume, de comptes rendus minutieux et souvent énigmatiques ? La « HAINE » stylisée que l'écrivain grave en marge de son recueil-factice *Elementari sulla poesia* est déjà un mot d'ordre (ill. 14[77]).

Les bibliothèques de Stendhal permettent ainsi d'assister à un chassé-croisé entre l'imprimé et le manuscrit. Déjà au moment de l'impression de ses ouvrages l'écrivain met subtilement en œuvre, comme

---

75. SHAKESPEARE, *Œuvres complètes*, Paris, Ladvocat, 1821, t. XIII, premier plat de couverture, annotation à l'encre (Biblioteca comunale, Milan).

76. *Le Rouge et le Noir*, Paris, Levavasseur, 1831, t. II, feuillet relié face à la p. 26 (Biblioteca comunale, Milan).

77. Recueil factice *Elementari sulla poesia*, *op. cit.*, page de garde en tête, recto, et troisième plat de couverture, annotations à l'encre (Bibliothèque municipale, Grenoble). *Cf. Œuvres intimes*, t. II, *op. cit.*, p. 116.

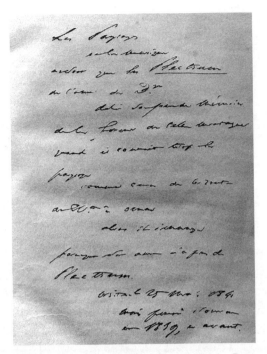

Ill. 12. Stendhal, *Mémoires d'un touriste*, Paris, Ambroise Dupont, 1838,
exemplaire interfolié *Voyage en France*, t. I, feuillet relié face à la p. 6 (Biblioteca
Primoli, Rome).

l'a observé Massimo Colesanti[78], des procédés paratextuels – notes en
bas de page, notes cryptographiques, épigraphes, titres-courants,
tables… – qui introduisent d'autres parcours de lecture et la possibilité
de mises à jour ultérieures. Et comme il conçoit le livre comme une
forme ouverte, un objet non fini, il tend aussi à transformer en chantier
ouvert d'écriture les marges des livres imprimés – les siens et ceux des
autres – qui deviennent à leur tour de véritables livres autographes. Par
ailleurs Stendhal tend à imposer après coup le modèle d'organisation
du livre aux manuscrits qu'il ne veut pas publier de son vivant: il relie
ces «volumes-manuscrits», les illustre avec des gravures[79]. Et ces véri-

---

78. M. COLESANTI, «Stendhal e i congegni in margine», *Micromégas*, n° 11, janvier-avril
1978, p. 95-102.
79. J. NEEFS, «Stendhal, sans fins», *Le Manuscrit inachevé*, Paris, Éditions du CNRS,
1986, p.23. *Cf.* les actes du colloque *Écritures du romantisme I Stendhal*, études réunies et
présentées par B. DIDIER et J. NEEFS, Saint-Denis, Presses universitaires de Vincennes,
1988; S. SÉRODES, *Les Manuscrits autobiographiques de Stendhal. Pour une approche sémiotique*,
Genève, Droz, 1993 et «"Pas une gravure passable dans la maison!"», in *L'Année Stendhal*,
n° 2, 1998, p. 126.

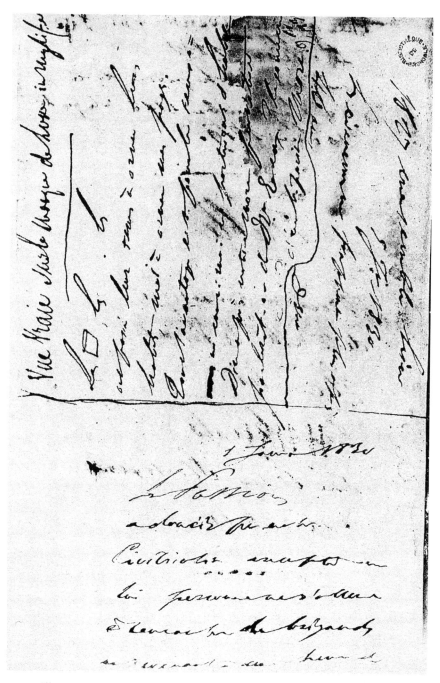

Ill. 13. Recueil factice *Elementari sulla poesia*, page de garde à la fin, verso
(Bibliothèque municipale, Grenoble).

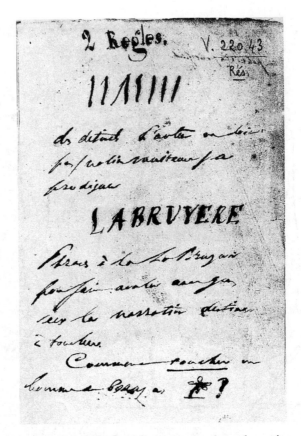

Ill. 14. Recueil factice *Elementari sulla poesia*, page de garde en tête, recto
(Bibliothèque municipale, Grenoble).

tables livres autographes, relus et annotés comme les autres livres, occupent eux aussi au même titre leur place dans les bibliothèques de l'écrivain.

La marge des livres – les siens et ceux des autres – est le lieu privilégié où coexistent, de façon casuelle ou concertée, des indices, traces ou empreintes[80], séparés ou entremêlés, d'une activité de lecture et d'écriture, des annotations intimes, personnelles, privées (de l'ordre du journal ou de l'autobiographie) et des proliférations d'idées. Lieu d'extension du moi dans sa double postulation égotiste et créatrice, espace interactif et polyphonique, le livre lu et annoté est un laboratoire arti-

---

80. D. FERRER, «Le matériel et le virtuel: du paradigme indiciaire à la logique des mondes possibles», *Pourquoi la critique génétique? Méthodes, théories*, sous la direction de M. CONTAT et D. FERRER, Paris, CNRS Éditions, 1998, p. 11-30.

sanal où s'accumulent et s'entreposent en strates inégales idées, faits, sensations, émotions, comme dans un «magasin de bonheur toujours sûr[81]». Des années de jeunesse à la maturité le livre est un viatique contre l'ennui et la tristesse. Rien ne vaut un livre, n'importe quel livre. «Combien le vil bouquin que vous rejetez sur les quais, pour quinze sous, me serait plus précieux dans ce coin de l'Afrique[82]!» écrit Stendhal à Mareste de la lointaine Civitavecchia, même si, dans son échelle personnelle des valeurs, l'écriture occupe la première place: «Tel est l'animal nommé écrivain. Pour qui a goûté de la profonde occupation d'écrire, lire n'est plus qu'un plaisir secondaire»[83]. Et les livres annotés de ses bibliothèques matérielles portent les traces de ce «plaisir», même si secondaire. À la chasse aux idées et à la chasse au bonheur, le lecteur Stendhal occupe les marges de l'imprimé, mais sans esprit de système ni méthode explicite. Il y a quelque chose de spontané, d'instinctif et de rapide dans ces annotations marginales jetées dans le corps de l'ouvrage. Suivant le point de vue adopté, ces marginales peuvent être envisagées, tour à tour ou à la fois, comme:

– un paratexte autographe avec – gloses – ou sans rapport avec le support imprimé – soit péritexte ou épitexte pour reprendre la terminologie de Genette[84];

– des matériaux autobiographiques – fragments de journal, notes d'agenda, notes préparatoires ou ébauches d'autobiographie;

– des matériaux de genèse – avant-texte «provisionnel» ou brouillon, matériau de la phase prérédactionnelle d'une œuvre en gestation ou en préparation[85];

– des matériaux de réécriture – après-texte ou corrections en vue d'une deuxième édition.

Qu'elles fournissent ou enregistrent des informations, qu'elles expriment des opinions, des sentiments, des sensations, qu'elles soient datées ou non, qu'elles aient ou non un rapport avec le support imprimé, les annotations marginales participent à cette phénoménologie de l'écriture stendhalienne. Il serait bien sûr tentant d'établir une

---

81. Lettre à Pauline du 4 juin 1810, *Correspondance*, Paris, Bibliothèque de la Pléiade, 1967-1968, t. I, p. 575. Sur lecture et bonheur, *cf.* la lettre à Pauline du 29 janvier 1803, *ibid.*, p. 48.

82. Lettre à Adolphe de Mareste du 17-21 mai 1831, *ibid.*, t. II, p. 298.

83. *Souvenirs d'égotisme, op. cit.*, p. 512.

84. G. Genette, *Seuils*, Paris, Le Seuil, 1987. En reprenant en partie et de façon plutôt discutable la terminologie de Genette, R. Ghigo Bezzola distingue épitexte privé, épitexte intime et avant-texte (*La postilla, una forma autobiografica stendhaliana*, Quaderni di Palazzo Sormani, n.15, 1992).

85. P.-M. de Biasi, «Qu'est-ce qu'un brouillon? Le cas Flaubert: essai de typologie fonctionnelle des documents de genèse», *Pourquoi la critique génétique?, op. cit.*, p. 41.

typologie pour mettre un peu d'ordre. Mais il est probablement plus fructueux d'observer des phénomènes récurrents et des manifestations variées, des constantes et des variantes, pour mieux saisir, sur le plan de l'écriture, les enjeux de ces fragments, excroissances greffées au texte imprimé et qui « sont autant de pierres d'attente sur le chemin de la création » comme l'observe Rannaud [86].

La spécificité des marginales stendhaliennes soulève la question de leur édition : comment décrire et transcrire ce corpus hétérogène ? Quelle que soit la solution adoptée, la plupart des éditions à notre disposition sont fragmentaires ou incomplètes. Elles isolent trop souvent les annotations de leur support imprimé ou introduisent des éléments ultérieurs de discontinuité, comme la division « inventée » par Martineau entre intime et littéraire[87], division reprise par Del Litto qui va lui ajouter par la suite, dans l'édition du *Journal* « reconstitué », le critère chronologique qui exclut de fait les annotations non datées[88]. Toutes ces éditions adoptent la solution de la transcription plus ou moins systématique du volume annoté, accompagnée par une description sommaire, un appareil critique souvent réduit au minimum et, là où cela est jugé nécessaire, par la citation du passage concerné.

Certains volumes ont eu la chance de bénéficier dans le passé d'une édition critique séparée, comme l'exemplaire de l'*Histoire de la peinture en Italie*, conservé à la bibliothèque universitaire d'Aix-en-Provence[89] et l'exemplaire Tavernier des *Promenades dans Rome* (collection privée[90]). Dans cette dernière édition chaque annotation est accompagnée d'un commentaire ponctuel et détaillé, un index facilite la consultation du volume, mais malheureusement Yves du Parc, dans le sillage de Martineau, sépare « feuilles de journal » – quarante-deux annotations transcrites en italiques et classées en ordre chronologique – et « additions et corrections aux *Promenades dans Rome* », au nombre de trente et une, transcrites en romain dans l'ordre du texte original cité en italiques. Par ailleurs un grand nombre d'essais portent l'accent, plus que sur la transcription philologique des annotations, sur la reconstitution des différentes sédimentations de lectures ponctuelles de Stendhal sur un ou plusieurs exemplaires du même livre. C'est le cas des deux

86. G. RANNAUD, « La marge et la pensée », *op. cit.*, p. 124.
87. STENDHAL, *Mélanges intimes et marginalia*, établissement du texte et préfaces par H. Martineau, Paris, Le Divan, 1936, 2 vol.
88. STENDHAL, « Marginalia », *Journal littéraire*, t. III, *op. cit.*, p. 211-384 ; « Marginalia (Addenda) », *Mélanges V. Littérature*, *op. cit.*, p. 155-181 ; *Œuvres intimes*, t. I-II, *op. cit.*
89. M. A. RUFF, *Feuillets inédits de Stendhal*, Paris, Corti, 1957.
90. Y. DU PARC, *Quand Stendhal relisait « Les Promenades dans Rome »*, Lausanne, Ed. du Grand Chêne, 1959.

éditions des *Mémoires* de Saint-Simon – Treuttel et Sautelet –, qui font l'objet d'une étude approfondie de Théo Gieling qui transcrit, confronte et commente les annotations stendhaliennes[91]. Ce type de travail a l'avantage d'insérer la note marginale dans un contexte substantiel de lecture et d'élaboration intellectuelle ; mais il risque de laisser de côté des annotations jugées non pertinentes ou peu intéressantes et d'opérer ainsi une sélection arbitraire.

Tout en tenant compte des abondants travaux accomplis jusqu'ici, il serait sans doute nécessaire de mettre au point un protocole de transcription qui tienne compte des coordonnées matérielles concrètes des *marginalia* – encre ou crayon, support –, de leur situation typographique, de leur rapport, ou de leur non-rapport, avec le « contexte » imprimé, de la datation explicite ou implicite, afin d'établir une édition des marginales plus fiable ; et il reste encore à améliorer et à compléter les transcriptions déjà existantes, à tenter de déchiffrer les annotations illisibles ou sibyllines. Il est indéniable que, au-delà de choix éditoriaux parfois discutables, les limites typographiques de l'édition papier affaiblissent le lien entre note marginale et contexte. Dans cette perspective l'édition électronique semble la meilleure solution pour ne pas trahir cet « hypertexte de papier[92] ».

APPENDICE

Fonds stendhaliens publics
Pour dresser cet inventaire, je suis partie de la liste faite par V. Del Litto et Ph. Hamon dans leur *Catalogue du fonds Stendhal* (*op. cit.*, p. 124-129), des catalogues existants déjà abondamment cités (Grenoble, Bucci, Primoli) et de contrôles faits sur place, complétés par les mises à jour du *Stendhal-Club* et de *L'Année Stendhal*. Pour la bibliographie je renvoie à mon *Stendhal : marginalia e scrittura* (*op. cit.*, p. 193-213).
Pour chaque fonds, j'indique deux chiffres : le nombre de volumes et le nombre de titres.

France :
– Bibliothèque municipale, Grenoble : 51/33 ;
– Bibliothèque nationale de France, Paris : 31/9 ;
– Bibliothèque J. Doucet, Paris : 23/15 ;

---

91. Th. GIELING, « Stendhal lecteur de Saint-Simon », *Stendhal Club*, n. 24, 15 juillet 1964, p.284-295 ; n° 25, 15 octobre 1964, p.21-38 ; n° 26, 15 janvier 1965, p.100-112.
92. J.-L. LEBRAVE, art. cit., p.21.

– Institut de France, Paris : 6/1 ;
– Bibliothèque du ministère des Affaires étrangères, Paris : 1/1 ;
– Bibliothèque communale, Nantes : 2/1 ;
– Bibliothèque universitaire, Aix-en-Provence : 2/1.

Italie :
– Biblioteca comunale, Milan, fondo Bucci : 974/493 ;
– Biblioteca comunale, Milan, fondo Pincherle : 4/3 ;
– Biblioteca Braidense, Milan : 7/3 ;
– Fondo Vinciano, Milan : 1/1 ;
– Accademia delle Scienze, Turin : 2/1 ;
– Biblioteca Primoli, Rome : 26/17 ;
– Biblioteca Nazionale Vittorio Emmanuele, Rome : 3/2 ;
– Biblioteca dell'Istituto di Archeologia e Storia dell'Arte, Rome : 2/1.

Lettonie :
– Bibliothèque d'Etat, Riga : 1/1.

États-Unis :
– Pierpont Morgan Library, New York : 2/1.

LA BIBLIOTHÈQUE
D'ARTHUR SCHOPENHAUER

Sandro Barbera

Les 172 œuvres en 242 volumes conservés aux *Schopenhauer Archiv* de la *Literaturhaus* de Francfort-sur-le-Main représentent ce qui reste aujourd'hui de la bibliothèque que le philosophe avait constituée, depuis ses premières années d'étude jusqu'à la fin de sa vie. Il s'agit d'une petite partie des livres qu'il avait légués par testament à son futur biographe Wilhelm Gwinner, à l'exception des volumes de Kant qu'il utilisait comme exemplaires de travail, et dont hérita, avec ses manuscrits, l'élève de Schopenhauer, Frauenstädt. Un témoignage de Foucher de Careil, datant de 1839, parle d'une bibliothèque de « près de trois mille volumes[1] », et ce même chiffre est mentionné par Wilhelm Gwinner[2], tandis que le catalogue dressé en 1861, aussitôt après la mort de Schopenhauer, dénombre 1 410 titres, incluant naturellement les mélanges, les publications périodiques et les œuvres complètes en plusieurs volumes et éditions comme celles d'Aristote, Platon, Spinoza, Goethe, Calderón, etc. Dans le catalogue qu'Arthur Hübscher a reconstitué et publié en 1968, on dénombre enfin 1 848 titres[3].

Pour nous faire une idée très approximative de l'extension et de la nature de cette bibliothèque, nous pouvons ajouter qu'elle comprenait 764 titres de philosophie, théologie et sciences religieuses, incluant pratiquement tous les classiques de la philosophie antique et moderne ;

---

1. « Introduit dans sa bibliothèque, j'y ai vu près de trois mille volumes, qu'au contraire de bien de nos modernes amateurs, il avait presque tous lus » (A. Schopenhauer, *Gespräche*, hrsg. von A. Hübscher, Stuttgart, Bad Cannstadt, 1971, p. 364).
2. W. Gwinner, *Schopenhauers Leben*, Leipzig, 1910, p. 281.
3. A. Schopenhauer, *Der Handschriftliche Nachlaß*, hrsg. von A. Hübscher, vol. V (*Randschriften zu Büchern*), Munich, DTV, 1985 (réimpression de l'édition de 1968). Dans l'Introduction au volume, p. VII-XXXVII, Hübscher reconstruit l'histoire de la bibliothèque de Schopenhauer après sa mort, histoire que nous traitons ici synthétiquement. Le Dr. Stollberg, conservateur au *Schopenhauer Archiv*, prépare actuellement une étude sur l'histoire de la bibliothèque de Schopenhauer.

206 titres de sciences naturelles, même si à Francfort l'auteur fréquentait périodiquement la bibliothèque Seckenberg, spécialisée dans la littérature scientifique; 115 volumes sur les visions des esprits, le mesmérisme, le magnétisme animal et l'oniromancie; 545 ouvrages de littérature antique et moderne; 145 volumes sur les cultures orientales et de l'Inde, parmi lesquels les volumes des «Asiatic Researches» que Schopenhauer avait acheté à la vente aux enchères de la bibliothèque d'August Wilhelm Schlegel, l'une des nombreuses ventes auxquelles l'auteur avait participé, comme en témoigne sa correspondance[4]. Les volumes restants sont divisés entre les sections d'histoire, de géographie et des comptes rendus de voyage. Sur chaque volume figurait un ex-libris représentant les armes de la famille Schopenhauer (ill. 1), sauf sur ceux qui n'étaient pas considérés dignes d'en être ornés, comme par exemple la *Phénoménologie de l'esprit* de Hegel.

Pour des raisons de place, Gwinner s'était très vite débarrassé de la bibliothèque, n'en conservant que les quatre cents volumes les plus précieux, et avait ainsi amorcé cette «dispersion aux quatre vents», ainsi que l'a qualifiée Arthur Hübscher, à laquelle il n'a pas été possible de s'opposer, sinon pour une infime partie. D'autant moins qu'un tiers

Schopenhauer,

Ill. 1. Ex-libris représentant les armes de la famille Schopenhauer.

4. Voir la lettre à Eduard Böcking du 19 novembre 1845, (A. SCHOPENHAUER, *Gesammelte Briefe,* hrsg. von A. Hübscher, Bonn, Bouvier 1978, p. 224). Cette lettre, ainsi que la précédente du 18 novembre 1845, à la librairie Barth de Leipzig (p. 223) sont un parfait exemple du talent commercial de Schopenhauer, qui ne laissait jamais les personnes chargées par lui d'acheter des livres sans une indication du prix maximal à payer.

environ des volumes possédés par la famille puis par la fondation Gwinner, furent détruits au cours de la Seconde Guerre mondiale.

À sa mort, en 1860, Schopenhauer jouissait déjà d'une grande célébrité; en 1873 furent publiées les œuvres complètes, en 1864 eut lieu une première publication partielle de ses manuscrits qui fut rapidement suivie par d'autres. Il apparaît alors d'autant plus étrange qu'au cours de ces années aucune attention n'ait été portée à la bibliothèque de Schopenhauer, ni de la part du public averti, ni de celle de ses admirateurs alors nombreux, ni même de la part des institutions culturelles. Il n'y eut pas non plus la moindre tentative de restaurer l'intégrité de cette bibliothèque, alors qu'il aurait encore été possible de le faire.

Même dans la littérature scientifique, déjà abondante à l'époque, le cas de la bibliothèque de Schopenhauer reste complètement ignoré. Mais surtout, personne ne prend conscience que cette bibliothèque, à la différence des bibliothèques contemporaines, se distingue particulièrement par l'abondance des notes présentes en marge ou au bas des pages (notes d'une taille parfois importante), par les soulignements effectués par Schopenhauer lui-même, par les dessins et les nombreux renvois que le philosophe écrivait en réaction à une première lecture ou suite à une relecture du texte.

Ces caractéristiques avaient été signalées pour la première fois dans une publication de type commercial et publicitaire. Parmi les catalogues de vente aux enchères signalant la vente de volumes provenant de la bibliothèque de Schopenhauer (nous en connaissons quatre, entre 1866 et 1880[5]), le dernier en date, celui du libraire Baer de Francfort, comprenait une section intitulée *Schopenhauers Randglossen* et recommandait les précieux autographes aux « zahlreichen Verehrern des großen Mannes ».

La première publication des annotations et signes de Schopenhauer sur les livres de sa bibliothèque qui n'ait pas une finalité commerciale, fut celle de 1888, *Edita et Inedita Schopenhaueriana* par le poète Eduard Grisebach, auteur lui aussi d'une biographie de Schopenhauer et bibliomane connu en son temps comme « der Generalissimus der Bibliophilie ». Le volume de Grisebach, qui contenait aussi une reconstruction du catalogue de la bibliothèque, tentait de donner une idée claire et fidèle de la nature de ces annotations, en les reproduisant à côté du texte.

---

5. Parmi tous les catalogues de ces ventes, toutes organisées par le libraire Baer de Francfort, il ne manque aujourd'hui que celui du 8 février 1869. Voir à ce sujet l'introduction de Hübscher aux *Randglossen zu Büchern*, p. XXIII.

Dans l'illustration 2, nous voyons un exemple de la procédure entreprise par Grisebach à propos de la *Metakritik zur Kritik der reinen Vernunft* de Herder. Grisebach résume et cite partiellement le texte de Herder, et il reproduit dans son intégralité l'annotation de Schopenhauer. Le texte est cité intégralement uniquement quand cela est indispensable à la compréhension de l'annotation qui est bien souvent, et c'est le cas ici, un mot d'esprit. Schopenhauer commente la phrase de Herder : « ce qui pour toi est incompréhensible, laisse-le donc incompris » avec les mots suivants : « comme par exemple la *Critique de la raison pure* ». Grisebach reproduit aussi les signes de lecture, comme nous le montre l'exemple en illustration 3, extrait d'une œuvre de Pope.

Il est intéressant cependant d'observer que Grisebach ne tente même pas approximativement de dater les annotations, bien qu'il soit un grand connaisseur des variations et des phases de la graphie de Schopenhauer, dont il publiera d'ailleurs dans les années 1891-1893 une édition des papiers posthumes.

En 1930 fut mise en vente à Berlin la bibliothèque de Grisebach, incluant soixante volumes provenant eux-mêmes de la bibliothèque de Schopenhauer et à cette occasion fut édité un important catalogue

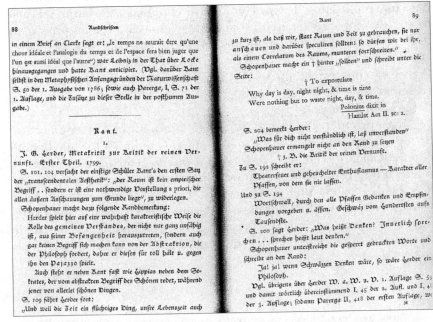

Ill. 2. Annotations de Schopenhauer à la *Metakritik zur Kritik der reinen Vernunft* de Herder, *in* Eduard Grisebach, *Edita et Inedita Schopenhaueriana*, 1888.

Ill. 3. Annotations de Schopenhauer à une œuvre de Pope,
in Eduard Grisebach, *Edita et Inedita Schopenhaueriana*, 1888.

contenant de nombreux échantillons de pages annotées ou dessinées par Schopenhauer en fac-similés. Ce catalogue – soixante volumes mis en vente, avec de «nombreuses notes en marge manuscrites pour une bonne partie jusque-là encore inconnues» – s'adressait explicitement aux bibliomanes et aux passionnés de Schopenhauer, prêts à considérer comme une relique chaque autographe du philosophe, et n'avait naturellement aucune prétention scientifique. Les nombreuses pages en fac-similés introduites dans le texte avaient été choisies uniquement dans le but de solliciter la curiosité des collectionneurs d'autographes, et non sur la base d'une éventuelle importance scientifique.

Toutefois, grâce à ce catalogue, il était alors possible de se faire une idée claire en ce qui concerne l'ampleur et la précision des interventions de Schopenhauer sur les textes imprimés, comme nous le montre, par exemple, la reproduction de l'illustration 4, les annotations au *Système du monde* de Laplace. On peut constater que les annotations de Schopenhauer sont en français, le philosophe ayant en effet l'habitude

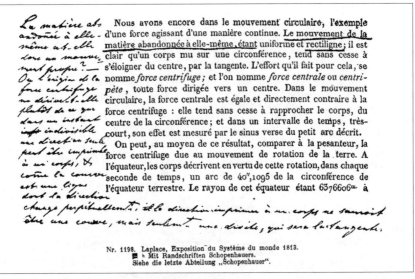

Ill. 4. Annotations de Schopenhauer au *Système du monde* de Laplace.

de se conformer à la langue du texte qu'il lisait (l'exemple le plus frappant étant les nombreuses annotations en latin à l'*Ethique* de Spinoza). Ce cas, comme de nombreux autres, est d'autant plus significatif qu'aucun écho à ces annotations ne se retrouve dans les notes ou dans les pensées manuscrites. De tels cas constituent, bien que limités à des aspects particuliers, un témoignage unique de la réflexion de Schopenhauer.

Il peut être utile, pour mieux illustrer cet aspect et les possibilités entrouvertes par l'étude de la bibliothèque, de fixer notre attention sur l'exemplaire du *System der Ethik* de Fichte conservé au *Schopenhauer-Archiv* de Francfort. On sait combien fut grande l'importance de Fichte pour la genèse du système de Schopenhauer et quelques-uns de ses concepts centraux, comme ceux de «volonté», de «double conscience», du corps comme «objet-immédiat», etc. On trouve en effet de nombreuses réflexions et annotations sur Fichte dans les cahiers de leçons et dans les notes du jeune Schopenhauer (les *Vorlesung-* et *Studienhefte*), dans lesquels le jeune homme recueillait gloses et réflexions sur les textes philosophiques qu'il lisait, en particulier sur Kant, Fries, Schelling et Fichte. Grâce à ces notes, nous savons par exemple que Schopenhauer considérait comme particulièrement «dignes d'être lues», écrit-il, certaines pages du *System der Ethik*. Cependant, seul un examen de sa bibliothèque peut nous donner l'indication précise sur les pages qui suscitèrent son intérêt.

L'illustration 5 reproduit le frontispice de l'œuvre de Fichte où Schopenhauer a ajouté à la main près du titre : « *O sia* (en italien : "c'est-à-dire", puis effacé) Système du fatalisme moral ». Le livre nous donne aussi, comme nous le voyons dans l'illustration 6, un bel exemple du fait que Schopenhauer utilisait parfois le dessin, et ici avec une intention burlesque. Mais cette fois, la plaisanterie est une manifestation de sa polémique permanente contre toute déformation métaphorique du langage que le philosophe considérait comme une stratégie spécifique de la philosophie idéaliste et qu'il jugeait délétère. Il redonne alors au « *sich setzen* » de Fichte (se mettre, se poser) son sens littéral de « s'asseoir » et il dessine à côté du mot une chaise.

Revenons maintenant à des choses plus sérieuses, c'est-à-dire au rapport entre les annotations qui se trouvent dans les manuscrits et celles de la bibliothèque. À la page XVII du livre de Fichte que nous voyons à l'illustration 7, le plus intéressant n'est pas la longue annotation elle-même mais plutôt les soulignements et les signes présents en marge. Ceux-ci déterminent, comme problème central du texte de Fichte, la relation existant entre séparation et unité d'action corporelle avec l'acte de volonté, lesquels apparaissent comme une même réalité

Ill. 5. Frontispice du *System der Ethik* de Fichte annoté par Schopenhauer.

> wollen nicht etwa ein Denken aus einem Seyn an
> sich folgern; denn das Ich ist nur für sein Wissen,
> und in seinem Wissen. Es ist vielmehr von einem
> ursprünglichen Systeme des Denkens selbst, einer ur-
> sprünglichen Verkettung der Vernunftaussprüche unter
> sich selbst, und mit sich selbst, die Rede. — Das Ver-
> nunftwesen setzt sich absolut selbstständig, weil es
> selbstständig ist, und es ist selbstständig, weil es sich so
> setzt; es ist in dieser Beziehung Subject-Object = X.
> Wie es sich nun so setzt, setzt es sich theils frei, in der
> oben bestimmten Bedeutung des Worts, theils ordnet es
> seine Freiheit unter, dem Gesetze der Selbstständig-
> keit. Diese Begriffe sind der Begriff seiner Selbst-
> ständigkeit; und der Begriff der Selbstständigkeit
> enthält diese Begriffe: beides ist völlig Eins und
> dasselbe.
>
> Gewisse

Ill. 6. Dessin de Schopenhauer en commentaire du « sich setzen »
du *System der Ethik* de Fichte.

vue à travers deux perspectives différentes. Il s'agit donc, comme le savent bien les lecteurs du *Monde comme volonté et représentation,* du problème qui est au centre de la réflexion de Schopenhauer sur la double connaissance du corps, c'est-à-dire sur ce qu'il appelle lui-même « la pierre angulaire » de son système.

Les informations que nous fournissent les soulignements sont une fois encore bien plus intéressantes que celles provenant des annotations relevées à la page 53, par exemple. Ces annotations, qui discutent du thème de la « Begreiflichkeit » de l'impératif catégorique, ne s'éloignent pas de ce que Schopenhauer écrit à ce sujet dans ses *Studienhefte* et donc, elles n'ont qu'une valeur de confirmation et n'apportent rien de nouveau par rapport aux notes manuscrites. Je donnerai plus tard un autre exemple, extrait des volumes de la *Recherche de la vérité* de Malebranche, de l'importance que peuvent avoir les simples souligne-ments et les interventions même minimes sur les textes, pour les spécia-listes du philosophe. Revenons à présent à notre sujet principal.

Quatre ans avant la publication du catalogue de vente de la biblio-thèque de Grisebach, en 1926, fut édité, par l'avocat viennois Robert

XVII

Das durch ~~~~ Wirksamkeit veränderliche Ding, oder die *Beschaffenheit* der Natur ist ganz dasselbe, was das unveränderliche, oder die blosse Materie ist; nur angesehen von einer andern Seite: eben so wie oben die Kausalität des Begriffs auf das objective, von zwei Seiten angesehen, als Wille und als Leib erschien. Das veränderliche ist die Natur, subjectiv, und mit mir, dem thätigen in Verbindung, angesehen; das unveränderliche, dieselbe Natur, ganz und lediglich objectiv angesehen, und unveränderlich, aus den oben angezeigten Gründen.

- Alles in der Wahrnehmung unsrer sinnlichen Wirksamkeit liegende Mannigfaltige ist gegenwärtig aus den Gesetzen des Bewufstseyns abgeleitet, wie gefodert wurde, wir finden als letztes Glied unsrer Folgerungen dasselbe, wovon wir ausgingen, unsere Untersuchung ist in sich selbst zurückgelaufen, und also geschlossen.

Das Resultat derselben ist kürzlich folgendes. Das einzige absolute, worauf alles Bewufstseyn, und alles Seyn sich gründet, ist reine Thätigkeit. Diese erscheint, zufolge der Gesetze des Bewufstseyns, und insbesondere zufolge seines Grundgesetzes, dafs das thätige nur als vereinigtes Subject, und Object, (als *Ich*) erblickt werden kann, als *Wirksamkeit auf* etwas aufser mir. Alles, was in dieser Erscheinung enthalten ist, von dem mir absolut durch mich selbst gesetz-

Ill. 7. Annotations et soulignements de Schopenhauer à la page XVII du *System der Ethik* de Fichte.

Gruber, un volume rassemblant les *Randbemerkungen zu den Hauptwerken Kants*, c'est-à-dire les annotations écrites sur les volumes de Kant que Schopenhauer utilisait comme exemplaires de travail, dont hérita Frauenstädt dans un premier temps et qui furent ensuite achetés par Gruber. Le travail de Gruber fut publié par Paul Deussen comme treizième volume des *Œuvres* de Schopenhauer auprès de l'éditeur Piper de Munich et ce à partir de 1911. Dans cette édition était prévue, en outre, la publication dans l'ordre chronologique de l'ensemble des papiers posthumes, mais elle ne fut malheureusement pas menée à son terme. Le critère adopté par Gruber était celui de reproduire aussi bien le texte de Kant (bien souvent la page entière), que les notes de Schopenhauer et ce, d'une part en respectant leur localisation originale sur la page, mais aussi en reproduisant les signes de renvoi. Les volumes sur lesquels Gruber travaillait ont été malheureusement perdus et la seule preuve aujourd'hui qui nous reste pour tester sa méthode, est l'unique exemplaire de fac-similé que Gruber inséra dans le volume.

L'illustration 8 nous montre le fac-similé de la page 131 de la *Critique de la raison pure*, dans sa cinquième édition de 1799 (identique à la seconde) : comme on peut le voir, on trouve des mots soulignés auxquels se réfèrent, grâce à des signes graphiques particuliers, les annotations figurant en marge (voir en particulier les mots «Einheit gegebener Begriffe» que Schopenhauer a soulignés).

L'illustration 9 nous montre la même page, mais cette fois-ci reproduite par Gruber en deux pages. Le paragraphe 16 se trouve en haut de la page de droite dans la reproduction, alors qu'à l'origine il occupait la fin de la page. J'ai mis ici en évidence les termes «Einheit gegebener Begriffe», et l'on peut facilement observer que Gruber ne s'attache nullement à en signaler le soulignement. Il s'affranchit donc, sans aucune raison apparente (vu que le typographe n'aurait eu aucun problème à reproduire les soulignements), de la méthode de son prédécesseur Grisebach. D'autre part, dans un autre exemplaire de la *Critique de la raison pure* utilisé lui aussi comme exemplaire de travail par Schopenhauer, des parties entières du texte sont commentées uniquement à l'aide de soulignements et de brèves interjections. Il s'agit ici de la première édition de 1781, que Schopenhauer lira seulement plus tard et dont Gruber ne fait pas mention, mais qui heureusement est aujourd'hui conservée au *Schopenhauer Archiv*.

En tout cas, même les textes édités par Gruber, qui sont accompagnés de notes explicatives très scrupuleuses, suffisent à eux seuls pour rendre compte de l'utilité de la bibliothèque pour compléter, même sur des points décisifs, notre vision de l'ensemble des manuscrits de Schopenhauer. Illustrons notre propos par un exemple simple et rapide : toujours extrait de la cinquième édition de la *Critique* de Kant, prenons la page sur laquelle figure le début du chapitre sur le schématisme transcendantal. Dans les différentes notes manuscrites qui constituent les éléments préparatoires à la *Critique de la philosophie kantienne* publiée dans *Le Monde comme volonté et comme représentation,* la polémique contre la notion de schéma (qui est définie ici comme une « monstruosité ») provient directement du fait que celui-ci annule un principe fondamental de la théorie de la connaissance de Schopenhauer, c'est-à-dire la différence entre intuition et concept, en tentant d'en faire une synthèse impropre. Mais c'est seulement grâce aux annotations relevées en marge et publiées par Gruber que nous savons – et ça n'est pas rien ! – que Schopenhauer, pour venir à bout de ces pages énigmatiques de la *Critique*, chemin de croix de toute la philosophie post-kantienne, se rapporte (comme on peut le voir ici) à un autre texte : la lettre de Kant à Tieftrunk de décembre 1797. Dans l'annotation de Schopenhauer, on peut en effet lire : « Une explication authentique de cet obscur chapitre sur le schématisme est fournie par une lettre de Kant, reproduite dans la *Denklehre* de Tieftrunk. »

Si l'on ne tient pas compte des problèmes d'espaces (du fait qu'il avait à sa disposition un volume complet pour rendre compte des annotations concernant les seules œuvres de Kant), la supériorité de critères éditoriaux de Gruber apparaît évidente par rapport à ceux qui furent suivis plus tard, en 1968, par Arthur Hübscher. Dans les années 1960, Hübscher nous a fourni une édition incomplète, mais cependant satisfaisante des manuscrits, édition devenue depuis une référence obligée pour tous les spécialistes de Schopenhauer. Dans le cinquième et dernier volume, Hübscher a reconstitué le catalogue de la bibliothèque et a reproduit une part considérable des annotations en marge faites par le philosophe. Il indique aussi les pages dans lesquelles elles se trouvent et assez souvent il cite même une partie du texte auquel elles se réfèrent. Hübscher adopte donc une méthode que l'on peut voir comme une méthode inévitable étant donné le support-papier dont il se sert ; il nous apparaît cependant évident que ce cinquième volume de l'édition des manuscrits souffre d'insurmontables défauts : tout d'abord son degré de lisibilité est très faible. Ensuite, et à la différence de la méthode de Gruber, celle de Hübscher ne permet pas de rendre compte de la continuité qui existe entre l'annotation en marge ou en bas de page et le texte auquel elle se réfère, risquant ainsi de conduire le lecteur à attribuer improprement une valeur absolue à l'annotation. Enfin, Hübscher renonce à nous informer (sinon de façon très générique, en en signalant simplement la présence dans le volume) sur la série des signes et des renvois qui nous permettent de repérer exacte-

2. Abschn. Transsc. Deduct. d. reinen Verst.-Begr. 131

gen *). Die Vorstellung dieser Einheit kann also nicht aus der Verbindung entstehen, sie macht vielmehr dadurch, daß sie zur Vorstellung des Mannigfaltigen hinzukommt, den Begriff der Verbindung allererst möglich. Diese Einheit, die a priori vor allen Begriffen der Verbindung vorhergeht, ist nicht etwa jene Categorie der Einheit (§. 10.); denn alle Categorien gründen sich auf logische Functionen in Urtheilen, in diesen aber ist schon Verbindung, mithin Einheit gegebener Begriffe gedacht. Die Categorie setzt also schon Verbindung voraus. Also müssen wir diese Einheit (als qualitative §. 12.) noch höher suchen, nämlich in demjenigen, was selbst den Grund der Einheit verschiedener Begriffe in Urtheilen, mithin der Möglichkeit des Verstandes, sogar in seinem logischen Gebrauche enthält.

§. 16.

Von der ursprünglich-synthetischen Einheit der Apperception.

Das: Ich denke, muß alle meine Vorstellungen begleiten können; denn sonst würde etwas in mir vorgestellt wer-

J 2

*) Ob die Vorstellungen selbst identisch sind, und also eine durch die andere analytisch konnte gedacht werden, das kommt hier nicht in Betrachtung. Das Bewußtseyn der einen ist, so fern vom Mannigfaltigen die Rede ist, vom Bewußtseyn deranderen doch immer zu unterscheiden, und auf die Synthesis dieses (möglichen) Bewußtseyns kommt es hier allein an.

Ill. 8. Fac-similé de la page 131 de la *Critique de la Raison pure* de Kant.

§ 16.
Von der ursprünglich-synthetischen Einheit der Apperception.

Das: Ich denke, muß alle meine Vorstellungen begleiten
5 können; denn sonst würde etwas in mir vorgestellt [132] werden, was gar nicht gedacht werden könne, Γ welches eben soviel
heißt, als die Vorstellung würde entweder unmöglich, oder wenig-
stens für mich nichts seyn. Diejenige Vorstellung, die vor allem
Denken gegeben seyn kann, heißt Anschauung. Also hat alles
10 Mannigfaltige der Anschauung eine nothwendige Beziehung auf
das: Ich denke, in demselben Subject, darin dieses Mannigfaltige angetroffen wird. F Diese Vorstellung aber ist ein Actus
der Spontaneität, d. i. sie kann nicht als zur Sinnlichkeit
gehörig angesehen werden. Ich nenne sie die reine Appercep-
15 tion, um sie von der empirischen zu unterscheiden, oder auch die
ursprüngliche Apperception, weil sie dasjenige Selbstbewußtseyn ist, was, indem es die Vorstellung Ich denke hervor-
bringt, die alle andere muß begleiten können, und in allem Bewußtseyn ein und dasselbe ist, von keiner weiter begleitet wer-
20 den kann. Ich nenne auch die Einheit derselben die transcen-
dentale Einheit des Selbstbewußtseyns, um die Möglichkeit der
Erkenntniß a priori aus ihr zu bezeichnen. Denn die mannigfaltigen Vorstellungen, die in einer gewissen Anschauung gegeben werden, würden nicht insgesammt meine Vorstellungen
25 seyn, wenn sie nicht insgesammt zu einem Selbstbewußtseyn
gehöreten, d. i. als meine Vorstellungen (ob ich mich ihrer gleich
nicht als solcher bewußt bin) müssen sie doch der Bedingung
nothwendig gemäß seyn, unter der sie allein in einem allgemei-
nen Selbstbewußtseyn zusammenstehen können, weil sie sonst
30 nicht durchgängig mir [133] angehören würden. Aus dieser
ursprünglichen Verbindung läßt sich vieles folgern.

Nämlich diese durchgängige Identität der Apperception
eines in der Anschauung gegebenen Mannigfaltigen enthält
eine Synthesis der Vorstellungen, und ist nur durch das Be-
35 wußtseyn dieser Synthesis möglich. Denn das empirische Bewußtseyn, welches verschiedene Vorstellungen begleitet, ist an
sich zerstreut und ohne Beziehung auf die Identität des Subjects. Diese Beziehung geschieht also dadurch noch nicht, daß
ich jede Vorstellung mit Bewußtseyn begleite, sondern daß ich
40 eine zu der andern hinzusetze und mir der Synthesis derselben
bewußt bin. Also nur dadurch, daß ich ein Mannigfaltiges ge-

Γ soll das heißen: „alles Vorstellen ist Denken"; so ist's nicht wahr: — soll es heißen: „kein Objekt ohne Subjekt; so ist's schlecht ausge-drückt.

F Dann müssen die Thiere entweder denken, oder auch nicht anschauen.

Die Identität des Bewußtseins, beim Wechsel unzähliger Vorstellungen, d. i. die Individualität der Person, ent-springt aus dem Willen, dessen er-

---

¹¹ Nach „Subjects" mit Bleistift ein ? eingezeichnet.

Ill. 9. Page 131 de la *Critique de la Raison pure* de Kant reproduite par Robert Gruber.

ment les passages qui ont attiré particulièrement l'attention de Schopenhauer au cours de la lecture qu'il fit des textes. Le volume de Hübscher est en définitive un instrument indispensable uniquement pour ceux qui ont la possibilité de consulter directement les volumes de la bibliothèque ; ou encore, en profitant de la gentillesse du directeur du Schopenhauer-Archiv, de s'en faire envoyer les photocopies (hélas coûteuses).

Tout cela paraîtra évident, je l'espère, grâce à l'exemple suivant que je tire de l'œuvre de Malebranche *De la recherche de la vérité*. L'exemplaire de cette œuvre ne comporte pas une grande quantité d'annotations. Celles-ci sont rares et très courtes, et se limitent à quelques boutades pleines de sarcasmes sur des sujets pas vraiment essentiels. Ces boutades, Hübscher les rapporte très fidèlement, mais elles ne nous aident guère à comprendre l'importance énorme que Schopenhauer attribue à l'œuvre de Malebranche, dans *Le Monde comme volonté et comme représentation* mais aussi ailleurs. Comme dans le cas de Fichte, il suffit de considérer les soulignements et les signes en marge, dont Hübscher ne fit que signaler l'existence. Ceux-ci se concentrent dans le passage dans lequel Malebranche ramène les causes naturelles à des causes occasionnelles au travers desquelles s'exprime la volonté de Dieu.

Ces soulignements sont d'une grande importance et constituent un témoignage unique, car ils permettent de voir comment la doctrine des causes occasionnelles a pu devenir le modèle pour le type particulier du dualisme de Schopenhauer, dans lequel mouvement et volition constituent deux entités hétérogènes non liées par la causalité, mais de façon telle qu'elles trouvent leur unité sur le plan métaphysique de la volonté unique, ce que Malebranche appelle la « Volonté de Dieu ». Il est pour cela très impressionnant de remarquer la petite correction que Schopenhauer apporte au texte de Malebranche, lorsque de manière presque imperceptible, dans l'illustration 10, il transforme les termes de « Volonté de Dieu » en « volonté » : cette correction indique donc alors la totale adhésion de la part de Schopenhauer au modèle de Malebranche de la cause occasionnelle, une adhésion que l'on peut vérifier uniquement grâce à la confrontation entre le texte philosophique et le matériel qui nous est fourni par la bibliothèque.

J'en arrive à présent à la fin de mon exposé : j'ai effleuré plus d'une fois le problème du rôle que joue la connaissance de la bibliothèque de Schopenhauer en vue de la reconstruction de la genèse de sa philosophie. Je tiens cependant à une précision : je ne soutiens nullement la nécessité de connaître chaque petit gribouillage présent dans les livres du philosophe : je suis convaincu du fait que l'édition des manuscrits

> juſtifiera-t-on pas , ſi l'on prend pour juges les ſens,
> auſquels preſque tòus les préjugez doivent leur naiſ-
> ſance, ainſi que j'ai fait voir dans la *Recherche de la*
> *Verité*.
>
> Quand je vois une boule qui en choque une autre,
> mes yeux me diſent , ou ſemblent me dire , qu'elle
> eſt veritablement cauſe du mouvement qu'elle lui im-
> prime : car la veritable cauſe qui meut les corps ne
> paroît à mes yeux. Mais quand j'interroge ma rai-
> ſon , je vois évidemment , que les corps ne pouvant
> ſe remüer eux-mêmes , & que leur force mouvante
> n'étant que la volonté de Dieu qui les conſerve ſuc-
> ceſſivement en differens endroits , ils ne peuvent
> communiquer une puiſſance qu'ils n'ont pas , &
> qu'ils ne pourroient pas mêmes communiquer
>   quand

Ill. 10. Page de *De la recherche de la vérité* de Malebranche.

n'a été, jusqu'à présent, utilisée que de manière superficielle, de sorte qu'en l'état actuel des études sur Schopenhauer, l'analyse de la bibliothèque peut probablement sembler un effort inutile, voire superflu, à réserver pour des temps meilleurs.

Cela serait vraiment le cas, si les manuscrits n'étaient pas déficients pour nous éclairer sur certains passages de la réflexion de Schopenhauer et sur la formation de sa pensée ; alors que bon nombre d'informations peuvent être tirées de la bibliothèque. Un de ces différents passages concerne la délicate question de l'intérêt porté par Schopenhauer à la pensée et aux religions indiennes. J'ai choisi un seul exemple dans le vaste secteur de la bibliothèque dédié aux «Orientalia». Au *Schopenhauer Archiv* sont conservés les deux gros volumes de l'*Oupenk'hat* sur lesquels Schopenhauer travaillait et prenait des notes. Il s'agit de la traduction latine et des notes et commentaires de cinquante Upanishad en version persane publiée en 1801 par Anquetil Duperron. Schopenhauer emprunte pour la première fois cette œuvre en 1813, à Weimar, ville où il habitait chez sa mère, et qui était alors un centre d'études et de publications sur l'Orient (comme par exemple l'«Asiatisches Magazin» de Klaproth, que l'on retrouve dans la bibliothèque de Schopenhauer). La même année, Schopenhauer achète un exemplaire de l'*Oupenk'hat* qui l'accompagnera toujours comme un véritable livre de chevet et qu'il décrira dans les *Parerga,* comme « la consolation de toute ma vie qui sera aussi celle de ma mort », un livre donc qui constitue à lui seul un cas absolument exceptionnel dans toute sa bibliothèque. Sur les volumes, on retrouve en effet, écrites par la main de Schopenhauer, les traces des innombrables lectures qu'il fit au cours de toute son activité et que l'on retrouve sous forme d'observations, de réflexions et même de retranscriptions de matériels d'études tirés d'autres textes. L'exemplaire de l'*Oupenk'hat* de Schopenhauer devient alors son véritable carnet de notes pour ce qui concerne toute cette partie de ses études, se substituant ainsi aux cahiers manuscrits. Un fait, et non des moindres, prouvant ce qui vient d'être avancé est le soin méticuleux porté à la graphie de certaines notes, laissant croire, non pas à la transcription d'une impression ou d'une réaction immédiate du lecteur, mais bien plutôt à la rédaction définitive d'un concept.

Sur l'illustration 11, on remarque avant tout le soin avec lequel Schopenhauer, qui ne connaissait pas le sanskrit, affronte l'étude des Upanishad en confrontant la traduction d'Anquetil Duperron avec d'autres traductions apparues au cours des années successives, et dans le cas présent avec la traduction anglaise de Carey, dont il transcrit les passages en marge. En marge en haut de la page que nous voyons maintenant à l'illustration 12, se trouvent énumérées certaines de ces traductions (« Anglica, Gallica ») auxquelles sera confrontée celle d'Anquetil Duperron. En marge en haut à droite, on peut lire la phrase suivante : « In margine adscripsi : j'ai noté en marge la version du même morceau qui se trouve, avec le texte, dans la *Grammar of the Sanskrit language* de W. Carey, 1806. » Il s'agit en effet d'extraits en anglais que Schopenhauer reporte à la page que nous venons de voir. Hübscher ne reproduit pas ces annotations, bien que celles-ci soient capitales pour comprendre comment Schopenhauer identifie le sens des concepts qui lui semblent essentiels dans les Upanishad, tels que Brahman, atma, maya, etc. Dans les annotations, il ne s'agit pas en effet d'une confrontation technique entre différentes traductions, mais d'un dur et pénible travail de retranscription des concepts des Upanishad en concepts correspondants dans la tradition philosophique occidentale. Cela est démontré par l'annotation, elle aussi d'une graphie soignée, que l'on peut lire en marge, en bas de la page 399, à l'illustration 13. Celle-ci nous fournit une information capitale pour comprendre le travail du Schopenhauer « orientaliste » ; elle nous explique en effet pourquoi Schopenhauer, malgré les traductions successives et plus affirmées des Upanishad qu'il avait achetées par la suite, et qu'il connaissait bien, continua à utiliser celle de Duperron qu'il avait lue et relue au cours de sa jeunesse : aussi, écrit-il à propos des traductions postérieures à celle

E I S C H Á V A S I E H. 397

Et omnis locus, quòd sensus seipsos cum illo loco (*ad illum locum*) possunt facere pervenire, is longè priùs à sensibus illo loco præsens est; et ab illis currentibus (*sensibus*), cùm illo quòd (*etsi*) motum non facit, longè priùs ab omni cum illo loco (*illuc*) pervenit.

Haranguerbehah, qui omne (*ens*) opus facere facit, et mercedes operum facit advenire, in ipso illo *âtma* est; id est, *âtma* circumdans (*comprehendens*) omne est.

Et motus (*cum motu, seipsum movens*), ipse ille *âtma* est; et non motus, ipse ille *âtma* est : procul, etiam ipse ille *âtma* est; et propè, etiam ipse ille *âtma* est : intrà, ipse ille *âtma* est; extrà, ipse ille *âtma* est.

Quisquis omnia elementa et omnem mundum in se videt, et seipsum [in omnibus elementis et in omni mundo videt], ei ulla res invisa (*exosa*) non videtur, et ab ullà re fugam (*aversionem*) non facit (*non monstrat*); et ulla res in visu ejus mala non apparet : quid? (*nam*) doctus et *kiani*, quòd omne ipse factus est, et secundus non mansit, cum quo amicitiam faciat, et à quo aversionem ostendat.

Et ille doctus et *kiani*, qui *âtma* factus (*est*), is circumdans (*comprehendens omne*) est; is immunis (*ab omni*) est; is sine corpore est; is sine defectu est; is sine colore est; is purus (*liber*) à tribus (3) qualitatibus *eidjad* et *abka* et *afna* (*inventione, conservatione, et destructione*) est; is sine peccato est; et is sine opere est; immunis (*exemptus*) ab opere puro et malo; is omne sciens et omne videns est; is magnus magnorum est; is sursùm τῶν sursùm est; is in *hasti* suo (*existentiâ suâ*) *hast* (*existens*) est; omnes mundos, cum (*diversis*) speciebus productionum, is productos fecit.

Et personæ, quæ visum super mercedem operum habent,

Ill. 11. Abraham Hyacinthe Anquetil-Duperron, *Oupenk'hat id est Secretum tegendum...*, Argentorati, Levrault, 1801, p. 397.

d'Anquetil Duperron, celles-ci ne sont pas seulement plus pauvres et insuffisantes, mais surtout elles sont affectées d'une intention apologétique, et falsifient le panthéisme des Upanishad avec des « Notiones christianæ », avec le lexique de la théologie chrétienne et avec son Dieu personnel.

L'exemplaire de l'*Oupenk'hat* se signale aussi par une autre caractéristique. Schopenhauer ne travaillait pas seulement sur la traduction, mais aussi et peut-être plus encore sur l'ensemble imposant de notes et commentaires qu'Anquetil Duperron avait joint au texte et dans lequel il avait institué une sorte de confrontation systématique entre l'éthique et la métaphysique des Upanishad d'une part, et l'éthique et la méta-

a etiam hujus Upanishad versionem Anglicam in Ramohun Roy libro "translations of several books & passages of the Veds" editio 2de Lond. 1832. p. 101, cam Gallican, in Pauthier Livres sacrés de l'Orient p. 329. — Et aliam Roerii, in Bibliotheca Indica: N° 41. p. 71.

OUPNEK'HAT

EISCHAVASIEH,

è *DJEDJR BEID* (*excerptum*).

OUPNEK'HAT quintum.

In margine adscripsi versionem ejusdem loci, quae cum textu reperitur in libro: A Grammar of the Sungskrit language by W. Carey. Serampore 1806.

Eisch, cum significatione, dominus omnis (rei) est; et vas, cum significatione, opertum : id est, omnis mundus in domino mundi absconditus et coopertus est.

Vaya Juncya, or the Oopunishut Eesha-vasyu &c. belonging to the Yujoos Vedu.

I**LLE** dominus mundi apparens (*manifestus*) est; et mundus LXXXIV. in eo absconditus : quid? (*nam*) nomen et figuram habet, et è domino mundi ut supervenit (*exiit*), in domino mundi manet, et in dominum mundi deorsùm it (*descendit, in eo annihilatur*).

Suprà, N.°
XLV, p. 264.
1) By God is filled the whole, whatever is in the world.

Cum luce - ente (*luci - enti*) dicunt, quòd : ô djouti sroup! id est, ô dzati (*ens*) quod figura lucis es! me cum viâ purâ (*in viam puram*) fer, et cum divitiis magnis (*ad divitias magnas*) liberationis (*salutis*) fac pervenire, (*tu*), quòd sciens omnia opera mea es; et peccata mea condones : tibi multum nemes-har est. *Lac refer N° 18.*

Infrà, T. II,
N.° CXLII.

16) O Sun, lovely traveller, Subduer of all, Soorya, son of Prajapati, withdraw thy rays, suppress thine energy, that I may see thy most beatifying form : that I may be the beeing who is in the sun.

Et kiani scit : [*porschi*], qui in sole est; et illud dzat (*ens*) est, quod forma nour (*lucis*) est; ille *porsch* ego sum : et tsched dkasch, qui dzat (*ens*) universale est, ego sum : et *Brahm*, qui creator omnis (*rei*) est, ego sum. *Lac N° 916.*

18) O fire, take us by a good road to bliss. O God thou knowest all our wisdom & deceiving sin. I offer to thee the highest praise.

Absolutum est Oupnek'hat EISCHAVAS, quod Brahm badiaï magnum est, id est, scientia creatoris magni.

all our deeds, destroy our deceiving sin. I offer to thee the highest praise.

Adeo discrepant ambae versiones, at vix credas ejusdem textus esse. Anglica multo pauciora continet, inde concludendum foret, aut textum quem Anglus habuit mancum fuisse, aut textum, quo interpres Persa usus est, commentariis admixtos fuisse. Sed licet Anglus adscripto textu Samskredano coperiat, versio ejus, adeo cum Latina comparata, adeo tenuis, lacunosa, inops est, adeo insuper notiones Christianas redolet & inde suspicionem facit, cum multa eo ingenio suppleverit, ut nullus dubitem & multo plus tribuere Latinae nostrae, & credere, Anglum linguarum Samskredanam rarum intellexisse; aut textum spurium habuisse. — "Notiones Christianas dixi: v.g. nulla fingi test major discrepantia quam quae interest inter illam proëm & fucatam adulationem & illa Hai knowest all our wisdom, our deeds, destroy our sin: I offer to thee the highest praise." — et illud elatum & "Porsch' qui in sole est ego sum; Brahm, qui creator omnis rei est, ego sum: quod quidem exhibet etiam Ram ohun Roy, licet paulisper &c.

Ill. 12 et 13. Notes marginales à l'*Oupenk'hat.*

physique de la tradition philosophique occidentale d'autre part, en particulier avec des auteurs allemands de l'époque kantienne.

Ce n'est pas par hasard si l'auteur d'un ouvrage synthétique de vulgarisation des deux volumes de l'*Oupenk'hat* fait pour le public allemand, un certain professeur Rexner de Passau, parlait de Duperron comme du «seul métaphysicien français» engagé à tisser les liens d'un dialogue avec les écrivains allemands, de Lessing à Fichte, sur la doctrine de l'Un-Tout, la «source originaire de la connaissance» commune entre l'Orient et l'Occident[6]. Et les premières notes du jeune Schopenhauer à ce sujet, sur son exemplaire de l'*Oupenk'hat* sont justement des renvois à d'autres textes de la tradition mystique ou panthéiste de l'Occident; dans ces notes on voit se former les premiers liens d'un réseau de correspondances entre vérité philosophique occidentale et orientale, liens qu'il continuera de tisser et qu'il suivra tout au long de sa vie.

Voici deux courts exemples, tirés de ces annotations de jeunesse : le premier que nous voyons à l'illustration 14 renvoie un passage du texte à une image identique qui se trouve dans les *Torrens spirituels* de Mme de La Motte Guyon, auteur mystique français qui attirait

---

omne, unus *átma* est : et id verum et rectum est. O *Sopathit!* *tatoumes*, id est, ille *átma* tu es.

(*Filius*) dixit : ó digne veneratione ! denuó cum me (verum) dic. .

(*Pater*) dixit : audi, ó purum desiderans ! hæc maria (*hi fluvii*), quód in orientem et occidentem iens est, et è fluminibus cum rivo (*ut rivus*) egressum, cum mari magno ingressum fiat (*quæ in mare magnum intrant*); et tempore quo egressa sunt, non sciunt, quod nos' *Ganga* (*Ganges*) sumus vel *Djemna* : ipso hoc modo, ó purum desiderans ! hæc omnia animantia[1] ex ente (*hast*) vero egressa, non sciunt, quód nos ens (*hast*) verum sumus. Ex hoc respectu, sive leo, sive tigris,

Confer les Torrens de Mad: de Guyon, Theil p. 393.

1. Quemadmodùm rivi, è *Gange* vel *Djemna* egressi, se *Gangem* vel *Djemnam* esse nesciunt : ità animantia, leo, lupus, musca, vermes, etc., has ipsa figuras, ipsa hæc animalia se esse arbitrantur; veritatis suæ oblita, id est, quód principium, undè orta sunt, illud ipsum principium semper sunt, remanent veré et absolutè.

Ill. 14. Notes marginales à l'*Oupenk'hat*.

---

6. Th. Anselm Rixner, *Versuch einer neuen Darstellung der uralten indischen All-Eins-Lehre...* Nuremberg, Stein, 1808, p. 6-13. Sur la vulgarisation en allemand de l'*Oupenk'hat*, voir H. Glasenapp, *Das Indienbild deutscher Denker*, Stuttgart, Koehler, 1960, p. 26.

Schopenhauer pour ses techniques ascétiques de négation de la volonté individuelle. Le deuxième exemple (ill. 15) renvoie un passage des notes de Duperron sur le terme βυθος (c'est-à-dire « gouffre », « tourbillon » indiquant l'Eon préexistant originaire chez les Valentiniens), à une idée correspondante de Böhme et de Schelling. En marge, on peut lire : « En partant de cette fable, Jakob Böhme, puis Schelling développèrent leurs dogmes. »

Mais inversement, on trouve aussi le rappel ponctuel à l'*Oupenk'hat* dans un écrit de Schelling qui fut déterminant pour la formation du jeune Schopenhauer. Dans l'écrit sur la liberté contenu dans les *Philosophische Schriften* de 1809, Schopenhauer a commenté le passage de Schelling sur l'« Indifferenz », en tant que « *Ur*- » ou « *Ungrund* » avec les mots suivants en bas de la page : « Pas de façon différente, car celle-ci est la meilleure des traductions du βυθος des Valentiniens, dont il apparaît que toute cette histoire Schelling l'a connue grâce à Böhme, aux oreilles duquel celle-ci parvint certainement au travers de l'histoire des hérétiques. Voir le passage principal sur βυθος dans Ireneus, *Contra Haereticos,* reproduit dans l'*Oupnek'hat,* vol. I p. 562. »

Le fait de savoir que le jeune Schopenhauer lisait Schelling, en s'aidant des notes de l'érudit commentateur français des Upanishad, n'est pas une information négligeable pour la reconstruction généalogique de sa pensée.

et auctores in illis libris citatos. Altum, profundum, gurgitem significat. Sed idem vocabulum Asiaticum, Indicum esse potest, à Gnosticis, Orientali systemate imbutis, acceptum. *Bhout,* cum terminatione græcâ, βυθός.

Dicunt enim (Valentiniani), inquit S. IRENÆUS [1], *esse quemdam in sublimitatibus illis, quæ nec oculis cerni, nec nominari possunt, perfectum ÆOnem præexistentem, quem et Proarchen, et Propatorem, et* BYTHUM *vocant. Eum autem, cùm*

1. Λέγουσι γάρ τινα εἶναι ἐν ἀοράτοις κỳ ἀκατονομάστοις ὑψώμασι τέλειον Αἰῶνα προόντα· τᾶτον δὲ κỳ .... Προπάτορα κỳ βυθὸν καλᾶσιν :.... ὑπάρχοντα δὲ αὐτὸν ἀχώρητον κỳ ἀόρατον, ἀίδιόν τε κỳ ἀγέννητον, ἐν ἡσυχίᾳ κỳ ἠρεμίᾳ πολλῇ γεγονέναι ἐν ἀπείροις αἰῶσι χρόνων. συνυπάρχειν δὲ αὐτῷ κỳ Ἔννοιαν, ἣν δὴ κỳ Χάριν, κỳ Σιγὴν ὀνομάζουσι· κỳ ἐννοηθῆναί ποτε ἀφ' ἑαυτοῦ προβαλέσθαι τὸν βυθὸν τᾶτον ἀρχὴν τῶν πάντων, κỳ καθάπερ σπέρμα τὴν προβολὴν ταύτην (ἣν προβαλέσθαι ἐνενοήθη) κỳ καθέσθαι, ὡς ἐν μήτρᾳ, τῇ συνυπαρχάσῃ ἑαυτῷ Σιγῇ. ταύτην δὲ ὑποδεξαμένην τὸ σπέρμα τᾶτο, κỳ ἐγκύμονα γενομένην, ἀποκυῆσαι Νᾶν, ὅμοιόν τε κỳ ἴσον τῷ προβαλόντι, κỳ μόνον χωρᾶντα τὸ μέγεθος τᾶ Πατρός. τὸν δὲ Νᾶν τᾶτον κỳ Μονογενῆ καλᾶσι, κỳ Ἀρχὴν τῶν πάντων. συμπροβεβλῆσθαι δὲ αὐτῷ Ἀλήθειαν. IREN. *Contr. Hæres. lib.* 1, cap. 1 (1710), *Interpr. Bill. p.* 5.

Ego hac fabula Jac: Böhm & deinde Schelling sua dogmata confecerunt.

Ill. 15. Notes marginales à l'*Oupenk'hat.*

LES BIBLIOTHÈQUES DE FLAUBERT

Anne HERSCHBERG PIERROT, Claude MOUCHARD, Jacques NEEFS

Flaubert a écrit ses livres avec des milliers de livres. La lecture, les notes, l'exploration érudite accompagnent profondément son travail d'écrivain. Michel Foucault l'avait souligné à propos de *La Tentation de saint Antoine*: «C'est une œuvre qui se constitue d'entrée de jeu dans l'espace du savoir: elle existe dans un certain rapport fondamental aux livres[1].» Les livres de Flaubert nouent un rapport d'absorption nouveau avec les autres livres, comme avec le monde. C'est aussi faire exister d'une manière nouvelle les livres eux-mêmes, en donnant une consistance artistique à l'espace de l'imprimé. Foucault y voit la modernité de Flaubert: «Flaubert est à la bibliothèque ce que Manet est au musée. Ils écrivent, ils peignent dans un rapport fondamental à ce qui fut peint, à ce qui fut écrit – ou plutôt à ce qui de la peinture et de l'écriture demeure indéfiniment ouvert. Leur art s'édifie où se forme l'archive[2].»

Le travail d'écrivain de Flaubert est un parcours ravageur dans l'espace des bibliothèques, qui vise simultanément un effet de réalisme intense, une puissance d'illusion particulièrement active et forte, et une réflexion sur l'espace des discours et des savoirs, sur la portée, l'autorité et la teneur des livres.

Les textes de Flaubert consomment de l'archive, de manière différenciée dans le développement de l'œuvre, de *Madame Bovary* à *Bouvard et Pécuchet*. Mais la grande force de l'ensemble des œuvres est sans doute précisément de faire apparaître dans *Bouvard et Pécuchet*, le livre ultime, ce «rapport fondamental» aux livres qui l'animait, à la fois comme thème du récit (les aventures des deux fous de savoirs) et comme structure de la prose (un texte qui dissout et expose en même temps les énoncés des livres et des savoirs). *Bouvard et Pécuchet* est assurément le

---

1. Michel FOUCAULT, «La bibliothèque fantastique», *Travail de Flaubert*, textes réunis par Gérard Genette, Paris, Le Seuil, coll. «Points», 1983, paru originellement dans les *Cahiers Renaud-Barrault*, n° 59, mars 1967, p. 106.
2. *Ibid.*, p. 107.

livre qui, pour le XIXe siècle, focalise l'ambiguïté du rapport moderne, impératif et vacillant, au savoir, à la Science, à la vérité. Il le fait par la ruse de sa composition même, par la manière dont il se place lui-même par rapport aux données des sciences – on le montre ici avec l'exemple des notes sur la médecine –, et par l'étrange et instable posture qu'il impose en tant que « roman encyclopédique ».

« Un intrépide lecteur »

La totalité des lectures de Flaubert – en supposant qu'il soit possible de la reconstituer intégralement – compose plusieurs bibliothèques. Les domaines concernés sont multiples, de la lecture des « grands auteurs » à la lecture documentaire pour tel ou tel épisode, de la lecture des « livres reçus » (ses contemporains lui envoient de nombreux livres) à la lecture exploratoire et à la collecte de prospectus ou d'articles de journaux qui échouent dans les dossiers préparatoires des œuvres et plus particulièrement dans l'archive du dossier de *Bouvard et Pécuchet* préparé pour la Copie.

Ces « bibliothèques » à l'œuvre sont diffusées dans l'espace des récits, affleurent en discours cités, mais de manière qui n'est pas aussitôt acquise. La démonstration se construit de livre à livre. Flaubert a décrit sa passion et sa patience. Il écrit à Louise Colet, le 2 juillet 1853, à propos d'un numéro de la *Revue de Paris* : « Ce dernier numéro est d'un faible complet. Il y a un poème du marquis de Belloy que je n'ai pu achever, et pourtant je suis un intrépide lecteur. Quand on a avalé du saint Augustin autant que moi, et analysé scène par scène tout le théâtre de Voltaire, et qu'on n'en est pas crevé, on a la constitution robuste à l'endroit des lectures embêtantes. » Cette « constitution robuste » anime les entreprises de Flaubert, et les lectures que celui-ci se donne suivent une courbe exponentielle.

Pour *Madame Bovary*, les lectures documentaires sont encore relativement limitées, lectures de livres « romanesques » et de « keepsakes » pour les épisodes de rêverie d'Emma, documentation autour de l'opération du pied-bot (lecture du traité de Duval) ou de la législation sur la pharmacie, prospectus publicitaire également (déjà, comme plus tard dans le dossier de *Bouvard et Pécuchet*).

Mais un seuil est marqué avec *Salammbô*, à propos duquel commence cette « lutte d'érudition » qui ne cessera de se développer (et qui deviendra un des motifs récurrents de *Bouvard et Pécuchet*). Le souci documentaire est marqué par une extrême volonté d'exactitude : « J'ai d'ailleurs en ces choses (il s'agit de la topographie) un besoin naturel de précision qui me ronge » (à Fréderic Baudry, 24 juin 1857) ; «Amien Marcellin m'a fourni la forme *exacte* d'une porte, le poème de Corippus (la *Johannide*), beaucoup de détails sur les peuplades africaines, etc. » (à Sainte-Beuve, 23-24 décembre 1862).

Plus radicalement, Flaubert place alors le roman en concurrence avec un champ complet des savoirs, dans ce cas l'archéologie. Il fait de l'œuvre littéraire une riposte à l'investigation savante. Et Flaubert témoigne, dès ce moment, d'une sorte de jubilation devant l'aporie de l'érudition : «Je suis perdu dans les machines de guerre, les balistes et les scorpions, et je n'y comprends rien, moi, ni personne. On a bavardé là-dessus sans rien dire de net » (à Ernest Feydeau, 15 juillet 1861). Le moment aporétique semble désormais être essentiel au développement de l'écriture et à la libération de la prose en art, prose descriptive, imaginative.

Ce sont là des traits qui s'amplifient pleinement dans l'entreprise de *Bouvard et Pécuchet*. Pourtant, dans *Salammbô*, à la différence de *Bouvard et Pécuchet*, la matière documentaire est précisément *d'abord* documentaire. Elle permet de construire plastiquement un univers de représentations, elle est convertie presque intégralement en un univers fictionnel que la prose narrative dispose rythmiquement.

Avec *L'Éducation sentimentale*, la documentation, les lectures, consi-dérables, ont un rôle sans doute plus complexe, dans la mesure où ce sont les événements, mais aussi les opinions, les formes de discours, les postures d'énonciation, les poses sociales, qui sont façonnées avec ces «données» des lectures. La matière documentaire, journalistique, historique, d'une période devient le texte narratif. Alberto Cento avait bien indiqué l'épaisseur de ce «réalisme documentaire». On a pu montrer également (c'est un travail en cours de Ségolen Le Men) que souvent ce sont les légendes des gravures, associées avec une citation indirecte de ce que représente la gravure, qui constituent certains syntagmes narratifs, en particulier pour certains épisodes de la Révolution de 1848. Et le langage de «l'opinion» est exposé comme au premier plan dans nombre d'épisodes, le roman se chargeant ainsi de faire entendre la voix d'une génération, le babil d'une société.

Mais c'est bien avec *La Tentation de saint Antoine* (et cela dès 1846), que la lecture «encyclopédique» a pris corps, au profit de ce «fantastique de bibliothèque» que Michel Foucault a décrit[3]. Les lectures de Flaubert concernant l'histoire des religions constituent une extraordinaire

---

3. Michel Foucault, « La bibliothèque fantastique », *Travail de Flaubert, op. cit.*, p. 103-122. On doit rappeler l'importance des livres de Jean Seznec sur le sujet.

« matière orientale », qui est mise en exposition dans l'éclat de cette triple
œuvre, quasi théâtrale, avec une puissance de condensation et d'attrait
grandissante de 1847 à 1874. La fascination qu'exercent les figures religieuses est interrogée dans l'éclair des apparitions et dans l'ombre des
disparitions : une petite féérie iconoclaste à allure de fête de foire est
proposée, fulgurante. Ce sont là aussi des traits qui sont de structure dans
le grand jeu de massacre encyclopédique qu'est *Bouvard et Pécuchet*.

On peut s'interroger sur cette puissance mimétique que Flaubert
cherche et trouve dans ses lectures, sur ce qu'il en retire comme effets
d'images et de figures. « L'intrépide lecteur » est lui-même précis et iconoclaste à la fois, comme s'il cherchait et trouvait, dans les marges des textes
qu'il lit, la densité d'une visualisation, la concrétion d'une représentation
(et sa sédimentation, sa pétrification, éventuellement), avec et contre les
textes eux-mêmes, et comme s'il cherchait et trouvait dans cette opération d'appropriation pirate les moyens de donner une consistance
profondément touchante et ironique à la prose narrative elle-même.

Avec *Bouvard et Pécuchet*, et également avec l'épisode de *Trois contes*
au sein de l'entreprise de ce dernier roman, Flaubert élargit systématiquement le travail de la lecture, de l'absorption dans les livres, en abor-
dant tous les champs de savoirs, en investissant par la fiction le partage
des sciences, en réunissant dans la courbe d'une même aventure la
pluralité problématique des théories et des disciplines.

Le parcours encyclopédique apparaît ainsi, d'œuvre à œuvre,
comme une stratégie de l'écriture. L'écriture de chaque œuvre est liée
aux sujets choisis, et aux champs d'investigation concernés. Et l'on pourrait éventuellement « ranger » la bibliothèque virtuelle de Flaubert, celle
de la totalité de ses lectures ou des mentions de livres qui apparaissent
dans l'orbe de son travail : la bibliothèque « religieuse », la bibliothèque
« archéologique », la bibliothèque « médiévale », la bibliothèque
d'« histoire contemporaine », la bibliothèque « médicale », la bibliothèque « littéraire et philosophique », la bibliothèque « scientifique et
technique » (agriculture, chimie, géologie, par exemple, pour *Bouvard et
Pécuchet*, mais également fabrique de la céramique pour *L'Éducation sentimentale* ou théorie des climats normands pour *Madame Bovary*), bibliothèque « parascientifique » (l'étonnant chapitre 8 de *Bouvard et Pécuchet*
sur le magnétisme), etc. Ces différents rayons ne sont pas strictement
homologues aux dossiers préparatoires de chaque œuvre, et certains
dossiers d'ailleurs circulent : on trouve ainsi dans les dossiers préparatoires de *Bouvard et Pécuchet* un important ensemble de notes sur la
Révolution de 1848 relevées pour la préparation de *L'Éducation sentimentale*, ou des notes sur la législation concernant la pharmacie ainsi que des
prospectus pharmaceutiques venus des dossiers de *Madame Bovary*. De

même, il faudrait encore établir précisément la circulation de la documentation entre les versions de *La Tentation de saint Antoine*, et entre *Saint Antoine, Salammbô* et *Hérodias*. On obtient ainsi une étrange bibliothèque du XIXe siècle, hétéroclite, foisonnante, partiellement et sporadiquement systématique, mais certainement exceptionnelle par rapport aux autres « bibliothèques d'écrivains » de la même période, souvent plus systématiques mais également beaucoup plus fonctionnelles et prédéterminées, moins exotiques également. La bibliothèque de Flaubert, ouverte, imprévue, décalée souvent, est en effet l'espace même d'une exploration par la fiction et l'écriture. Elle est la matière dont s'alimentent l'énonciation et les épisodes, qui se diffuse dans les aventures et les phrases.

Le corpus « encyclopédique » de Bouvard et Pécuchet

Les références indiquant un travail sur les savoirs mobilisés dans la composition du roman sont dispersées dans des lieux multiples de l'archive « Flaubert » :

Dossiers de l'œuvre : ils sont l'essentiel de l'ensemble connu des travaux préparatoires pour le roman. Les « Notes de lectures et documents divers » comprennent 2 215 feuillets. On trouve des reprises de références dans les « notes de notes », dans les différents états scénariques et très en avant dans les brouillons de rédaction qui composent l'ensemble des manuscrits de *Bouvard et Pécuchet* (1575 feuillets). C'est l'ensemble du corpus manuscrit disponible de l'œuvre qui demande investigation. Il est indispensable de faire un inventaire de ces références, notes, citations, pour suivre le tracé des énoncés et leur transformation dans l'élaboration du texte (très souvent jusqu'à leur suppression, ou leur absorption complète).

L'inventaire bibliographique s'appuie essentiellement sur deux groupes de documents :

a) Listes bibliographiques autographes et non autographes présentes dans les dossiers eux-mêmes : par exemple, « Bibliographie » (g226^1, f° 223-272), « Religion », liste de 78 ouvrages (g226^6, f° 199, 199 v°, 200), etc.

On doit y ajouter les listes présentes dans les *Carnets*.

b) Ouvrages pour lesquels il existe des notes de lecture prises par Flaubert.

Dans un deuxième temps, les références reprises, dispersées dans les divers états du texte (scénarios, « notes de notes », pages scénariques, brouillons successifs) peuvent être rapportées et comparées à ces listes, et localisées dans l'espace génétique.

Bibliothèque de Flaubert: elle est conservée à la mairie de Canteleu. Un catalogue informatisé de cette bibliothèque est déjà réalisé (par le groupe Flaubert de l'université de Rouen). L'état actuel diffère malheureusement très largement de sa situation à la mort de Flaubert.

Correspondances: allusions à des lectures, indications sur des emprunts, commandes de livres, échanges d'information. Cela implique d'inventorier les correspondances croisées dont nous disposons, des indications ne paraissant parfois que dans la lettre envoyée à Flaubert. L'édition de la Pléiade est la référence principale, mais ne couvre pas encore toute la vie de Flaubert (elle s'arrête en décembre 1875) ; il faut y ajouter les correspondances Flaubert-Sand, Flaubert-Maupassant, Flaubert-Tourgueniev, Flaubert-Goncourt, correspondances de Louis Bouilhet à Flaubert, édition des « lettres adressées à Flaubert ». Une vérification dans les correspondances et études éditées au début du siècle (en particulier Louis Bertrand, Descharmes, Desmorest) est en cours.

Témoignages: allusions, commentaires, récits sur les lectures de Flaubert sont épars dans de nombreux textes : *Journal* des Goncourt, *Souvenirs* de Du Camp, divers textes de Maupassant (qui fut l'un des premiers à aborder les manuscrits de *Bouvard et Pécuchet*, en particulier du second volume), et autres témoignages.

Bibliographies déjà établies des lectures de Flaubert pour Bouvard et Pécuchet: Plusieurs bibliographies critiques existent déjà (six sont répertoriées), de René Descharmes, *Autour de Bouvard et Pécuchet*, Librairie de France, 1921, à Léa Caminiti Pennarola, *Bouvard et Pécuchet et Sciocchezzaio*, Classici Rizzoli, 1992, « Bibliografia delle opere utilizzate da Flaubert », p. 827-879. Elles ne se recoupent pas exactement, et sont d'ampleur et d'exactitude diverses.

Les notes de lecture pour la médecine

Les notes de lecture de médecine constituent une part importante des dossiers Flaubert pour *Bouvard et Pécuchet*: plus d'une centaine de feuillets[4]. Elles constituent un exemple privilégié du travail de Flaubert.

---

4. Les dossiers de *Bouvard et Pécuchet* sont conservés à la bibliothèque municipale de Rouen sous la cote g226[1-8]. Les notes de médecine sont transcrites dans la thèse de Norioki Sugaya, « Les Sciences médicales dans *Bouvard et Pécuchet* de Gustave Flaubert », thèse préparée sous la direction de Jacques Neefs, université de Paris 8, mars 1999, deux tomes. Sur la médecine dans *Bouvard et Pécuchet*, voir aussi ses articles : « Une idéologie médicale dans *Bouvard et Pécuchet* et dans *Madame Bovary* de G. Flaubert » et

Norioki Sugaya rappelle la présence continue des lectures médicales dans l'œuvre de Flaubert, de *Madame Bovary* à *Trois contes*: pour *Madame Bovary* (lectures sur l'opération du pied-bot, sur l'empoisonnement à l'arsenic), pour *Salammbô* (traités sur l'hystérie, cours de physiologie et thèse de Savigny, médecin à bord de la *Méduse*), pour *L'Éducation sentimentale* (pour la maladie du fils de Mme Arnoux). Recherches sur la folie pour *Saint Antoine*, sur la pneumonie pour « Un cœur simple »… Ces lectures ont donné lieu à des notes préparatoires qui informent et relancent l'imagination romanesque. Mais pour *Madame Bovary*, Flaubert lit le *Traité pratique du pied-bot* (1839) par Vincent Duval, dans une perspective proche des recherches pour *Bouvard et Pécuchet*. Il y recherche les fautes médicales expliquant l'échec de Bovary, comme il cherchera dans les traités d'agriculture les fautes à l'origine des déboires agricoles de *Bouvard et Pécuchet*[5]. Mais aussi ce traité condense l'ambivalence de Flaubert à l'égard des médecins et de la médecine, en particulier à l'égard de son père: comme le montrent Claudine Gothot-Mersch et Pierre-Marc de Biasi dans leurs éditions[6], le traité contenait aussi le cas d'une jeune fille mal soignée précisément par le docteur Flaubert et opérée avec succès par Vincent Duval.

Dans *Bouvard et Pécuchet*, les lectures ont une visée encyclopédique et critique tout à la fois, qui apparaît clairement dans les dossiers pour la médecine. Les notes de médecine ont une double dimension, comme un grand nombre d'autres notes de lecture: elles servent à préparer le chapitre III du roman, et elles sont l'objet d'une relecture pour constituer les citations de la « copie » du second volume. Ces notes pour *Bouvard et Pécuchet* ont une importance capitale dans la relation entre lecture et écriture. Elles ne sont pas seulement un matériau documentaire. C'est à partir des notes de Flaubert (notes de lecture, ailleurs, dans les *Carnets*, aussi notes d'enquête) que se met en forme le roman[7]. Elles servent, pour la copie, d'échantillon des discours du savoir, mais privés de leur origine. Et pour la préparation des chapitres du roman, leur écriture informe littéralement le discours romanesque qui en dérive.

« L'impossible savoir médical: sur les notes médicales de *Bouvard et Pécuchet* », *Revue de langue et littérature françaises*, n° 16 et n° 17, Société de langue et littérature françaises de l'université de Tokyo, 1997 et 1998.

5. Voir l'article de Claude MOUCHARD, « Terre, technologie, roman. À propos du deuxième chapitre de *Bouvard* », *Littérature*, n° 15, 1974.

6. *Madame Bovary*, éd. par Claudine GOTHOT-MERSCH, Paris, Classiques Garnier, note 75, p. 459 et *Madame Bovary*, éd. par Pierre-Marc DE BIASI, Paris, Éd. de l'Imprimerie nationale, 1994, note 298, p. 577.

7. Ce développement reprend des éléments d'un article d'Anne Herschberg Pierrot, paru dans *Romanic Review*, n° 86-3, 1995, « Les dossiers de *Bouvard* ».

Quand Flaubert se met à son roman, en juillet 1872, il en parle d'emblée en termes de lectures, on l'a dit : « Je vais commencer un bouquin qui exigera de moi de grandes lectures[8]. »

Or ces lectures commencent par la médecine, de façon quasi obsédante. Le 22 août, il écrit à Caroline : « Aujourd'hui, je me suis promené dans le jardin, par un temps splendide et triste, et j'ai lu de la philosophie médicale. – Car je commence mes grandes lectures pour *Bouvard et Pécuchet*[9]. »

Le 1er septembre : « Je lis toujours des bouquins médicaux et mes bonshommes se précisent[10]. »

Le 5 septembre : « Voici quinze jours que je n'arrête pas de lire de la médecine. Ce qui redouble mon mépris pour les médecins ! Encore quatre ou cinq mois et je saurai quelque chose[11]. »

Ces lectures se poursuivent en plusieurs vagues. *Le Carnet 15* porte trace des lectures effectuées pendant la phase de préparation du roman jusqu'à l'été 1874 (d'août à décembre 1872, de janvier à juillet 1873, puis au cours du 1er semestre 1874[12]). La recherche reprend au moment de la rédaction du chapitre des sciences au printemps 1875, puis au printemps 1877, quand Flaubert se remet à *Bouvard* après la rédaction de *Trois contes*. Flaubert lit toutes sortes de livres, aussi bien des thèses, des classiques de la médecine, que des ouvrages de vulgarisation et des livres populaires et dans tous il prend des notes. Ce qui ressort de la *Correspondance*, c'est l'enjeu d'écriture que constituent ces lectures, au-delà d'un simple effet documentaire. Lire, c'est noter et annoter : « Je lis des catalogues de livres que j'annote[13] » ; « Ma vie se passe à lire et à prendre des notes[14]. »

Et cette relation aux livres est perçue littéralement en termes physiologiques. Lire, prendre des notes, c'est absorber, avaler, pour cracher son dégoût, vomir sa haine : « J'avale force volumes et je prends des notes. Il va en être ainsi pendant deux ou trois ans, après quoi je me mettrai à écrire. Tout cela dans l'unique but de cracher sur mes contemporains le dégoût qu'ils m'inspirent. Je vais enfin dire ma manière de

---

8. Lettre à George Sand du 12 juillet 1872, *Correspondance*, éd. de Jean Bruneau, Pléiade, t. IV, p. 548 (édition de référence pour les années 1870 jusqu'en 1875).
9. Lettre à sa sœur Caroline du 22 août 1872, t. IV, p. 561.
10. *Ibid.*, p. 567.
11. *Ibid.*, p. 568.
12. Voir la transcription commentée des listes de lecture dans le *Carnet 15*, par Pierre-Marc de Biasi, édition des *Carnets de travail*, Paris, Balland, 1988, p. 510-519 et 523-529 pour ce qui concerne les lectures médicales.
13. Lettre à Caroline, 8 septembre 1872, t. IV, p. 570.
14. A Edma Roger des Genettes, 22 février 1873, *ibid.*, p. 646.

penser, exhaler mon ressentiment, vomir ma haine, expectorer mon fiel, éjaculer ma colère, déterger mon indignation. – Et je dédierai mon bouquin aux Mânes de saint Polycarpe[15]. »

À cette relation physique d'absorption correspond, de fait, une écriture de la condensation. On peut comprendre dans cette perspective la fascination de Flaubert pour les chiffres, et les comptes qu'il tient de ses lectures dans le *Carnet 15*[16] et dans sa correspondance. Il écrit début août 1873 à Edma Roger des Genettes : « Savez-vous combien j'ai avalé de volumes depuis le 20 septembre dernier ? 194 ! Et dans tous j'ai relevé des notes ; de plus, j'ai écrit une comédie et fait le plan d'une autre. Ce n'est pas l'année d'un paresseux[17]. »

Un an plus tard, en juin 1874 : « Ah ! quel bouquin ! C'est *lui* qui m'épuise d'avance, je me sens accablé par les difficultés de cette œuvre pour laquelle j'ai déjà lu et résumé 294 volumes ! Et rien n'est encore fait[18]. »

En juillet 1877 : « N'importe, à la fin de la semaine prochaine, j'en aurai fini avec la médecine, – seize pages – qui contiendront plus de cent volumes[19]. »

Et encore en janvier 1880, toujours à Mme Roger des Genettes : « Savez-vous à combien se montent les volumes qu'il m'a fallu absorber pour mes deux bonshommes ? À plus de 1 500 ! Mon dossier de notes a huit pouces de hauteur. Et tout cela ou rien, c'est la même chose. Mais cette surabondance de documents m'a permis de n'être pas pédant ; de cela, j'en suis sûr[20]. »

Si la « surabondance de documents » lui permet « de n'être pas pédant », c'est que le monument des notes met en œuvre une condensation des livres qui est déjà une écriture de l'œuvre. L'écriture des pages du roman (« seize pages qui contiendront plus de cent volumes ») procède directement de la mise en forme des notes. Les travaux flaubertiens ont déjà souligné l'importance de l'archive dans l'œuvre de Flaubert depuis *Salammbô*, son lien avec l'écriture et la construction de l'univers imaginaire[21]. Dans *Bouvard*, ce mouvement d'absorption se radicalise. La fiction et la plastique de l'œuvre dérivent de la condensa-

---

15. Lettre à Caroline, 24 septembre 1872, *ibid.*, p. 582-583.
16. F° 63v°-67v°, *Carnets de travail*, éd. cit., p. 507-528.
17. Lettre du 4 août 1873, t. IV, p. 695.
18. Lettre du 17 juin 1874, *ibid.*, p. 813.
19. Lettre du 12 juillet 1877, éd. Conard, suppl. 4, p. 6.
20. Lettre du 25 janvier 1880, éd. Conard, t. VI, p. 356.
21. Voir en particulier les articles de Raymonde DEBRAY-GENETTE, « Les débauches apographiques de Flaubert » et de Jacques NEEFS, « L'imaginaire des documents » *Romans d'archives*, Presses universitaires de Lille, 1987.

tion des discours, d'un travail sur la rationalité des livres, à la source de ce que Flaubert nomme le «comique d'idées».

Il écrit au printemps 1877 à Mme Roger des Genettes: «Je suis perdu dans les combinaisons de mon second chapitre, celui des sciences, et pour cela je reprends des notes sur la physiologie et la thérapeutique, au point de vue comique, ce qui n'est point un petit travail. Puis il faudra les faire comprendre et les rendre plastiques. Je crois qu'on n'a pas encore tenté le comique d'idées. Il est possible que je m'y noie, mais si je m'en tire, le globe terrestre ne sera pas digne de me porter[22].»

Une déclaration qu'on peut rapprocher de celle-ci, de novembre 1872: «Je continue toujours à lire et à prendre des notes pour Bouvard et Pécuchet qui se dessinent de plus en plus[23].»

Rendre plastiques les notes, c'est littéralement les modeler pour créer une forme qui ait une existence autonome. L'invention de Flaubert consiste à faire de l'écriture des notes la matrice d'une fiction, qui mette en œuvre ce «comique d'idées» fondé sur la mise en scène critique des énoncés des livres, afin que «la chose», comme le dit Flaubert, «n'ait pas l'air d'une dissertation philosophique».

Les notes révèlent en fait deux rythmes de lectures: il y a les lectures à dominante sérieuse, par lesquelles Flaubert cherche à comprendre les enjeux d'une discipline, ses points de doctrine, l'histoire de ses controverses (comme ses lectures sur la question des fièvres, et du vitalisme), et par lesquelles, peut-être il commence. Et les lectures qui sont visiblement pour chercher des bêtises. À l'intersection des deux, les livres d'hygiène publique et privée, consultés en 1874 (par exemple, les traités de Michel Lévy, *Traité d'hygiène publique et privée*, Baillière, 1844 et de J. Morin, *Manuel théorique et pratique d'hygiène ou l'art de conserver sa santé*, Manuel Rorte, 2e éd. 1835), qui parlent de médecine, de diététique, de prévention des maladies, mais aussi de morale[24]: «Je lis maintenant des livres d'hygiène. Oh! que c'est comique! quel aplomb que celui des médecins! quel toupet! quels ânes, pour la plupart[25]!»

L'ensemble des notes de médecine[26] se compose de trois sortes de documents: des notes de lecture qui portent trace de leur double voca-

---

22. Lettre du 2 avril 1877, éd. Conard, t. VIII, p. 25-26.
23. Lettre à Caroline du 9 novembre 1872, t. IV, p. 604, à rapprocher aussi de la lettre citée du 1er septembre 1872.
24. Sur les lectures médicales de Flaubert, voir la thèse fondamentale de Norioki Sugaya, t. I.
25. Lettre à George Sand du 28 février 1874, t. IV, p. 774.
26. Contenues, sauf une fiche, dans le dossier de la bibliothèque municipale de Rouen, coté g226[7].

tion de préparation du chapitre sur la médecine et d'une relecture en vue du second volume ; des notes de notes (résumé des précédentes) ; des dossiers de citations pour la copie.

Les notes de Flaubert montrent une attention à la fois à l'enjeu des théories et à la dimension comique des énoncés. La mise en page constitue un double dispositif critique. Les marges contiennent des remarques, des catégories de classement, des croix destinées à orienter la relecture de ces notes vers la préparation du premier volume et la fabrication de la copie.

Prenons pour premier exemple un traité de médecine populaire, *Des erreurs populaires relatives à la médecine* de Richerand[27] (ill. 1, ms g226[7], f° 54.). On voit très bien la façon dont l'écriture se tisse avec la lecture et la relecture. Flaubert relit sa fiche en ajoutant en marge « idée reçue » : « *idée reçue, plique polonaise*: les cheveux saignent. » Ce qui donne dans le *Dictionnaire des idées reçues* un article : « PLIQUE POLONAISE : si on coupe les cheveux, ils saignent. »

La page des notes sur le *Traité d'hygiène* de Morin (ill. 2, ms g226[7], f° 135) offre un autre dispositif, qui prend l'allure d'une page du *Dictionnaire des idées reçues*. Sa pesée critique ouvre vers la préparation du roman (matériau discursif pour le passage sur l'hygiène au chapitre III), et vers la catégorisation de la copie : « style médical » (en marge), et la recherche des contradictions : « *Nénuphar Copier tout le paragraphe* p. 144 qui dit le pr et le contre. »

Flaubert, relisant ses notes sur l'article « Cas rares » du *Dictionnaire des sciences médicales*, écrit en marge, en pensant à ses personnages, « s'ébahissent sur » (ill. 3, ms g226[7], f°107), ce qui donne sur la page de résumé des notes de notes sous le titre « *Médecine*»: « S'ébahissent sur les cas rares (notes du D. des S. M. p. 2) » (ill. 4, ms g226[7], f° 143), le « 2 » renvoyant de manière autarcique à la pagination des notes de lecture flaubertiennes. Les brouillons du roman montrent l'effacement progressif de la référence, alors que les personnages miment le geste flaubertien de référence à la bibliothèque :

« Ils prirent en note à l'article "cas rares" dans le dictionnaire des sciences médicales ~~tous les~~/les exemples d'accouchement, de léthargie, de longévité, d'obésité et de constipation extraordinaires » (ms g225[1], f° 255 v°).

« et sur leur désir Mr G leur prêta plusieurs volumes de sa bibliothèque /en les avertissant néanmoins/ affirmant toutefois qu'ils n'iraient pas jusqu'au bout.

---

27. A. RICHERAND, *Des erreurs populaires relatives à la médecine*, seconde édition, Caille et Ravier, 1812.

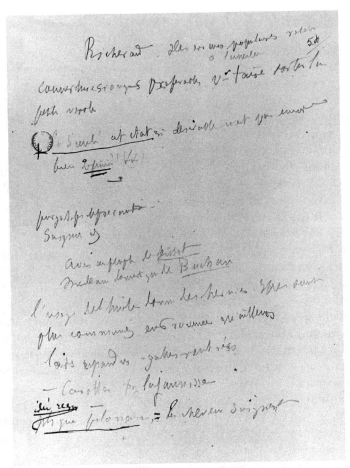

Ill. 1. Notes de Flaubert sur Richerand, *Des erreurs populaires relatives à la médecine*
(Bibliothèque municipale de Rouen, ms. g226⁷ f° 54).

Ils prirent en note dans le dictionnaire des sciences médicales les exemples » (g225¹, f° 255, qui correspond à la version définitive pour la phrase qui nous intéresse).

La même page de résumé des notes (f° 143) reprend des notes de médecine sous le titre « *Expériences* », en particulier, ces énoncés, surmontés d'une croix :

« X – restent tranquilles sur *une balance très sensible* p. voir si le poids du corps diminue à chaque minute – par la perspiration (M. Lévy. 2)

X – On peut chauffer de *plusieurs degrés l'eau d'un bain par l'agitation des membres pelviens*. Donc la contraction sans locomotion suffit p. élever la chaleur (id. 3). »

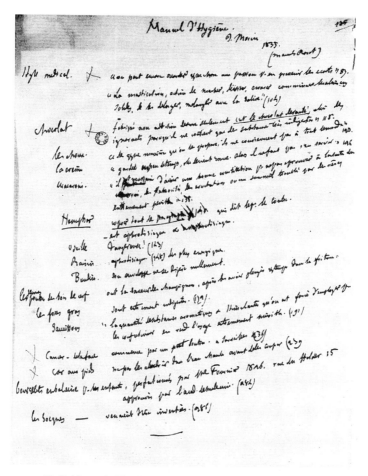

Ill. 2. Notes de Flaubert sur le *Traité d'hygiène* de Morin
(Bibliothèque municipale de Rouen, ms. g226⁷ f° 135).

Ces deux phrases, dont la première a déjà pour sujet grammatical
les personnages (« ils ») proviennent des notes de Flaubert sur le *Traité
d'hygiène* de Michel Lévy :

« excrétion. Perspiration

Qu'un homme reste assis *tranquille sur une balance* très sensible on
verra son poids diminuer à chaque minute sans évacuation apparente »
(f° 128 v°),

« X ! *on peut chauffer de plusieurs degrés l'eau d'un bain par l'agitation
des membres pelviens* » (f° 129).

Le résumé des expériences, relevé dans les notes de lecture, sert
ainsi de matrice scénarique au roman, la référence à Michel Lévy se

Ill. 3. Notes de Flaubert sur le *Dictionnaire des sciences médicales*
(Bibliothèque municipale de Rouen, ms. g226⁷ f° 107).

retrouvant dans les scénarios pour se condenser dans la version définitive en « Des savants prétendent que… ». Dans une scène du chapitre III,
les deux bonshommes essayent en effet les deux expériences, tout nus,
l'un sur une balance (Pécuchet), l'autre dans une baignoire (Bouvard)
et malgré leurs meilleurs efforts, échouent dans les deux tentatives.

Enfin, les lectures de médecine servent de réservoir à d'autres
regroupements anthologiques, en vue de la « copie » du second volume,
qui réunissent des fragments de discours médicaux, en les coupant de
leur contexte originel, de leur lien avec un savoir organisé. Ces citations
engagent une relation de la littérature à la bibliothèque positive du
siècle. Certaines d'entre elles portent des jugements de médecins sur
l'influence funeste des romans, rassemblés sous la rubrique « haine des

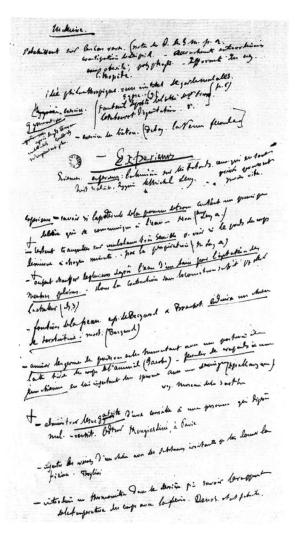

Ill. 4. Résumé de notes sur la médecine
(Bibliothèque municipale de Rouen, ms. g226⁷ f° 143).

romans » (ill. 5, ms g226⁷, f° 23). Elles sont copiées par Laporte, l'ami-
secrétaire de Flaubert, et annotées « roman » par l'écrivain. D'autres
sont regroupées sous la catégorie « style rococo ». D'autres encore, reco-
piées par Laporte sous le titre « contradictions de la science » (ill. 6, ms
g226⁴, f° 53), comprennent en marge des annotations rappelant le sujet
ou le domaine concerné (« médecine *infirmités* », « *médecine fièvres* »). Ces
citations réunissent des énoncés contradictoires (par exemple, sur la
durée de la destruction des cadavres) ou marquant les incertitudes de

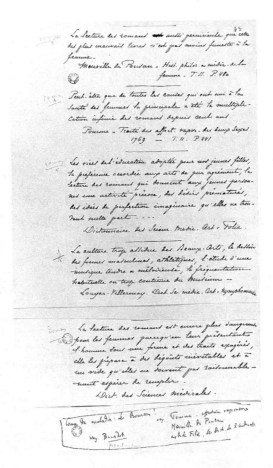

Ill. 5. Citations prélevées dans les notes de médecine de Flaubert, copiées par Laporte
(l'ami-secrétaire) ; la dernière fiche est de la main de Flaubert
(Bibliothèque municipale de Rouen, ms. g226⁷ f° 23).

la science. Alors que dans la première série (« haine des romans » et
« style rococo ») c'est le point de vue esthétique qui affronte l'autorité
du savoir, dans les « contradictions de la science », c'est à ses propres
faiblesses qu'est livré le savoir médical. Dans les deux cas la lecture-écriture de la citation pulvérise les discours, les soumet à des catégorisations
mobiles dans un montage discontinu[28].

---

28. Sur ce travail des notes, de l'annotation et de la citation dans les dossiers de
Bouvard et Pécuchet, voir Claude Mouchard et Jacques Neefs, « Vers le second volume :
Bouvard », *Flaubert à l'œuvre*, Paris, Flammarion, 1980, et Jacques Neefs, « Noter, classer,
briser, montrer, les dossiers de *Bouvard* », *Penser, classer, écrire. De Pascal à Perec*, Presses
universitaires de Vincennes, coll. « Manuscrits modernes », 1990.

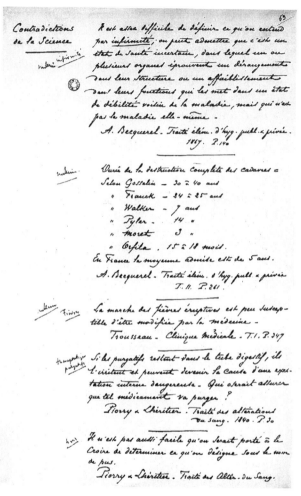

Ill. 6. « Contradictions de la science ». Citations rélevées pour la « copie » de *Bouvard et Pécuchet*, de la main de Laporte, avec annotations marginales de Flaubert (Bibliothèque municipale de Rouen, ms. g226⁴ f° 53).

Les dossiers de *Bouvard et Pécuchet*, dans l'exemple des notes de médecine, donnent à lire une relation particulière à la bibliothèque, une lecture-écriture qui traite les livres comme sources de savoir mais aussi comme discours. Les notes de lecture, les notes de notes et les citations pour la copie mettent en œuvre un processus qui ne sépare pas la recherche des idées, de sa mise en forme scénarique et rédactionnelle. Du résumé des livres naît l'invention scénarique et stylistique. Dans cette encyclopédie critique, la consultation de la bibliothèque, propre à l'auteur, est mise en miroir dans la pratique des personnages.

Le parcours encyclopédique des bonshommes est une mise en scène et une mise en pièces de la lecture jusqu'à la copie, qui retourne à la bibliothèque des auteurs précédemment lus pour la découper en fragments : comme dans *À la Recherche du temps perdu*, pour ce qui concerne les relations de l'auteur et du narrateur, s'instaure un vertige d'identité entre le travail de l'écrivain et celui de ses personnages, sur lequel nous, lecteurs, pouvons d'autant mieux rêver que le volume des notes est laissé en chantier. Le travail de lecture-écriture visible dans ces dossiers est une projection du travail de l'œuvre.

Lire un roman encyclopédique ?

Particulièrement épineuse la position dans laquelle se trouve le lecteur de *Bouvard et Pécuchet*, de ce roman-encyclopédie « en farce » – et d'abord parce qu'il est bourré de lectures, celles de l'auteur, celles des personnages, ce que nous venons de souligner. Mais en face de ces lectures qui passent dans l'écriture, se dessine la place du lecteur de l'œuvre.

L'œuvre de Flaubert en général n'a-t-elle pas une façon particulière d'« impliquer » (pour reprendre le mot de Wolfgang Iser) le lecteur ? Il est vrai que l'on prête plus facilement attention à la question de l'auteur – dans le cas de Flaubert en particulier. C'est qu'on est guidé par ce qu'il a pu dire lui-même de la position du romancier par rapport à ses œuvres. (Au demeurant, on ne peut passer trop simplement de ses déclarations dans sa correspondance à ce qui serait leur réalisation dans l'œuvre même.)

Mais ce qui, chez Flaubert, est de l'ordre de la présence-absence de l'auteur ne doit-il pas trouver son répondant du côté du lecteur – du lecteur « impliqué » par l'œuvre telle qu'elle est constituée et telle qu'elle se propose à la lecture ?

Pas de complicité de l'auteur avec le lecteur : tel est sans doute l'un des sens de l'abstention que le romancier prétend ascétiquement s'imposer. Ne serait-ce pas d'ailleurs les (prétendues) adresses directes au lecteur que Flaubert déteste dans certains romans (chez Stendhal, par exemple) ? Toute posture de connivence (qui, en fait, relèverait de l'opinion) semble chez lui à défaire – qu'elle cherche à s'établir dans des endroits particuliers du texte, ou qu'elle se rende sensible dans l'« atmosphère » d'ensemble, comme l'élément global du roman. (Et telle est aussi, sans doute, l'une des plus fortes incompatibilités entre l'œuvre flaubertienne et la critique que pratique Sainte-Beuve, celle qui n'use pas seulement de la biographie, mais qui, par son ton même, ramène les œuvres dans les liens d'une proximité humaine volontiers sceptique à l'égard des œuvres.)

Le silence sensible dans la prose flaubertienne est actif: il isole l'œuvre, il entame les rapports dans lesquels elle se constitue. La familiarité que certains romanciers aiment à suggérer, le ton de la conversation: c'est ce que Flaubert défait. L'œuvre tout en touchant thématiquement aux liens humains ordinaires, en les exposant cruellement, les entaille silencieusement par sa seule façon d'être.

Si l'œuvre doit atteindre cet isolement actif, mordant, n'est-ce pas au prix d'une inégalité de positions entre auteur et lecteur? Ne faut-il pas que le premier soit ce «maître» qui a mené à son point d'achèvement ce que le lecteur découvre tout accompli?

En fait, il en va autrement. Par l'œuvre – sous la loi de l'œuvre –, une sorte d'égalité s'instaure entre auteur et lecteur.

Par l'œuvre telle qu'elle cherche à se réaliser, l'auteur et le lecteur ne sont pas niés, sans doute. Mais leurs positions sont comme soulevées, rendues possibles, restituées à une sorte de jeu. Voilà qui, sans doute, paraît plus plausible lorsqu'il s'agit du lecteur. Tout auteur n'a-t-il pas d'abord affaire, dans le temps où il écrit, à un ou des lecteur(s) virtuel(s)? Simplement, une fois le texte achevé et l'ouvrage publié, la tension – voire la contradiction – sera plus ou moins grande entre le lecteur impliqué et les lecteurs réels.

Mais c'est un des traits de l'œuvre au sens flaubertien que de rendre la réalité de l'auteur presque aussi problématique que celle du lecteur. L'auteur lui-même, dont la réalité comme individu est certes indiscutable, doit néanmoins devenir capable de son œuvre selon ce qu'elle exige (alors même qu'elle n'est encore qu'en formation) – au point qu'il aurait, pour la produire, à naître d'elle.

Il y faut une interversion de l'avant-après (au plus près, d'ailleurs, des rapports humains de filiation et de succession, et contre eux), un basculement temporel que l'on retrouve chez d'autres auteurs, de Mallarmé (qui, très tôt, affirme dans sa correspondance – contre Taine – que le poète, devant la page «se fait») à Proust ou Joyce, avec peut-être même un reflet du côté d'Apollinaire (où glisse un reflet d'Hérodiade et où les colchiques sont mystérieusement «filles de leurs filles»).

Cette tendance à la symétrie (ou à une certaine égalisation dans le suspens) entre les positions de l'auteur et du lecteur se fait sentir encore dans le fait que Flaubert écrivant ne cesse de chercher, non sans difficulté, à se faire le lecteur de son texte. Il a besoin de retrouver toujours le point d'où il puisse voir, entendre, ce qu'il a écrit. Il faut que ses phrases lui apparaissent dans une certaine distance comme spatiale pour qu'il puisse obstinément les rectifier. Et bien sûr, l'œuvre achevée incorporera quelque chose de ces moments de son élaboration – comme si elle avait toujours déjà été lue, et comme si elle ne cessait d'être en attente d'être relue.

L'œuvre dans le temps où elle est élaborée apparaît, souligne Flaubert (au temps des lettres à Louise Colet et de *Madame Bovary*), dans sa globalité à distance, dans un lointain de cimes bleuâtres, elle est ce qui recule quand on s'approche et ce dont il faudra pourtant capter la distance même dans la réalisation, dans l'effectuation de son détail. Alors elle émerge aussi lointaine pour l'auteur qu'elle le fera pour ses lecteurs futurs, épars dans un avenir indéfini. Il faut qu'elle s'impose déjà, dans le présent de l'auteur, telle qu'elle rayonnera pour les temps ultérieurs.

L'évidence de cette disposition risque néanmoins de se brouiller dès lors qu'on prête attention à l'afflux des livres dans le travail d'écriture de Flaubert et, par moments, voire massivement, dans le texte même des œuvres. La question devient – par rapport à l'existence de l'œuvre – celle des lectures de l'auteur ou de ses personnages, et celle du rapport que noue le lecteur avec ces lectures.

Flaubert lecteur? Il arrive qu'une lettre évoque les volumes entassés sur sa table – non loin de la page qu'il va tenter d'«emplir». Sans doute ces livres sont-ils d'abord du matériau. Ils vont alors disparaître dans la constitution de l'œuvre. Et le savoir qu'ils ont apporté aussi bien que leur effacement contribuent à la tension silencieuse de l'œuvre.

Flaubert d'ailleurs essaie de retrouver dans ses livres quelque chose de l'effet que produisent sur lui certains grands livres du passé avec leur simplicité majestueuse.

Mais les livres tendent aussi à apparaître dans l'espace même du roman, de *Madame Bovary* à *Bouvard et Pécuchet*. Et certaines lectures, comme on sait, sont attribuées aux personnages. Complexes, multiples et mouvants, les rapports entre les lectures de l'auteur dans la préparation de son livre et celles des personnages dans le livre.

L'un des aspects est un décrochement ironique qui fait voir les lectures des personnages comme dégradées, et l'on dirait que l'œuvre elle-même en tire d'autant plus de force, en se différenciant de ce qu'elle montre, en s'élevant au-dessus de l'usage des livres tel qu'il est montré dans la narration.

Mais ne faut-il pas reconnaître aussi un mouvement contraire? Les livres dans le texte tendent à surgir de façon violente, disruptive, et à s'imposer au premier plan du texte, de telle sorte que la constitution même du roman risque d'en être affectée.

Ce n'est pas que les livres ou les lectures, en venant au premier plan, cessent d'être enveloppés d'ironie. Cette dernière tendrait plutôt à s'étendre pour atteindre, en amont, les travaux de l'auteur lui-même. Et l'auteur ne serait plus alors au foyer de l'ironie, il serait de plus en plus distinct de tout position surplombante, celle-ci se métamorphosant en une sorte de pur élément abstrait en même temps figuré dans le livre – vaste ciel, durée qui se dilate, vide qui devient irrésistiblement la tension même, abstraite-immédiate, du texte, ou le silence de l'œuvre.

Cette mouvante et métamorphosable puissance d'ironie de l'œuvre à l'égard des livres et des lectures et de leur multiplication croissante permet que la présence des livres (avec leur autorité excessive ou leur disponibilité quasi arbitraire) soit plus que jamais équivoque dans le texte.

Qu'arrive-t-il à la logique de l'encyclopédie alors que la masse des livres en vient à s'imposer dans le texte ? Qu'advient-il de la présentation de ses chapitres successifs les uns par rapport aux autres et de celle de chaque domaine et de sa constitution interne ?

Ce qui est d'abord rencontré, c'est le problème de la destination des encyclopédies en général en un temps où les sciences et les savoirs en général se différencient, se spécialisent, deviennent inaccessibles au public en général et, bientôt, aux autres savants. C'est donc celui du lecteur visé par le travail encyclopédique avec toutes ses équivoques, entre la synthèse effective des connaissances et la représentation vulgarisatrice de la science. C'est celui de la tension entre la participation effective à un domaine du savoir ou de la pensée et l'appréhension de quelque chose de ce domaine du dehors, tel que l'encyclopédie en donne l'image. C'est donc aussi la question de l'image de la science dans l'espace public, pour quiconque, c'est-à-dire pour tous ceux qui n'ont pas d'accès réel – opératoire – au domaine scientifique concerné.

Il y a un jeu entre cette position du destinataire de l'encyclopédie et les autres positions de lecture que comporte l'œuvre : celle de l'auteur, celle du lecteur impliqué du roman, et celle des personnages sur laquelle l'ouvrage se livre à une sorte d'expérimentation toujours réitérée.

Peut-on trouver dans chaque chapitre ou sous-chapitre de *Bouvard et Pécuchet* une présentation, plus ou moins esquissée, de l'ensemble d'une science, d'un savoir, d'un domaine (avec ce qui serait les problèmes essentiels du moment) ? Ou bien les personnages ne se saisissent-ils que de bribes arrachées et plus ou moins hétéroclites ?

Il ne fait guère de doute que Flaubert ait par moment, dans son travail de lecteur, tenté de préparer l'incorporation dans son roman d'une véritable appréhension des aspects essentiels ou des grandes alternatives propres au domaine étudié – l'histoire, par exemple, ou la philosophie. Et il arrive alors que la saisie par «bribes», attribuée aux personnages, dissimule plutôt ce travail préalable (que révèlent les notes de lectures de Flaubert, et leurs diverses reprises ou synthèses).

Mais à d'autres moments, Flaubert partage évidemment avec ses personnages l'incapacité de s'emparer d'autre chose que de bribes.

Dans le second cas, celui d'une encyclopédie décomposée ou d'une saisie encyclopédique décomposante, le lecteur du roman est impliqué d'une façon relativement simple : les bribes du domaine abordé ne sont guère que des échantillons qui peuvent être à la fois très particuliers et dotés d'une valeur générale (mais dans l'ordre de l'échec).

Dans le premier cas, en revanche – celui d'une encyclopédie qui essaie de remplir sa tâche –, la position du lecteur devient trouble. L'encyclopédie, dans son aspect essentiellement synchronique, est en principe destinée au lecteur contemporain : elle devait lui offrir l'état présent du savoir. N'y a-t-il pas alors, dans le cas de *Bouvard et Pécuchet*, conflit avec la position impliquée pour le lecteur de l'œuvre? Celle-ci appelle – et particulièrement dans le cas de Flaubert – un lecteur non déterminé temporellement, situé dans un avenir sans borne. La lecture de l'œuvre littéraire ne va-t-elle pas être brouillée, voire rendue impossible, par la présence dans le texte d'une encyclopédie qui sera nécessairement périmée à (relativement) court terme?

On peut se demander, il est vrai, si le roman encyclopédique ne rencontre pas simplement une version particulière de certaines difficultés du roman en général dans ses rapports au donné historique. Le roman du XIXe siècle (par opposition à ces œuvres classiques que Flaubert admire et qui recourent à des contenus – mythiques, en particulier – déjà dotés d'une valeur quasi éternelle) ne tend-il pas à s'incorporer ce qui est propre à un état de la société, à des situations historiques qui vont s'effacer, ou qui s'effacent déjà au moment où il est écrit? Peut-être même s'agit-il là du statut de l'«œuvre» en général à cette époque : Baudelaire le pense, en une tension oxymorique, comme une alliance de l'éphémère et de l'éternel.

L'effort du romancier «réaliste» (dès lors qu'il ne serait rien en général – nulle transcendance politico-religieuse – qui ne paraisse désormais radicalement livré au temps) est de faire que le donné temporel auquel il a à faire, l'éphémère, ce qui perdra toute évidence pour des lecteurs du futur, devienne matière d'une œuvre qui ne se périmera pas et qui continuera à captiver les attentions. C'est là qu'il travaille à produire la fluidité ou l'entrée en fusion (dans *La Comédie humaine*) de ce donné historique éphémère, ou qu'il a recours à une sorte de généralisation interne, à l'élaboration de « types » (selon un mot que Flaubert dans sa correspondance reprend ou retrouve après d'autres – Goethe en particulier), ou qu'il pratique l'écriture du détail cerné et détaché au point que toute attention devrait indéfiniment continuer à s'y prendre.

Mais la tâche est particulièrement difficile lorsqu'il s'agit de citations, d'inclusions de choses déjà écrites et supposées lues par l'auteur, certes, mais aussi lues ou dites dans le texte par les personnages, et qui ont par là une présence plus directe dans le texte. On dirait alors que le texte s'ouvre dangereusement à ce qui peut résister à sa visée temporelle (ou trans-temporelle) en tant qu'œuvre. Par là ce sont alors d'incessantes distorsions temporelles qui s'imposent dans le texte.

Car il ne s'agit pas seulement du caractère inévitablement périmable du donné historique. Il s'agit des temporalités propres aux divers domaines. Dans l'ordre du savoir la péremption n'est pas seulement une fatalité historique. Elle est active. Elle est la condition même de la fécondité d'un domaine.

Il semble, en bien des endroits, que *Bouvard et Pécuchet* méconnaisse cette temporalité productive de la science. Ou bien il faut penser que cette temporalité a été en quelque manière perçue pour être décomposée dans le texte. C'est alors qu'on voit des états divers d'un savoir se juxtaposer sans discrimination visible. Le périmé voisine alors avec le plus récent.

Mais que veut dire « le plus récent » pour du savoir scientifique incorporé à l'œuvre romanesque ? S'agit-il d'un état de ce savoir qui serait encore valable ? Pour qui ? À quel moment ? Pour l'auteur au moment où il écrit ? Pour les personnages au moment où il les situe ? Et pour quel lecteur ?

On est parfois tenté de croire que le savoir intégré, daté comme il est, aurait pu être accessible à un lecteur contemporain de la rédaction du roman et que nos difficultés sont celles de lecteurs qui auraient à retrouver la position d'un contemporain de la rédaction du roman. Mais le lecteur impliqué par l'œuvre n'est pas le lecteur contemporain. C'est bien plutôt le lecteur indéterminé dans le temps (et même s'il s'agit d'abord – de fait, au moment de la publication – du lecteur contemporain, c'est en tant que celui-ci tente de tenir la place du lecteur temporellement indéterminé). Dès lors, le savoir d'emblée périmé (dès le temps de la rédaction du roman ou à l'époque où sont situés les personnages) est celui qui, dans le texte, s'offre au lecteur contemporain comme il s'offrira à tout lecteur futur.

Il ne fait guère de doute (à lire certaines des lettres de Flaubert, depuis le temps des premières lettres à Louise Colet jusqu'au moment où il écrit *Bouvard et Pécuchet*) que Flaubert ait eu envie parfois d'allier son écriture romanesque à de la science se faisant – celle-ci paraissant alors incarner la temporalité moderne d'une effectuation croissante et irréversible. Il en reste quelque chose dans le chapitre agriculture de *Bouvard et Pécuchet* (même si, bien entendu, tout y est disposé en vue d'une inévitable catastrophe), là où le savoir agronomique (avec l'apport de diverses sciences qui y coopèrent encyclopédiquement) se rend un instant visible avec son efficacité transformatrice et sa temporalité neuve, sa progression en rupture avec la routine éternelle des paysans.

Mais dans la constitution de l'œuvre, la temporalité scientifique (et les temporalités qui en dérivent) a quelque chose d'inintégrable. Ou bien la science semble soudain redevenir extérieure au roman. Ou bien son élan temporel risque d'être pris dans une logique de décomposition – qui se retrouverait dans les échecs des personnages.

Si *Bouvard et Pécuchet* se réalise encore en tant qu'œuvre au sens flaubertien, c'est en s'exposant comme jamais à ce qui lui résiste – au-dehors, au-dedans, indissociablement –, à ce qui met la possibilité ou la portée de l'œuvre en péril.

La lisibilité de ce roman n'est en aucune façon assurée. Le lecteur empirique ne sait pas exactement où se mettre. Le texte est différencié par des temporalités qui souvent sont sensibles au moment où elles se font insaisissables. Il s'impose ainsi un rythme multiple de la lecture, des jeux différenciés de l'attention. Nous, lecteurs variables dans le temps, nous jouons, nous rusons… L'acte de lire est mis en péril, le lecteur est obligé de se chercher, et d'éprouver les instabilités de sa position. Les bibliothèques que Flaubert mobilise dans l'écriture, l'intense travail de lecture et de réécriture qui caractérise cette œuvre si singulière qu'est *Bouvard et Pécuchet* se retournent dans l'espace inquiétant d'une lecture elle-même vouée à un soupçon infini porté sur les livres.

LE CATALOGUE MULTIMÉDIA
DE LA BIBLIOTHÈQUE DE NIETZSCHE

Paolo D'Iorio et Frank Simon-Ritz

Un philosophe vagabond et une sœur abusive

Mon frère ne peut être compris que par ceux qui ont aussi connu ses plus chers amis, des amis venus de tous les temps et de tous les pays : les livres qu'il a aimés. Et sa bibliothèque peut encore nous dire, du moins en partie, qui ils furent. Je croyais que presque tous ses livres de philosophie, de science, d'esthétique avaient été conservés, mais je constate, à partir des reçus des antiquaires, qu'il avait envoyé beaucoup de livres à Leipzig en échange d'autres volumes. Dans les dernières années de ma vie, quand je disposerai de plus de temps que maintenant, j'espère pouvoir rédiger, d'après différentes notes, le catalogue complet de sa bibliothèque telle qu'elle était[1].

C'est ainsi qu'en 1900, Elisabeth Förster-Nietzsche concluait la préface à la première version publiée du catalogue de la bibliothèque de son frère. Plus que d'autres interprètes, mieux même que ceux d'aujourd'hui, Elisabeth avait très tôt compris l'importance qu'il y avait à étudier le contexte intellectuel à l'intérieur duquel s'était formée la philosophie de son frère. Dès la fondation des Archives Nietzsche, elle avait commencé à rassembler, conserver et inventorier, à côté des manuscrits, les livres de la bibliothèque du philosophe. D'ailleurs depuis son adolescence, tandis qu'elle conservait religieusement chaque ligne écrite par son frère, elle avait déjà entrepris de rédiger le tout premier catalogue de la bibliothèque de Nietzsche, qui était alors âgé de quatorze ans[2] !

---

1. Elisabeth FÖRSTER-NIETZSCHE, « Friedrich Nietzsches Bibliothek », in Arthur BERTHOLD (Hrsg.), *Bücher und Wege zu Büchern,* Berlin et Stuttgart, W. Spemann, 1900, p. 456.

2. *Ibid.*, p. 448. Un catalogue autographe des livres que Nietzsche possédait à l'âge de dix-huit ans est conservé au *Goethe- und Schiller-Archiv* de Weimar (Mp III 9, *cf.* Friedrich NIETZSCHE, *Historisch-Kritische Gesamtausgabe,* éd. H. J. Mette, vol. II, p. 67.

Certes, Elisabeth Förster-Nietzsche cherchait et rassemblait ces matériaux non seulement pour les conserver et en encourager la diffusion, mais aussi pour les altérer et les détruire[3]. Dans certains cas, la disparition avait été involontaire, par exemple lorsque Elisabeth perdit une série de volumes de la bibliothèque de son frère au Paraguay, parmi lesquels les *Contes* de Bret Harte, *Henri le vert* et *Les Gens de Seldwyla* de Keller[4]. Il lui arriva aussi d'offrir certains volumes aux visiteurs illustres et aux mécènes des Archives Nietzsche. Mais elle a aussi délibérément fait disparaître certains livres qu'elle jugeait gênants ou scandaleux. Par exemple, Mazzino Montinari estimait qu'Elisabeth, pour préserver la réputation de son frère, avait au moins retiré de sa bibliothèque *L'Unique* de Stirner, lecture extrêmement blâmable à ses yeux, et quelques textes libertins – ou considérés comme tels par Elisabeth – comme *De l'amour* de Stendhal. En outre, pour ce qui concerne les œuvres et surtout les lettres de son frère, la sœur abusive[5] s'était permis des censures bien plus graves, au point que, dans sa vieillesse – au lieu de se consacrer, comme elle l'avait annoncé, à la minutieuse reconstitution de la bibliothèque de Nietzsche –, elle dut répondre, de manière assez grossière mais non dépourvue d'efficacité, aux accusations de ceux qui révélaient son rôle de faussaire. Karl Schlechta raconte que lorsqu'il montra à Elisabeth les preuves de ses falsifications, c'est-à-dire les brouillons de certaines lettres adressées à d'autres destinataires qu'elle-même, mais qu'elle avait modifiées et publiées comme si son frère les lui eût adressées, cette dame de près de quatre-vingt-dix ans « entra dans une fureur noire, poussa des hurlements d'indignation et lui jeta à la tête sa lourde canne en chêne. "J'eus le sentiment qu'elle voulait me tuer"[6] ».

L'histoire du philosophe à l'esprit libre et de sa sœur abusive pourrait être racontée à travers l'histoire de la formation, de l'accroissement et de la progressive divergence et opposition de deux bibliothèques : la bibliothèque d'un philosophe vagabond et la bibliothèque d'apparat d'un centre de culture germanique.

Les deux bibliothèques cohabitaient au siège des Archives Nietzsche, d'abord à Naumburg et ensuite à Weimar. Tandis que la bibliothèque des Archives Nietzsche gagnait en extension, attestant de

---

3. Voir à ce sujet le bel article de Renate Müller-Buck, « "Naumburger Tugend" oder "Tugend der Redlichkeit". Elisabeth Förster-Nietzsche und das Nietzsche-Archiv », *Nietzscheforschung*, n° 4, p. 319-335.
    4. *Cf.* Elisabeth Förster Nietzsche, « Friedrich Nietzsches Bibliothek », art. cit., p. 452.
    5. Selon l'expression de Richard Roos, « Les derniers écrits de Nietzsche et leur publication », *Revue philosophique*, n° 146 (1956).
    6. *Cf.* H. Peters, *Nietzsche et sa sœur Elisabeth*, Paris, Mercure de France, 1978, p. 301.

la pénétration de la philosophie et du mythe de Nietzsche et reflétant la tentative d'Elisabeth de dessiner sa propre image du prophète de Zarathoustra et de son rôle dans l'Europe du XXe siècle, la bibliothèque de Nietzsche quant à elle demeurait comme le témoignage muet de ceux qui furent les véritables interlocuteurs et incarnaient les véritables problèmes d'un philosophe qui s'était formé et avait agi dans la seconde moitié du XIXe siècle. Reléguée au rôle d'élégant bibelot, enrichie et mutilée en même temps par une série de magnifiques reliures qui avaient provoqué, dans la plupart des cas, la détérioration et la perte de nombreuses annotations marginales, la bibliothèque de Nietzsche, comme son legs manuscrit, fut noyée dans l'océan de papiers et de livres des Archives Nietzsche, jusqu'à devenir progressivement un corps étranger par rapport à la pratique éditoriale qui y était conduite, aux rapport culturels qui y étaient tissés et à l'idéologie contenue dans les volumes qui, petit à petit, allaient revêtir les murs de l'élégante villa sur les collines de Weimar.

La mort d'Elisabeth et la seconde Guerre mondiale ont desserré l'étau du dernier embrassement mortel dans lequel la sœur abusive avait tenu les livres et les papiers de son frère : une étreinte faite d'autres livres et d'autres papiers. Après une phase de transition dans l'après-guerre et une période d'hibernation sous le régime de la RDA, les livres et les manuscrits de Nietzsche ont recommencé à parler grâce à la grande édition de Giorgio Colli et Mazzino Montinari, et au soin avec lequel les Archives Goethe-Schiller et la *Herzogin Anna Amalia Bibliothek* de Weimar les ont conservés et les mettent à la disposition des chercheurs. Ainsi les livres et les manuscrits de Nietzsche peuvent continuer, pour ceux qui veulent l'écouter, à raconter l'histoire d'un philosophe apatride dans l'Europe du XIXe siècle et de son fardeau d'histoire et de culture. À leur côté, les livres et les papiers des anciennes Archives Nietzsche ont une autre histoire non moins importante à raconter : celle de l'ombre du voyageur, des singes de Zarathoustra, des masques, des caricatures et du mythe de Nietzsche qui a traversé, non sans conséquences, l'histoire du XXe siècle.

Pourquoi étudier la bibliothèque de Nietzsche ?

De même que l'édition critique des œuvres complètes a la tâche de publier tout ce qu'un auteur a écrit, le catalogue de la bibliothèque a l'ambition, de son côté, de dresser un inventaire de toutes les publications, livres, revues, journaux, auxquels un auteur a eu affaire. Soit qu'il les ait acquis, qu'ils lui aient été offerts, qu'il les ait consultés ou empruntés dans une bibliothèque, ou encore qu'ils lui aient été prêtés par des amis. Bien sûr nous n'y parviendrons jamais. Pour cette raison, nous parlons souvent du catalogue de la bibliothèque « idéale », au sens kantien du terme : comme principe heuristique suivant lequel on essaye d'élargir de plus en plus la recherche tout en sachant qu'il sera impossible de reconstituer tout ce que Nietzsche a lu (comme d'ailleurs l'édition des œuvres complètes n'arrivera jamais à publier tous les textes qu'un auteur a écrit), en essayant toutefois de recueillir toutes les *traces* que l'auteur a laissées dans l'acte de lecture.

Mais qui a besoin du catalogue de la bibliothèque de Nietzsche, et pourquoi ?

1) D'abord c'est *l'édition critique* des œuvres complètes qui a besoin du catalogue de la bibliothèque idéale pour résoudre les problèmes d'attribution du texte.

Par exemple, dans les fragments posthumes de 1887 se trouve cette brève remarque de Nietzsche : La « paix parmi les hommes », comme le bien suprême. Le royaume de Dieu (fragment posthume 11[268] de 1887 dans l'édition Colli-Montinari). Les éditeurs de cette fausse œuvre qu'est *La Volonté de puissance* avaient inclu ce fragment dans leur compilation *comme texte de Nietzsche*. En réalité, il s'agit de la traduction en allemand d'un passage de la traduction française de l'œuvre de Léon Tolstoï, *Ma religion* (Paris, 1885, p. 110 : « Le royaume de Dieu sur la terre est la paix entre tous les hommes. C'est ainsi que tous les prophètes hébreux concevaient le royaume de Dieu. La paix parmi les hommes est, sur la terre, le plus grand bien qui soit à la portée de tous ») – mais la religion de Nietzsche n'est pas du tout celle de Tolstoï, et l'éditeur doit faire en sorte que le lecteur ne s'y trompe pas. Et encore aujourd'hui, tout étudiant qui achète la réimpression de ce livre au titre si beau, je parle de *La Volonté de puissance* réédité en poche par Gallimard[7], risque de tomber dans le même piège.

Mais il existe nombre d'autres exemples. Pour expliquer la conception de la temporalité chez Héraclite dans les leçons sur *Les Philosophes préplatoniciens*, Nietzsche utilise, en citant sa source, une conférence du naturaliste Carl von Baer[8]. En fait, lorsqu'on confronte le texte de Nietzsche avec celui de von Baer, on se rend compte que Nietzsche ne cite pas, mais résume, magistralement, d'une manière stylistiquement

---

7. Friedrich Nietzsche [*sic*], *La Volonté de puissance*, Paris, Gallimard, 1995. Voir à ce sujet l'essai de Mazzino Montinari, *« La Volonté de puissance » n'existe pas*, Paris, Éditions de l'éclat, 1996.

8. Friedrich Nietzsche, *Die vorplatonische Philosophen*, Cahier P IV, p. 56-57, KGW, II/4, p. 267 *sq.* ; tr. fr. par Nathalie Ferrand : Friedrich Nietzsche, *Les Philosophes préplatoniciens*, Combas, Éditions de l'éclat, 1994, *cf.* p. 147 et la note 40, p. 313.

plus efficace, le texte de von Baer. En feuilletant les revues que Nietzsche avait à sa disposition dans cette période, dans la bibliothèque de Bâle, on trouve dans le numéro 7 du *Philosophische Monatshefte*, contemporain de la rédaction des leçons, un article d'Otto Liebmann intitulé «Über subjective, objective und absolute Zeit». Aux pages 472 et suivantes, est imprimé, mot à mot, le texte que l'on croyait être un résumé magistral sorti de la plume de Nietzsche[9].

Dans le premier exemple, Nietzsche citait littéralement Tolstoï, mais dans le deuxième également, ce qu'on avait cru être une page inspirée de von Baer et écrite avec la plume de Nietzsche, se révèle être une citation littérale du résumé de Liebmann. Dans les deux cas, il ne s'agit pas de textes de Nietzsche. L'éditeur doit absolument le signaler et ne peut le faire que s'il dispose d'un catalogue des lectures du philosophe.

2) Un autre exemple nous montrera combien l'*interprétation philosophique* elle-même a également besoin du catalogue de la bibliothèque et des lectures de Nietzsche. Si on voulait définir *Ainsi parlait Zarathoustra* à l'aide de quelques mots clefs, on ne pourrait pas ignorer les deux suivants : parodie et modernité. Commençons par la parodie. On s'est souvent demandé pourquoi Nietzsche a choisi la figure d'un réformateur religieux, Zarathoustra, comme protagoniste d'une œuvre athée, où il est question de la mort de Dieu. Les hypothèses les plus étranges ont été proposées. Mais Nietzsche lui-même nous répond dans un passage célèbre de *Ecce homo* :

> On ne m'a pas demandé – mais on aurait dû me demander –, ce que signifie dans ma bouche, dans la bouche du premier immoraliste, le nom de *Zarathoustra*, car c'est juste le contraire qui fait le caractère monstrueusement unique de ce Perse dans l'histoire. Zarathoustra, le premier, a vu dans la lutte du bien et du mal la vraie roue motrice du cours des choses. La transposition en métaphysique de la morale conçue comme force, cause, fin en soi, telle est *son* œuvre. Mais cette question pourrait au fond être considérée déjà comme une réponse. Zarathoustra *créa* cette fatale erreur qu'est la morale ; par conséquent il doit aussi être le premier à *reconnaître* son erreur[10].

---

9. L'habitude de Nietzsche de consulter les *Philosophische Monatshefte* est attestée par la liste des emprunts du philosophe à la bibliothèque universitaire de Bâle publiée par Luca CRESCENZI, «Verzeichnis der von Nietzsche aus der Universitätsbibliothek in Basel entliehenen Bücher (1869-1879)», *Nietzsche-Studien*, n° 23, Berlin, De Gruyter, 1994, p. 388-441.

10. Friedrich NIETZSCHE, *Ecce homo*, «Pourquoi je suis un destin», paragraphe 3 ; nous citons d'après l'édition critique établie par Colli et Montinari (NIETZSCHE, *Werke*, Berlin, De Gruyter, 1967 *sq.*), utilisant les traductions françaises publiées chez Gallimard, Laffont, la Librairie générale française, Flammarion et les modifiant d'après les originaux allemands lorsque nous les jugeons nécessaire.

Donc Zarathoustra serait utilisé à des fins parodiques : il a créé l'erreur d'une morale absolue, il doit la reconnaître. Mais ne s'agirait-il pas ici, de la part de Nietzsche, d'une reconstruction *a posteriori*? Que disent les manuscrits? Zarathoustra apparaît dans les manuscrits de Nietzsche pour la première fois en août 1881 :

> *Zarathoustra, geboren am See Urmi, verliess im dreissigsten Jahre seine Heimat,*
> *gieng in die Provinz Aria und verfasste in den zehn Jahren seiner Einsamkeit*
> *im Gebirge den Zend-Avesta* [Zarathoustra, né sur le lac d'Urmi, quitta à
> l'âge de trente ans sa patrie, se rendit dans la province d'Aria et
> rédigea en dix ans de solitude dans la montagne le Zend-Avesta, FP
> 11[195] de 1881].

Ill. 1. Cahier M III 1, p. 3, Weimar, *Goethe- und Schiller-Archiv*.

«Mais où donc Nietzsche a-t-il trouvé ces informations? » se sont demandé les interprètes. Ils auraient dû se poser la question : de quels livres Nietzsche disposait-il à Sils-Maria pendant l'été 1881? Il se trouve que le 8 juillet, Nietzsche avait demandé à son ami Overbeck de lui envoyer, entre autres, deux volumes de Hellwald, *Culturgeschichte*, et *Die Erde und ihre Bewohner*. Et à la page 128 de la *Culturgeschichte in ihrer natürlichen Entwicklung bis zur Gegenwart* (Augsbourg, Lampart & Comp., 1875) de Friedrich Anton von Hellwald, on peut lire les mêmes informations que celles que Nietzsche rapportait dans le passage du cahier M III 1 et dans le paragraphe d'*Ecce homo* que nous venons de citer[11].

Le rapprochement entre manuscrits et lecture nous confirme donc que dès le début, Zarathoustra pour Nietzsche veut d'abord dire : parodie. Mais Zarathoustra évoque aussi un autre mot-clé : modernité, ce qui peut être exemplifié à l'aide des étapes génétiques qui mènent à un passage de la quatrième partie de l'œuvre.

> [*Also sprach Zarathustra*, IV, « Die Begrüssung »] *Aber ihr errathet nicht, was mein Herz muthwillig macht : – ihr selber thut es und euer Anblick, vergebt es mir! Jeder nämlich wird muthig, der einem Verzweifelnden zuschaut. Einem Verzweifelnden zuzusprechen – dazu dünkt sich Jeder stark genug.* [Mais vous ne devinez pas *ce* qui rend mon cœur joyeux ! – c'est vous-même, votre vue, pardonnez-moi ! Chacun, en effet, qui regarde quelqu'un qui désespère, reprend courage. Dire de bonnes paroles à quelqu'un qui désespère, – pour cela, chacun se trouve assez fort].
> [FP 31[48] 1884-1885] – *ihr Verzweifelnden, wie viel Muth macht ihr allen denen, die euch zureden!* [– vous les désespérés, que de courage n'inspirez-vous pas à tous ceux qui vous parlent !].
> [FP 29[1] 1884-1885] – *ihr Verzweifelnden! Wie viel Muth macht ihr denen, die euch zuschauen!* [– vous les désespérés ! Que de courage n'inspirez-vous pas à ceux qui vous regardent !].
> [FP 28[22] 1884] *ihr Verzweifelnden! wie viel Muth macht ihr denen, die euch zuschauen!* [vous autres désespérés ! quel courage ne donnez-vous pas à ceux qui vous regardent !].
> [FP 28[9] 1884] *du Verzweifelnder! Weißt du auch, – wie viel Muth machst du denen, die dir zuschaun* [toi, désespéré ! Sais-tu aussi – combien tu donnes courage à ceux qui regardent vers toi].
> [FP 25[91] 1884] « L'effet ordinaire du désespoir est de rendre l'énergie à ceux, qui sont témoins de cette maladie morale ».

Cette fois nous avons commencé par le texte de *Zarathoustra*, nous l'avons suivi à rebours dans ses rédactions préparatoires selon la technique de la variante et nous avons abouti à une formulation en français, placée entre guillemets. Nietzsche écrivait-il en français pour traduire ensuite en allemand ? En réalité, il s'agit, comme l'a indiqué Montinari, d'un extrait d'après le roman d'Astolphe de Custine, *Le monde comme il est*, Paris 1835, volume 2, page 281. Le court passage de Custine a été assimilé et est devenu après plusieurs transformations, texte de Nietzsche.

---

11. *Cf.* Paolo D'Iorio, « Beiträge zur Quellenforschung », *Nietzsche-Studien*, n° 22 (1993), p. 395-402.

On peut indiquer des dizaines d'exemples dans lesquels les sentences de *Zarathoustra*, mises sous la loupe du philologue, se révèlent être l'aboutissement d'un tel processus de condensation. Ce processus trouve son origine dans de précédentes pensées de la période de la philosophie de l'esprit libre (contre toute hypothèse d'une fracture entre la période dite positiviste et celle dite mythique représentée par Zarathoustra) ou, comme dans ce cas, de textes d'auteurs contemporains. De la sorte, l'interprète découvre que cette œuvre vit dans un rapport très étroit avec la contemporanéité. Aussi il ne s'étonnera pas de découvrir, par exemple, que Nietzsche avait tiré la notion d'« homme supérieur », déterminante dans la quatrième partie de *Zarathoustra*, de l'essai de Paul Bourget sur Taine qui venait juste de paraître, ou que, comme l'a écrit Giuliano Campioni, les masques de la quatrième partie de *Zarathoustra* sont les « essais de psychologie contemporaine » de Nietzsche. Ce qui semblait sérieux et archaïque devient – sous la loupe du philologue, à travers le filtre de la bibliothèque et des lectures – parodique et moderne. Devient analyse de la décadence menée avec les instruments de la décadence.

3) Par conséquent, troisième élément, c'est la *compréhension historique* d'un auteur ou d'une période de l'histoire culturelle européenne qui a besoin de tenir compte de la bibliothèque et des lectures, qui sont le lieu où se produisent et sont repérables les échanges culturels. Le texte d'un auteur, dans cette optique, devient partie d'une réalité plus vaste et nous permet d'ouvrir des perspectives de recherche plus larges. Je ne peux pas ne pas citer à ce sujet un passage posthume de Montinari, qui avait bien exprimé ce troisième aspect.

> À quoi sert la recherche sur la bibliothèque de Nietzsche? À lancer un pont vers la culture du temps de Nietzsche. Dans cette construction, son originalité n'est pas en jeu. Il s'agit de reconstruire une atmosphère homogène, commune à tous ceux qui vivaient, agissaient et pensaient dans l'Europe de ce temps-là. La recherche sur la bibliothèque de Nietzsche ne sert pas seulement à entrer dans Nietzsche, mais sert encore plus à en sortir, pour saisir les liens généraux de l'histoire de la philosophie, de la politique, de la littérature, de la société en général. Pour isoler (objet de la *Nietzsche-Forschung*) le ferment Nietzsche, il faut connaître le bouillon de culture où il a agi[12].

---

12. Giuliano Campioni, *Leggere Nietzsche. Alle origini dell'edizione critica Colli-Montinari. Con lettere e testi inediti*, Pise, ETS, 1992, p. 127, voir également, en traduction allemande, Giuliano Campioni, « "Die Kunst, gut zu Lesen". Mazzino Montinari und das Handwerk des Philologen », *Nietzsche-Studien*, n° 18, 1989, p. XLIX.

De la sorte, la philosophie de Nietzsche devient, en même temps qu'elle nous sert de guide, une invitation à l'exploration du XIXe siècle et, *vice versa*, l'étude des tendances de la philosophie du XIXe siècle permet de comprendre les analyses denses et pénétrantes de Nietzsche.

La bibliothèque de Nietzsche à Weimar et ses catalogues

Quand, en janvier 1889, Nietzsche sombre dans la folie, son legs manuscrit se trouve dans une situation très difficile. À cause de ses déménagements fréquents à la recherche de conditions climatiques appropriées à son mode de vie, ses manuscrits et sa bibliothèque étaient dispersés à plusieurs endroits. Une partie importante de cet ensemble se trouvait à Turin, Sils-Maria et Bâle. Ce fut d'abord son ami Franz Overbeck qui tenta de recueillir les différentes parties de ce legs intellectuel. En 1892 il fut transporté dans la maison de la famille de Nietzsche à Naumburg. Un an après, Elisabeth rentra définitivement en Allemagne après la faillite de son expérience de colonie aryenne au Paraguay[13]. Dans les années qui précédèrent la mort de Nietzsche, marquée par la fondation des Archives Nietzsche en 1894 et son déménagement à Weimar en 1896, Elisabeth se donna beaucoup de mal pour récupérer d'autres parties des papiers de son frère. Par exemple, comme elle le raconte elle-même, elle se souvint qu'en 1883 Nietzsche avait demandé à sa logeuse de Gênes de garder une caisse remplie de manuscrits et de livres. Entre-temps la caisse était bien sûr tombée en morceaux, mais son contenu avait été soigneusement conservé. C'est un grand mérite d'Elisabeth, liée par une sorte d'amour-haine à son frère, que d'avoir recueilli tous les documents de sa vie intellectuelle, dès son enfance, et d'avoir complété cette collection, quand cela était possible, après l'effondrement psychique du philosophe.

Cependant, la partie livresque de cet ensemble, aujourd'hui conservée à Weimar, est incomplète. Il manque presque toutes les œuvres de littérature. Cela s'explique en particulier par la décision de Nietzsche, à la fin de l'époque bâloise, de se débarrasser d'un certain nombre de livres qui lui apparaissaient de plus en plus comme des bagages inutiles. Sa sœur nous raconte que des piles entières de livres allèrent chez les bouquinistes. Et qu'à l'insu de son frère, elle en racheta beaucoup.

---

13. Voir, à ce sujet, Ben MAC INTYRE, *Elisabeth Nietzsche ou la folie aryenne*, Paris, Laffont, 1993 et H. PETERS, *Nietzsche et sa sœur Elisabeth*, *op. cit.*, chapitres III et IV.

Le premier catalogue de la bibliothèque posthume de Nietzsche fut rédigé par Rudolf Steiner, sur la commande d'Elisabeth, en quinze jours, au mois de janvier 1896 (Steiner travaillait à l'époque aux Archives Goethe-Schiller de Weimar comme éditeur des écrits de Goethe sur les sciences naturelles). Resté à l'état de manuscrit conservé aux Archives Goethe-Schiller de Weimar, ce premier catalogue est d'un grand intérêt parce qu'il représente l'inventaire le plus précoce et le plus soigné du fonds Nietzsche. Steiner recense 1077 volumes et les ordonne par matière. Dans la description des volumes, sont souvent comprises la reliure, les pages jointes et la présence de traces de lecture (observations et lignes en marge, soulignages, coins cornés).

Ill. 2. Catalogue de Rudolf Steiner, p. 24, Weimar, *Goethe- und Schiller-Archiv.*

Le catalogue de Steiner a probablement servi, jusqu'au début des années 1930, comme outil de travail interne aux Archives Nietzsche. Ce catalogue a été la base du catalogue publié par Elisabeth à deux reprises, en 1900 et en 1913, qui en représentent une version réduite et dépourvue de la plupart des observations sur les traces de lecture.

En 1932, avec le commencement de la première édition critique des œuvres de Nietzsche, la situation change. À la réunion des membres de la Société des amis des Archives Nietzsche de cette année, Hans Joachim Mette, un des collaborateurs de cette édition, rapporte que, parmi les travaux préparatoires dont il était responsable: «On a commencé à ordonner la bibliothèque. [...] Pour chaque livre a été constituée une fiche avec indication exacte du titre, de l'année de parution et avec mention de la présence au moins d'observations manuscrites de la part de Nietzsche, et avec inscription de la cote du volume concerné.»

Dans une brochure de présentation de l'édition critique, Mette écrivait que deux instruments sont indispensables pour commencer ce travail: le catalogue des manuscrits et celui de la bibliothèque. «Pour ce

~~~~~~~~ Friedrich Nietzsches Bibliothek ~~~~~~~~

Plümacher, O., Der Pessimismus i. Vergangenheit u. Gegenwart. ~~~~~~~~~~~~
[Rée, P.] Psychologische Beobachtungen. [Handschriftliche Widm. des Verf.: „Herrn Prof. Friedr. Nietzsche, dem besten Freunde dieser Schrift, dem Quellwassererzeuger seines ferneren Schaffens dankbarst der Verf. Basel, Sept. 1877."]~
Renan, E., Philosoph. Dialoge und Fragmente. ~~~~~~~~
Richet, Ch., L'homme et l'intelligence. ~~~~~~~~~~
—Essai de psycholog. générale.
Rochefoucauld, De la, Réflexions sentences et maximes. ~
— Sätze aus der höheren Welt- und Menschenkunde [Übers. von 1793]. ~~~~~~~~~~
Romundt, H., D. menschliche Erkenntniss und das Wesen der Dinge. ~~~~~~~~~~
— Antäus. ~~~~~~~~~
— Die Herstellung der Lehre Jesu. ~~~~~~~~~~~~~
— Grundlage der Reform der Philosophie. ~~~~~~~~~
Rousseau, J. J., Bekenntnisse.
Sainte-Beuve, Les cahiers de -.
Schmitz-Dumont, Die mathematischen Elemente der Erkenntniss. ~~~~~~~~~

Schmitz-Dumont, Die Einheit der Naturkräfte. ~~~~~~~~
Schneider, G. H., D. thierische Wille. ~~~~~~~~~
— Der menschliche Wille vom Standpunkte der neueren Entwickelungslehre. ~~~~~~~
Schopenhauers Werke. ~~~~
— Nachlass, Aus. J. Frauenstädt. ~~~~~~~~~~
Seneca, Luc. Ann., Opera quae supersunt. ~~~~~~~~~~
— Werke [Übersetz. von 1828].
Simplikios' Kommentar zu Epiktets Handbuch. ~~~~~~
Spencer, H., Die Thatsachen der Ethik. ~~~~~~~~~~
Spir, A., Denken und Wirklichkeit. ~~~~~~~~~~~~
Strauss, D. Fr., Der alte u. der neue Glaube. ~~~~~~~~~~
Sully, J., Le pessimisme. ~~
— Les illusions des sens et de l'esprit. ~~~~~~~~~~
Thomassen, J. H., Bibel und Natur. ~~~~~~~~~~~~
Vauvenargues, Oeuvres chois.
Vogt, J. G., Die Kraft. ~~~~
Widmann, P., Über d. Beding. der Übereinstimmung des diskursiven Denkens mit dem intuitiven. ~~~~~~~~~~~
— Erkennen und Sein. ~~~~
~~~~~~~~~~~~~~~~

Ill. 3. Catalogue publié par Elisabeth Förster-Nietzsche, page 431.

qui concerne les livres de la bibliothèque de Nietzsche, qui présentent de nombreuses notes en marge, j'ai l'intention d'en publier un catalogue systématique et alphabétique, comme appendice au premier volume des œuvres, avec l'indication précise des livres et des contextes où se trouvent les observations manuscrites de Nietzsche[14]. » L'année

---

14. H. J. Mette, *Der handschriftliche Nachlaß F. Nietzsches*, Leipzig, Hadl, 1932, note à la page 54.

suivante, Mette annonça à Société des amis des Archives Nietzsche avoir presque terminé le catalogue de la bibliothèque de Nietzsche qui aurait dû paraître l'année suivante chez l'éditeur Beck et qui, en réalité, ne paraîtra jamais[15].

Or, Mette a bien publié le catalogue des manuscrits de façon définitive (il est utilisé encore aujourd'hui), mais quant au catalogue de la bibliothèque, il sera publié seulement neuf ans après par Max Oehler, en 1942, dans une version très réduite par rapport au projet original. Le catalogue de Max Oehler comprend, répartis par matière, 775 volumes, et est pourvu d'un «index d'annotations» (codé avec «•», «••» ou «•••») selon la quantité des annotations ou des soulignages laissés par Nietzsche[16].

Le catalogue de Max Oehler est très important pour ce qui concerne l'histoire de la bibliothèque de Nietzsche, car à partir de sa publication, et surtout après les événements tragiques de la seconde Guerre mondiale, il a servi à séparer les livres de la bibliothèque de Nietzsche des autres volumes qui formaient la bibliothèque des Archives Nietzsche.

Le 12 avril 1945, les troupes américaines firent leur entrée à Weimar, suivies en juillet par l'armée rouge. Les Archives Nietzsche, considérées à juste titre comme un centre de propagande nazie, furent fermées, leur fonds empaqueté et scellé et leur directeur, Max Oehler, emprisonné et par la suite oublié par la *Sowiet-Militär-Administration*, dans une cave où il mourut de faim. En mai 1945, les livres et les autres matériaux des Archives Nietzsche ont failli être emportés par la force d'occupation soviétique. Un témoin de l'époque rapporte même que les volumes de l'édition Musarion des œuvres complètes de Nietzsche, reliés en peau de porc, furent utilisés par les Russes pour la fabrication de semelles. La déportation des archives fut stoppée *in extremis*.

Le 15 mai 1946, Rudolf Paul, président de la Thuringe, écrivait au directeur des Archives Goethe-Schiller de Weimar, Hans Wahl, en le priant d'examiner la possibilité de rouvrir les Archives Nietzsche pour libérer le vrai Nietzsche des falsifications perpétrées par sa sœur[17].

Après cette lettre et pendant trois ans, Hans Wahl et Rudolf Paul essayèrent de rouvrir les Archives Nietzsche, en les purifiant des

---

15. *Bericht über die achte ordentliche Mitgliederversammlung der Gesellschaft der Freunde des Nietzsche-Archivs vom 6. Dezember 1933*, Weimar, R. Wagner Sohn, 1934, p. 12.

16. Max OEHLER, *Nietzsches Bibliothek*, Vierzehnte Jahresgabe der Gesellschaft der Freunde des Nietzsche Archivs, Weimar, 1942, 67 p.

17. Tous les documents concernant les vicissitudes des Archives Nietzsche dans l'après-guerre sont conservés aux Archives Goethe-Schiller de Weimar, cote 72/2627.

Paulhan, Fr., Les phénomènes affectifs et les lois de leur apparition. Essai de psychologie générale. Paris, 1887. (Zusgebd. mit Letourneau, Physiologie des passions.)

Platner, Ernst, Ein Gespräch über den Atheismus. Leipzig, 1781. (Zusgebd. mit Hume, Gespräch über natürliche Religion).

Plümacher, O., Der Pessimismus in Vergangenheit und Gegenwart. Heidelberg, 1884.

Popper, Josef, Das Recht zu Leben und die Pflicht zu Sterben. Sozialphilosophische Betrachtungen, anknüpfend an die Bedeutung Voltaires für die neuere Zeit. 2. Aufl. Leipzig, 1879.

Proctor, Richard A., Unser Standpunkt im Weltall. Übers., hrsg. u. mit Anmerkungen versehen von Wilhelm Schur. Heilbronn, 1877. ●

Rée, Paul, Psychologische Beobachtungen. Berlin, 1875. Mit eighd. Widm. d. Verf.

Rée, Paul, Der Ursprung der moralischen Empfindungen. Chemnitz, 1877. Mit eighd. Widm. d. Verf.

Renan, Ernst, Philosophische Dialoge und Fragmente. Übers. v. Konrad v. Zdekauer. Leipzig, 1877. ●

Richet, Charles, L'homme et l'intelligence. Fragments de physiologie et de psychologie. Paris, 1884. ●

Richet, Charles, Essai de psychologie générale. Paris. 1887.

Roberty, E. de, L'ancienne et la nouvelle philosophie. Essai sur les lois générales du développement de la philosophie. Paris, 1887. ● ● ●

Romundt, Heinrich, Die menschliche Erkenntnis und das Wesen der Dinge. Habilitationsschrift. Basel, 1872.

Romundt, Heinrich, Antäus. Neuer Aufbau der Lehre Kants über Seele, Freiheit und Gott. Leipzig, 1882. Mit eighd. Widm. d. Verf.

Romundt, Heinrich. Die Herstellung der Lehre Jesu durch Kants Reform der Philosophie. Sonderdruck aus dem deutschen Protestantenblatt. Bremen, 1883. Mit eighd. Widm. d. Verf.

Romundt, Heinrich, Grundlegung zur Reform der Philosophie. Vereinfachte und erweiterte Darstellung von Immanuel Kants Kritik der reinen Vernunft. Berlin, 1885.

Rousseau, J. J., Bekenntnisse. 3. Aufl. 9 Bde. i. 2 gebd. Leipzig, 1870.

Schneider, Georg Heinr., Der menschliche Wille vom Standpunkte der neueren Entwicklungstheorien. (Des „Darwinismus") Berlin, 1882. ●

Schopenhauer, Arthur, Handschriftlicher Nachlaß. Abhandlungen, Anmerkungen, Aphorismen und Fragmente. Hrsg. v. Julius Frauenstädt. Leipzig, Brockhaus, 1864. ●

Schopenhauer, Arthur, Sämtliche Werke. Hrsg. v. Julius Frauenstädt. 6 Bde. Leipzig, Brockhaus, 1873/74 ● ● ●

Seiling, Max, Mainländer, ein neuer Messias. München, 1888.˙

Siebenlist, August, Schopenhauers Philosophie der Tragödie. Preßburg und Leipzig, 1880.

Spencer, Herbert, Einleitung in das Studium der Sociologie. Hrsg. v. Heinrich Marquardsen. 2 Bde. i. 1 gebd. Leipzig, Brockhaus, 1875. ●

Ill. 4. Catalogue de Max Oehler, page 21.

influences national-socialistes, pour remettre le fonds Nietzsche à la disposition des chercheurs. L'obstination du *Kulturbund zur demokratischen Erneuerung Deutschlands* et de la famille de son secrétaire, M. Hammer, qui avait occupé et restructuré les locaux des Archives Nietzsche et qui n'avaient aucune intention de déménager, rendirent dès le début cette tentative très difficile. Le 1er juillet 1947 néanmoins, le *Kulturbund* libéra finalement les locaux du rez-de-chaussée et le 9 juillet 1947, Hans Wahl réussit à faire rapporter dans l'ancien bâtiment des Archives Nietzsche les cent onze caisses contenant les papiers des archives. Immédiatement après, il chargea Rudolf Dempe, qui avait travaillé aux Archives Nietzsche de 1938 à 1945, de remettre le rez-de-chaussée en l'état où il se trouvait avant la guerre. En travaillant pério-diquement du 21 juillet à la fin de 1947, Dempe réussit à remettre à leur place les meubles qui contenaient les livres de la bibliothèque de Nietzsche et la plupart de ceux de la bibliothèque des *Archives Nietzsche*. En janvier 1948, la famille Hammer décida finalement de déménager. Les conditions pour la réouverture des Archives Nietzsche étaient donc toutes réunies quand, soit à cause de la mort soudaine d'Hans Wahl soit à cause d'un changement du climat intellectuel et politique, ce projet fut brusquement interrompu. L'élargissement du comité de direction de la Fondation des Archives Nietzsche à des personnalités comme le philosophe Ernst Bloch (qui à l'époque enseignait encore à Leipzig) et à Reinhard Buchwald de l'université de Heidelberg doit être inter-prétée comme une dernière tentative de réouverture des archives. Mais dans la République démocratique allemande qui venait d'être fondée, cette tentative ne pouvait être couronnée de succès. Le verdict d'un Franz Mehring ou d'un Georg Lukács pesait trop lourdement sur Nietzsche.

Dans le procès-verbal de la séance du 21 octobre 1949 de la Fondation des Archives Nietzsche, on décida, « pour assurer la bonne conservation des manuscrits », de les transférer aux Archives Goethe-Schiller, tandis que les locaux des anciennes Archives Nietzsche étaient affectées à un Séminaire de travail pour la croissance scientifique de la République démocratique d'Allemagne[18].

Au mois de novembre 1950, un conservateur des Archives Goethe-Schiller, Hugo Schleppe, fut chargé de classer les papiers des anciennes Archives Nietzsche qui se trouvaient entassés dans le hall du bâtiment[19]. Schleppe chercha à respecter l'ordre indiqué par les anciennes cotes des Archives Nietzsche inscrites sur les livres et les manuscrits et, pour ce qui concerne la bibliothèque de Nietzsche, il utilisa le catalogue de Max Oehler. Il rédigea également une liste des livres manquants qui comptait trente-huit titres, parmi lesquels, par exemple, le livre de Jean-Marie Guyau, *Esquisse d'une morale sans obligation ni sanction*[20].

Ensuite tous les livres des Archives Nietzsche ont été transférés à la *Zentralbibliothek der deutschen Klassik*, où on leur a attribué une nouvelle

---

18. Voir le communiqué de presse du 10 octobre 1950.
19. Voir le rapport d'Hugo Schleppe, *Bericht über die Neueinrichtung des Friedr. Nietzsche Archivs 1950/1951*.
20. Voir l'*Arbeitsbericht* du 14 avril 1951.

cote formée par un numéro progressif précédé par la lettre C. À la *Zentralbibliothek der deutschen Klassik* fut entreprise à partir de 1955 un nouveau catalogage du fonds livresque de Nietzsche dans le cadre de la rédaction du catalogue général de la bibliothèque, ainsi qu'un catalogue de la littérature critique sur Nietzsche ordonné de façon systématique, qui se poursuit encore aujourd'hui.

D'après l'inventaire manuscrit commencé le 21 septembre et terminé le 3 octobre 1955 (HAAB, *Zugangs- und Abgangsverzeichnis der Abt. C: Nietzsche-Bibliothek*), nous pouvons voir qu'on a attribué la cote C 1 au premier volume listé par le catalogue de Max Oehler, procédant ainsi jusqu'à la fin du catalogue (C 755). À partir de là, précédés par quelques volumes de la bibliothèque d'Erwin Rohde (C 776-803), commencent à être énumérés les livres d'Elisabeth Förster-Nietzsche et des Archives Nietzsche en général, en mélangeant les volumes qui, aux Archives Nietzsche, étaient répartis entre une « bibliothèque philosophique » et une « bibliothèque générale ». En outre, à cette occasion, les vides laissés dans la bibliothèque de Nietzsche par les livres perdus, ont été remplis avec des volumes qui appartenaient aux autres bibliothèques des Archives Nietzsche. Ainsi, par exemple, à la cote C 574, au lieu des *Gespräche mit Goethe* d'Eckermann (3. Aufl. Erster Theil, Leipzig, Brockhaus, 1868) répertoriés par le catalogue Oehler et disparus dans l'après-guerre, nous trouvons les *Worte mütterlicher Liebe an meine Tochter. Eine Gabe für christliche Jungfrauen* de Wilhelmine von Oeynhausen zu Grevenburg (geb. von Mengersen), 2. Aufl., Francfort-sur-le-Main, Brönner, 1844.

Après la chute du mur de Berlin, en 1989, la *Zentralbibliothek* prit le nouveau nom de *Herzogin Anna Amalia Bibliothek* qui fut choisi, cas unique dans l'histoire des bibliothèques allemandes, directement par ses employés. La bibliothèque de Nietzsche et celle des Archives Nietzsche forment aujourd'hui une partie importante des collections spéciales de cette bibliothèque. Après la chute du mur de Berlin, le fonds Nietzsche est devenu un point central de la politique d'achat de la bibliothèque.

Un nouveau catalogue

Mazzino Montinari, dès les premières années du travail à l'édition critique, avait perçu l'importance de la bibliothèque posthume. Dans une lettre à Colli de septembre 1970, Montinari écrit qu'il est en tractations avec l'éditeur allemand de Gruyter pour la publication des quatorze volumes des œuvres et des deux « volumes de suppléments : un volume – *Nietzsches Bibliothek* – comme supplément des œuvres, l'autre – *Der kranke Nietzsche* – comme supplément des lettres ».

Donc, tous les grands éditeurs des œuvres de Nietzsche, ont perçu l'importance de disposer d'un catalogue complet de la bibliothèque personnelle du philosophe et aucun n'a réussi à mener ce projet à terme. Les hasards de l'histoire ont sûrement joué leur rôle dans cette série de tentatives avortées, mais on peut penser que cette série d'échecs dépend aussi d'un problème technique. Il manquait, dans la phase de recherche, mais surtout dans la phase de la publication du catalogue, l'apport de l'informatique.

Après la mort de Colli et Montinari, s'est formée une équipe de recherche dirigée par Giuliano Campioni et coordonnée par Paolo D'Iorio, dont faisaient partie cinq chercheurs appartenant à l'origine à l'École normale supérieure et à l'université de Pise. Nous avions l'intention de rédiger un catalogue nouveau et définitif de cette bibliothèque, qui comprenne toutes les traces de lecture laissées sur les pages de ses livres. Pendant plusieurs mois de travail à Weimar (étalés sur plusieurs années en fonction des financements du CNR italien) nous avons dépouillé systématiquement, recensé et saisi sur ordinateur la totalité des titres du fonds Nietzsche.

Notre critère a été d'inventorier toutes les publications imprimées, pour lesquelles nous disposons d'une documentation qui atteste, d'une façon raisonnablement sûre, que Nietzsche en a eu, même pour une courte période de sa vie consciente, la *propriété*. Par conséquent, il n'est pas important que les volumes répertoriés aient été lus, soulignés, annotés par Nietzsche, du moment que ce furent *ses propres* livres. La bibliothèque de Nietzsche a été donc reconstituée à partir de :

– l'inventaire raisonné de la bibliothèque personnelle de Nietzsche telle qu'elle est conservée à la *Herzogin Anna Amalia Bibliothek* de Weimar ;

– le déchiffrement des reçus des libraires relatifs aux achats de Nietzsche conservés aux Archives Goethe-Schiller de Weimar ;

– la collation des catalogues précédents (édités ou inédits) et des registres internes à la *Herzogin Anna Amalia Bibliothek* ;

Un premier résultat de cette recherche sera la publication d'un volume qui comprendra la liste des livres, ainsi que l'indication des numéros de page où se trouvent des annotations. Il sera publié à Berlin, chez De Gruyter, dans la collection « Supplementa Nietzscheana » (en France, les Éditions Gallimard souhaitent intégrer une version réduite du catalogue de la bibliothèque Nietzsche dans l'édition Pléiade des œuvres complètes du philosophe).

En plus d'une préface destinée à expliquer l'importance de cet instrument pour la *Nietzsche-Forschung*, le volume comportera une histoire du fonds Nietzsche, une comparaison avec les catalogues précédents, une explicitation des critères qui nous ont guidés dans l'établissement du relevé, et une note sur les critères bibliographiques que nous avons retenus pour la description des volumes. Suivra ensuite la liste des œuvres classées par ordre alphabétique des auteurs. La description de chaque œuvre sera organisée en cinq espaces :

– L'espace du *Wer und Was* (« Qui et quoi ») : qui est l'auteur, quel est le titre, l'éditeur, la date, avec indication du nombre de pages, du format (en centimètres) et éventuellement de la collection.

– L'espace du *Wie* (« Comment ») : conditions physiques de l'exemplaire : à savoir si le livre est relié, s'il l'était à l'époque du premier catalogue de Rudolf Steiner, si les marges des pages ont été coupées par le relieur, si les pages sont encore jointes.

– L'espace du *Woher* (« D'où »), qui rassemble les indications relatives aux documents qui nous ont permis de reconstruire l'histoire du livre : catalogues précédents, reçus d'achat.

– L'espace du *Wo und Lesespuren* (« Où et traces de lecture »), qui nous dit où se trouve actuellement cet exemplaire avec indication du lieu et de la cote, suivi de la liste des numéros des pages où se trouvent des traces de lecture et de la description de leur nature (annotations, autres signes dépourvus de connotation sémantique, cornes) et de leur couleur (parce que à des couleurs différentes *pourraient* correspondre diverses périodes de lecture).

– Espace du *Sonstiges* : observations tirées du catalogue de Steiner et nos observations à caractère général y compris la transcription de dédicaces (s'il y en a).

Voici, par exemple, trois fiches de notre catalogue :

1) **Rée**, Paul, *Psychologische Beobachtungen*, Berlin : Carl Dunker's Verlag, 1875, S. 160, cm. 15.
      St. gebunden, heute ungebunden.
      St. S. 24, EFN S. 431, Oeh. S. 21, ZK 308.
      Rechnung : *Schweighauser-Buchhandlung* (G. & F. Festersen), Basel, 31.12.1875 (Kaufdatum : 11.10.1875).

St.   Handschriftliche Widmung : Herrn Professor Friedrich Nietzsche, dem besten Freunde dieser Schrift, dem Quellwassererzeuger seines fernern Schaffens dankbarst der Verfasser Basel September 1876.

Anm. Das Buch ist anonym erschienen. Mit handschriftlicher Widmung des Verfassers : « Herrn Professor Friedrich Nietzsche, dem besten Freunde dieser Schrift, dem Quellwassererzeuger seines fernern Schaffens dankbarst der Verfasser Basel September 1876. ». Im Verzeichnis Elisabeth

Förster-Nietzsches als Erscheinungsdatum 1877. Es handelt sich um das Exemplar, das Nietzsche am 11.Oktober gekauft und am 29. Januar 1876 hat binden lassen, wie aus den Rechnungen hervorgeht. Unmittelbar nach Erwerb hat er es gelesen, wie aus Nietzsches Brief an Rée vom 22. Oktober 1875 hervorgeht. In HAAB wird auch Elisabeths Exemplar (Signatur C 4176) aufbewahrt, das ihr vom Verfasser mit folgender hand-schriftlicher Widmung geschenkt wurde: «Fräulein Nietzsche sendet mit herzlichem Gruß diesen Haufen Eiszapfen der Verfasser. Baumannshöhle 3 Sept. 1876.»

2) **Rée**, Paul, *Der Ursprung der moralischen Empfindungen*, Chemnitz: E. Schmeitzner, 1877, S. I-VIII, 142, cm. 22.
St. ungebunden, heute gebunden.
Oeh. S. 21, ZK 309, BDK S. 30.
Nota: M. J. Memmel-Tripet, Buchbinder, Basel, 31.12.1876.

Anm. Auf dem Schmutztitel die Widmung: «Dem Vater dieser Schrift dankbarst deren Mutter». Vgl. auch Elisabeth Nietzsches Exemplar, das Anmerkungen von Nietzsches Hand enthält

HAAB   C 309 – **LS**: 49 (E.), 81 (E.), 92 (S. bs.), 93 (S. bs.).

3) **Rée**, Paul, *Der Ursprung der moralischen Empfindungen*, Chemnitz: E. Schmeitzner, 1877, S. I-VIII, 142, cm. 22.
St. ungebunden, heute ungebunden.
Oeh. S. 21, ZK 194, BDK S. 20.

Anm. Auf dem Schmutztitel die Widmung an Elisabeth Nietzsche: «+++ Gift! +++ Mit Vorsicht zu gebrauchen! Fräulein Elisabeth Nietzsche mit herzlischem Gruß Der Verfasser». Auf dem Einband mit Bleistift: «Mit Notizen Fr. N's». Diese Notizen von Nietzsches Hand sind in das Verzeichnis der Lesespuren aufgenommen

HAAB   C 194 – **LS**: 46 (A. bs.), 48 (S.A.bs.), 49 (S.A.bs.), 51 (S.A.bs.), 106 (E.), 135 (E.).

Mais le support papier ne permettra pas de reproduire ni de publier la transcription de la totalité des traces de lecture qui se trouvent sur les livres de la bibliothèque de Nietzsche. Les pages qui présentent des interventions de la main du philosophe sont au nombre de 18 511. Les publier sur support papier signifierait remplir environ dix-huit volumes de plus de mille pages. Mais, d'autre part, la liste des numéros de pages contenue dans le catalogue imprimé est un instrument encore imparfait : l'interprète a besoin de *voir* la page annotée par Nietzsche.

Voilà donc le rôle fondamental de l'informatique dans la phase de la publication de la recherche. La base de données qui nous avait servi pour la saisie des données a été modifiée en vue de l'édition d'une version électronique multimédia du catalogue distribué sur CD-ROM ou partageable *via* Internet. Cette version informatique permettra des recherches plus souples et plus élaborées, mais surtout permettrait de visualiser et d'imprimer la reproduction photographique de toutes les pages annotées. Dans le cas des partitions musicales, l'image pourra être accompagnée de la reproduction sonore du passage annoté, et, s'il s'agit d'une partition d'opéra (*Carmen*, par exemple), le logiciel pourra permettre de faire dérouler la séquence filmique de la scène à laquelle correspond la page annotée par Nietzsche. Voici quelques copies d'écrans de cette base de données en commençant par la page d'accueil.

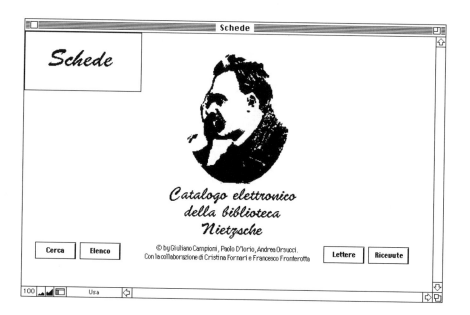

La recherche rapide par nom d'auteur :

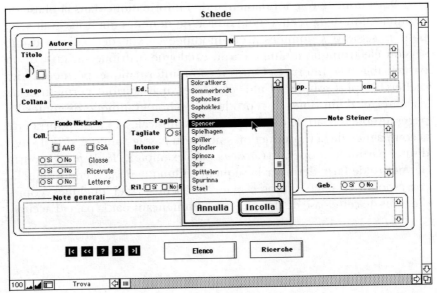

La liste des fiches trouvées :

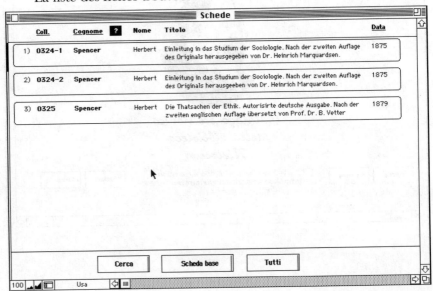

La fiche principale :

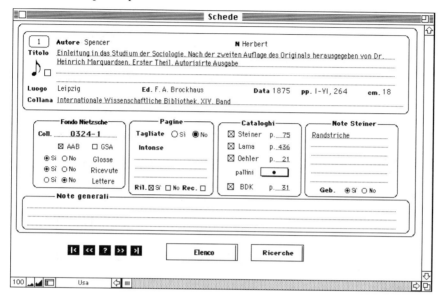

La liste des traces de lecture qui se trouvent dans l'exemplaire de Spencer :

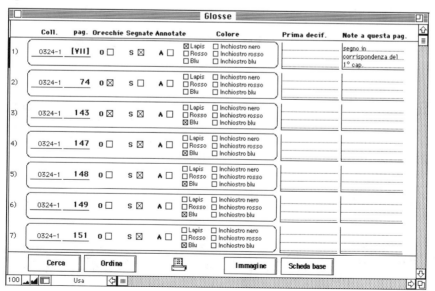

L'image d'une page annotée :

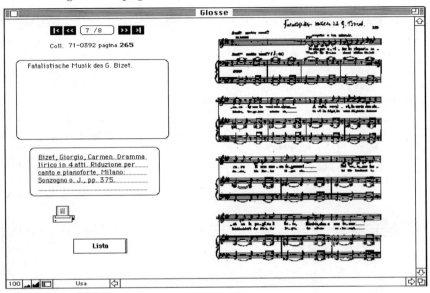

L'agrandissement de la même page à 400 % :

Un projet de numérisation

L'intérêt croissant suscité par les recherches sur la bibliothèque de Nietzsche et l'existence d'une équipe de chercheurs chargés de la rédaction de son catalogue, y compris en version informatique, ont poussé la *Herzogin Anna Amalia Bibliothek* de Weimar à se poser le problème de la conservation et de la mise en valeur de ce fonds.

À partir de la chute du mur de Berlin, la *Herzogin Anna Amalia Bibliothek* a constaté une sensible augmentation des utilisateurs de ce fonds particulier. Cela vient indubitablement du fait que pour beaucoup de chercheurs du monde occidental le voyage à Weimar est devenu considérablement plus facile. L'état de conservation de la bibliothèque de Nietzsche n'est pas, toutefois, encourageant. D'une part à cause du destin mouvementé de ce fonds, caractérisé par de nombreux déménagements, mais d'autre part du fait que la plupart de ces livres remontent au dernier tiers du XIXe siècle, donc à l'époque qui, suite aux nouveaux procédés européens de fabrication du livre, pose aujourd'hui aux bibliothécaires et aux archivistes de grands problèmes de conservation.

Pour préserver les livres, le microfilmage de sauvegarde du fonds a été entrepris au début de l'année 1997. Maintenant les utilisateurs utilisent des microfilms. Même si, pour utiliser un terme de Walter Benjamin, on perd l'« aura » de l'original, l'utilisation des microfilms – une fois vaincu le premier embarras – représente sous beaucoup d'aspects un aide précieux. Il faut ajouter qu'à partir des microfilms on peut réaliser, sans dommage pour les originaux, des photocopies.

Le nouveau catalogue et le microfilmage du fonds constituent deux importants présupposés pour accomplir le pas suivant.

Après avoir assuré la conservation et la mise en valeur du fonds Nietzsche, il faudrait en permettre une meilleure accessibilité. La *Herzogin Anna Amalia Bibliothek* pense entreprendre la numérisation des livres du fonds Nietzsche qui seront ensuite mis à disposition sur Internet et liés à la version électronique du catalogue de la bibliothèque du philosophe.

Les nouvelles technologies nous offrent donc la possibilité de traiter les bibliothèques des écrivains d'une manière plus adaptée. Jusqu'à maintenant ces collections de livres jouaient un rôle secondaire pour la recherche scientifique : elles étaient souvent conservées, mais à peine utilisées. Nous avons maintenant la possibilité de rendre accessibles les livres avec leurs traces de lecture en évitant de coûteuses éditions fac-similé.

La *Herzogin Anna Amalia Bibliothek* entend numériser d'abord les près de cinq mille cinq cents pages qui présentent des annotations marginales. Elles seront publiées avec la version électronique du catalogue sur un CD-ROM. Ensuite y seront ajoutées les quelque treize mille pages qui portent tout autres traces de lecture (soulignages, lignes en marge, angles cornés, etc.) et finalement seront numérisés complètement (y compris donc les pages qui ne présentent pas des traces de lecture) les cinquante livres qui manifestent un très fort index d'annotation. Au total, il s'agira de numériser environ vingt-deux mille pages qui seront totalement disponibles à travers Internet.

La numérisation sera réalisée de manière que chaque image soit identifiée sur Internet avec une adresse précise et unique. De la sorte, la base de données du catalogue existante ou d'autres bases de données, ou n'importe quelle page ou hypertexte d'Internet permettront de tisser des liens vers les pages numérisées des livres de la bibliothèque de Nietzsche.

Du côté allemand, ce projet avait été présenté en 1999 pour un financement dans le cadre du programme de la *Deutsche Forschungsgemeinschaft* intitulé : «Numérisation rétrospective des fonds des bibliothèques». À travers la numérisation de la bibliothèque de Nietzsche, la *Herzogin Anna Amalia Bibliothek* prévoyait une amélioration de la situation actuelle sur plusieurs points. Les chercheurs n'auraient plus été obligés de travailler à Weimar, mais auraient pu avoir accès aux livres lus et annotés par Nietzsche depuis n'importe quel lieu du monde. De leur côté, les bibliothèques, à travers ce programme de numérisation, auraient pu se confronter directement aux enjeux de la société de l'information et entrer directement sur le marché de l'édition électronique.

Un projet open source

Malheureusement, la *Herzogin Anna Amalia Bibliothek* n'a pas reçu de la DFG le financement espéré et elle n'a pas pu entreprendre la numérisation par ses propres moyens. Les chercheurs intéressés à travailler à la bibliothèque de Nietzsche et à indiquer aux autres l'intérêt de ce type de recherche, ont malgré tout décidé de rendre disponible sur Internet la version électronique du catalogue de la bibliothèque de Nietzsche dans le cadre du projet HyperNietzsche[21] de l'Institut des textes et manuscrits modernes du CNRS.

---

21. Pour une description de ce projet, nous renvoyons au volume : *HyperNietzsche. Modèle d'un hypertexte savant sur Internet pour la recherche en sciences humaines. Questions philosophiques, problèmes juridiques, outils informatiques*, sous la direction de Paolo D'Iorio, Paris,

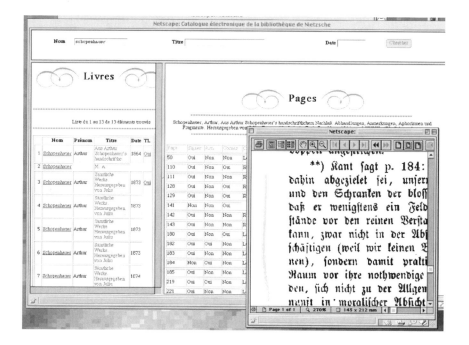

Selon la philosophie *open source* de ce projet, nous attendons maintenant que les utilisateurs de ce site Internet ne se limitent pas à consulter le catalogue, mais l'enrichissent avec toutes sortes de contributions : de la numérisation d'un livre annoté par Nietzsche (effectuée avec l'accord de la *Herzogin Anna Amalia Bibliothek*) à la transcription des annotations de Nietzsche, aux commentaires philologiques, génétiques et philosophiques.

Ainsi, grâce à Internet, la bibliothèque de Nietzsche continuera à produire d'autres lectures et à accueillir dans ses marges virtuelles d'autres annotations qui s'ajouteront à celles du philosophe.

PUF, 2000 (le texte de cet ouvrage est intégralement et gratuitement disponible sur le site de l'éditeur à l'adresse <http://www.puf.com/hypernietzsche/>). Le site HyperNietzsche sera ouvert en mai 2001 à l'adresse <http://www.hypernietzsche.org>.

LES BIBLIOTHÈQUES VIRTUELLES
DE JAMES JOYCE ET DE VIRGINIA WOOLF

Daniel FERRER

James Joyce enfant (ou du moins Stephen Dedalus, son *alter ego*) avait décidé de lire chaque soir deux pages de sept livres différents[1]. Virginia Woolf considérait qu'une des plus grandes chances de sa vie fut la décision de son père, lorsqu'elle eut quinze ans, de lui laisser puiser sans restriction dans sa riche bibliothèque[2] (ce qui était en effet une attitude exceptionnellement libérale de la part d'un éminent victorien). Ces souvenirs de jeunesse sont sans doute révélateurs : on peut y voir, d'un côté, l'annonce de l'esprit encyclopédique de Joyce, de son goût pour les systèmes, mais aussi de son amour du fragment, des juxtapositions, et sans doute de la poudre aux yeux (parler d'un livre alors qu'on en a lu que deux pages) – et de l'autre la liberté d'allure, la fantaisie de Virginia Woolf, qui s'exerce néanmoins dans le cadre d'une culture (patriarcale) prédéfinie... De fait, Joyce fut fantasque et imprévisible dans ses lectures, Virginia Woolf plus studieuse et plus classique, mais l'un et l'autre étaient des lecteurs boulimiques, ce qui ne surprendra pas leurs propres lecteurs, puisque l'intertextualité est omniprésente dans leurs œuvres (et même, dans le cas de Joyce, poussée jusqu'au point le plus extrême).

Malheureusement, dans l'un et l'autre cas, pour des raisons opposées, la recension des livres possédés se révèle tout à fait insuffisante pour donner une idée de la *bibliothèque utile*, des pratiques de lecture et du rôle joué par ces pratiques dans la création de l'œuvre des deux écrivains. Virginia Woolf a vécu auprès de son père, Leslie Stephen, éminent intellectuel de la fin du XIXe siècle, entourée de ses livres, puis

---

1. Voir *Ulysse* (James JOYCE, *Œuvres*, t. II, « Bibliothèque de la Pléiade », Paris, Gallimard, 1995), p. 45.
2. « Leslie Stephen, The Philosopher at Home : a Daughter's Memories », *The Times*, 28 novembre 1932.

elle a épousé Leonard Woolf, autre éminent intellectuel. Leonard et
Virginia ont fondé une maison d'édition, faisaient du journalisme, rece-
vaient beaucoup de livres à titre professionnel. Quand bien même on
parviendrait à reconstituer la liste des livres qui se trouvaient dans ses
divers domiciles, nous ne serions pas renseignés sur ceux qui lui appartenaient en propre ou sur ce qu'elle a lu, et nous ne serions pas même
capables de déterminer à coup sûr qui peut être à l'origine des marques
et traces de lecture qu'ils pourraient contenir[3]. Quant à Joyce, il était
pauvre et nomade. Il ne possédait pas beaucoup de livres et dut au cours
de ses pérégrinations abandonner parfois ceux qu'il avait rassemblés[4].
Par ailleurs, tous les deux fréquentaient les bibliothèques publiques et
empruntaient des livres à leurs amis.

En revanche, nous disposons, dans les deux cas, de nombreux
carnets de lectures, tout à fait dissemblables dans leur apparence et
dans leur fonction, mais qui offrent d'abondantes informations à qui
saura les déchiffrer. Non seulement ils permettent de reconstituer au
mieux la bibliothèque utile de chacun d'eux à une période donnée[5],
mais ils donnent des renseignements irremplaçables sur la façon dont
cette bibliothèque était utilisée.

Les carnets de lecture ne sont pas la seule source qui nous
permette de cerner la bibliothèque de Virginia Woolf et les lectures à
partir desquelles s'est formé progressivement son jugement esthétique.
Il y a d'abord le journal intime, où Virginia Woolf parle abondamment
des livres qu'elle lit, qui font partie intégrante de sa vie quotidienne. Il
y a ensuite ses essais critiques, et tout particulièrement ceux qui sont
rassemblés dans les deux volumes du *Common Reader,* au titre significatif.
Il y a enfin les très nombreux comptes rendus parus dans les journaux.
Contrairement à Joyce, Virginia Woolf était une lectrice professionnelle
et la rédaction de comptes rendus constituait un élément significatif de

---

3. Le titre du *Catalogue of Books from the Library of Leonard and Virginia Woolf* (Brighton,
Holleyman & Treacher, 1975) indique bien l'indivision de cette bibliothèque, qui
comporte d'autre part de très nombreux livres hérités de Leslie Stephen.
4. Deux états de sa bibliothèque réelle ont été recensés. La bibliothèque qu'il possédait à Trieste, et qu'il dut abandonner pendant la Première Guerre mondiale a été recon-
située par Michael Gillespie (*James Joyce's Trieste Library : a Catalogue of Materials at the Harry
Ransom Humanities Research Center,* The University of Texas, Austin, 1986) et celle qu'il
possédait à la fin de sa vie à Paris, et qu'il dut abandonner pendant la Seconde Guerre
mondiale, a été décrite par Thomas E. Connolly (*The Personal Library of James Joyce,*
University of Buffalo, 1955).
5. Les carnets de lecture de Virginia Woolf, conservés à la bibliothèque de l'université
du Sussex, à la Berg Collection de la New York Public Library et à la bibliothèque
Beinecke de l'université de Yale, couvrent pour l'essentiel la période 1918-1941. Les
carnets de Joyce, conservés à la Lockwood Memorial Library de l'université de Buffalo,
ont été utilisés entre 1922 et 1940.

son activité et de ses revenus. Elle-même a reconnu l'importance, pour sa formation d'écrivain, du travail qu'elle a accompli pendant une trentaine d'années pour le *Times Literary Supplement* : non seulement elle y apprit la concision et la vivacité, mais surtout c'est ce qui la « força à lire avec une plume et un carnet, sérieusement[6] ». On voit que pour elle, la lecture sérieuse était une lecture-écriture, plume en main – c'est ce qui a donné naissance aux carnets.

Tous ces éléments doivent être pris en compte conjointement, avec cependant des différences importantes. Les essais critiques ou journalistiques sont, bien entendu, destinés au regard d'autrui, et expriment un positionnement stratégique plus qu'ils ne définissent un jugement esthétique à usage personnel. Sans même parler des phénomènes de censure ouverte[7], ce serait faire preuve d'idéalisme que de croire que les prises de position publiques ne font que refléter l'esthétique définie dans la solitude du cabinet de travail et de ne pas voir que les positions stratégiques ont un retentissement sur l'esthétique individuelle (mais ce serait symétriquement faire preuve de réductionnisme que de considérer que l'esthétique effectivement mise en œuvre est directement et principalement déterminée par la « position dans le champ » social). Le journal, lui, enregistre une réaction spontanée, échappant au regard d'autrui – ou du moins au regard public. Ce qui se traduit souvent par des jugements péremptoires[8], même s'ils ne sont pas vraiment définitifs[9]. Les carnets de lecture, quant à eux, sont intéressants parce qu'ils constituent un lieu intermédiaire, une sorte d'espace transactionnel caractérisé par un dialogisme intense : ils sont un espace d'écriture privé, mais ils témoignent d'une lecture studieuse, destinée à préparer soigneusement l'expression publique d'une position qui s'exprimera dans les essais.

L'étude approfondie de ces carnets, au-delà du défrichement pionnier de Brenda Silver[10], reste à faire. Il n'est pas question de l'entre-

---

6. *A Writer's Diary. Being Extracts from the Diary of Virginia Woolf,* by Virginia Woolf, éd. Leonard Woolf. New York : Harvest/Harcourt Brace Jovanovich, Inc., 1954, p. 293. Nos citations de cette édition du journal seront dorénavant identifiées par les lettres *AWD.*

7. Voir les démêlés de Virginia Woolf avec le *Times Literary Supplement,* (*AWD*, p. 41).

8. *AWD*, p. 27 : « Nothing shakes my opinion of a book. Nothing – nothing. »

9 Ainsi, les réactions à l'*Ulysse* de Joyce sont d'une virulence extrême dans le journal, très hésitantes, nous allons le voir, dans les notes de lecture et restent prudentes dans la version définitive de « Modern Fiction ». Le rapport à Joyce apparaît sous un jour encore bien différent si on recherche la trace qu'il a effectivement laissée dans l'œuvre personnelle de Virginia Woolf et notamment dans *Mrs. Dalloway,* roman qui est de part en part marqué par l'influence de Joyce.

10. Brenda Silver a rédigé un catalogue détaillé, comportant de nombreuses citations et une excellente introduction, à laquelle nous renvoyons (*Virginia Woolf's Reading Notebooks,* Princeton University Press, 1983).

prendre ici, mais seulement de présenter à titre d'exemple un seul de ces carnets[11]. Ce document est singulièrement intéressant pour notre propos, non seulement parce qu'il contient des notes de lectures prises dans... l'*Ulysse* de Joyce, mais surtout parce qu'il s'oriente ouvertement, à partir du cas du plus brillant des jeunes romanciers contemporains, vers une réflexion générique, implicitement liée à la pratique de Virginia Woolf elle-même. L'ensemble des carnets joue « un rôle crucial dans le développement de Woolf en tant que critique, biographe, historienne et féministe[12] », mais ce carnet-ci est aussi passionnant parce qu'il nous donne l'impression d'avoir de surcroît joué un rôle important dans l'évolution de Virginia Woolf romancière. Les notes laissent progressivement la place à un brouillon d'essai, qui aboutira à un article publié dans le *Times Literary Supplement* sous le titre « Modern Novels », repris, six ans plus tard, dans *The Common Reader* sous le titre de « Modern Fiction ». Il semblerait donc qu'on puisse parler d'un mouvement de généralisation, à partir de remarques éparses inspirées par la lecture d'un livre particulier, vers une étude des romans modernes, pour aboutir à une réflexion de fond sur la fiction contemporaine. Mais c'est sans doute là simplifier une réalité plus complexe. Toute lecture s'inscrit dans un dessein plus ou moins défini, qu'il est souvent très difficile de reconstituer *a posteriori*; dans le cas présent, toutefois, nous savons, grâce au journal de Virginia Woolf[13], que la lecture d'*Ulysse* faisait partie, avant même d'être entreprise, d'un vaste projet de comparaison entre les « modernes », romanciers ou poètes d'avant-garde, et les écrivains traditionnels du XIXe siècle. D'autre part le carnet lui-même va nous permettre d'observer très précisément la formation de certains biais de lecture.

    Commençons par quelques éléments de description du document. Le carnet, en fait un cahier, comprend quatre sections. La première est consacrée principalement aux notes de lecture d'*Ulysse*; la deuxième est une esquisse d'essai sur le roman moderne, directement issue de ces notes; la troisième section semble amorcer une nouvelle version du même essai, mais s'interrompt au bout de quelques lignes. Enfin une

---

    11. Il porte le numéro XXXI dans la classification de B. Silver. Des extraits de ce carnet ont été publiés par Brenda Silver et par divers autres critiques. Il est reproduit intégralement dans le *Virginia Woolf* de la collection « Major Authors on CD-ROM », édité par Mark Hussey (Primary Source Media, 1997). Nos citations renvoient donc à cette publication électronique, fort précieuse, même si les images des manuscrits sont parfois difficilement lisibles.

    12. Brenda Silver, p. XI.

    13. « But oh, dear, what a lot I've got to read! The entire works of Mr. James Joyce, Wyndham Lewis, Ezra Pound, so as to compare them with the entire works of Dickens and Mrs. Gaskell; besides that George Eliot; and finally Hardy » (*AWD*, 5 mars1919, p.8).

dernière section, sans rapport avec les autres, que nous ne commenterons pas, sinon pour remarquer qu'elle témoigne de la diversité des intérêts de Virginia Woolf, contient des notes, prises quelques semaines plus tard, sur *The Life and Letters of William Thomson, Archbishop of York...* La mise en page est celle qu'on retrouve dans la plupart de ses carnets de lecture. Sur les rectos, une marge est tracée au crayon. La zone marginale ainsi définie sera consacrée à peu près exclusivement à des références très précises au texte source (des numéros de pages). Les versos sont le plus souvent vierges, servant à l'occasion à des ajouts ponctuels, ou au contraire à de brèves esquisses de développements qui se déploieront sur un mode plus discursif sur les pages de droite. La couverture cartonnée porte, à l'encre, la mention «– Modern Novels –» et une étiquette blanche indiquant «Modern Novels (Joyce)». Ces inscriptions sont probablement rétrospectives, témoignant d'une volonté de classer les notes, d'en décrire le contenu en vue d'une (ré)utilisation ultérieure. Nous allons voir toutefois que la perspective généralisante, voire générique, dont elles témoignent intervient très tôt.

Si l'on ouvre le carnet à la première page (ill. 1), on constate que le point de départ est on ne peut plus concret, en prise directe sur la matérialité de la lecture. On trouve en effet en tête de page la curieuse liste suivante (je traduis) :

Ordre d'Ulysse   I   – Rouge bordeaux.
                  II   – bleu pâle
                  III – orange
                  IV   – vert foncé
                  V   – vert clair
                  VI   – vert
                  VII – bleu foncé

Contrairement à ce qu'on pourrait croire à première vue, il ne s'agit pas d'une interprétation du symbolisme coloré des épisodes d'*Ulysse,* mais d'une indication purement bibliographique, à usage tout à fait pratique. En effet, à la date où Virginia Woolf utilisait ce cahier, seuls les premiers épisodes d'*Ulysse* étaient parus, sous forme de feuilleton, dans une revue américaine, *The Little Review.* Ayant emprunté à une amie les sept premiers numéros, Virginia Woolf se bâtit donc un répertoire fondé sur la couleur des couvertures, ce qui est sans doute plus commode que des indications plus orthodoxes (la numérotation est d'ailleurs assez confuse sur les couvertures de la revue). De fait, ces repères colorés vont être repris en marge des notes qui suivent, pour identifier les volumes auxquels renvoient les numéros de page.

Ill. 1. Première page du *Carnet de lecture XXXI*.
(The Berg Collection, New York Public Library. Reproduit avec l'aimable autorisation de The Society of Authors, Literary Representative of the Estate of Virginia Woolf).

On voit que s'intéresser à la bibliothèque virtuelle d'un écrivain n'implique pas de renoncer à la matérialité des livres lus au profit d'une intertextualité abstraite. Il ne s'agit pas de mettre en rapport des textes désincarnés, mais bien de reconstituer un dispositif concret de lecture-écriture. Ici, nous sommes à même d'observer de près la mise en place d'un tel dispositif et d'apprécier ses effets. En effet, les notes sur *Ulysse* ne commencent pas immédiatement sous la liste des couleurs, mais seulement au milieu de la page. Dans l'intervalle, nous trouvons les lignes suivantes :

Modern Novels
Reality is thick and deep. novelist must confine himself
to this knowledge at first hand. he must
« plunge in. »
What we call the « objective method » is a
method of after-thought, of spectacular reflection
By presenting what happens in the mind Miss R
seizes reality alive.
The ordinary life richer than the extraordinary – the
fabric of life – life itself. Rémy de Gourmont, Promenades Littéraires
Roman Modernes
(soit à peu près : « La réalité est dense et profonde. Le romancier doit se borner à ce savoir de première main. Il doit "plonger". Ce que nous appelons la "méthode objective" est une méthode de pensée rétrospective, de réflexion spectaculaire. En présentant ce qui se produit dans l'esprit, Mademoiselle R saisit la réalité toute vivante. La vie ordinaire plus riche que l'extraordinaire – l'étoffe de la vie, la vie même. Rémy de Gourmont, Promenades Littéraires »)

Ces phrases risqueraient fort de rester énigmatiques si elles n'étaient pas accompagnées, en marge, des mots « Miss Sinclair Little Review » et du chiffre 9. Sur la foi de cette indication, il suffit de consulter la revue pour trouver, à la page 9 d'un numéro (le deuxième dans la liste ci-dessus), un article d'une certaine May Sinclair, intitulé « The Novels of Dorothy Richardson », d'où sont extraites ces phrases, ou plutôt à partir duquel ces notes ont été rédigées. Il semble donc que Virginia Woolf, en constituant son répertoire chromatique des couvertures, ait feuilleté les numéros de la revue et ait été attirée par une étude portant sur un autre écrivain contemporain novateur, la romancière Dorothy Richardson, étude qu'elle s'est laissé entraîner à lire avant d'aborder *Ulysse*. Elle y note quelques phrases de portée générale qu'elle indexe sous les mots « Modern Novels ». Or les thèmes développés dans ces notes (la nature de la réalité, le rapport que le romancier entretient avec elle, la nécessité pour l'écrivain de voir par ses propres yeux, d'abandonner les méthodes éprouvées dont on a fini par oublier l'artifice, la prédilection des contemporains pour la représentation des événements mentaux, l'importance du tissu de la vie la plus quotidienne…) vont orienter très fortement la lecture de Joyce immédiatement consécutive. Elles seront également au cœur de l'essai sur lequel débouchera cette lecture, et qui portera précisément le titre de « Modern Novels »…

Il ne faudrait pas appliquer ici un déterminisme trop étroit, ou en tout cas à sens unique : si Virginia Woolf a noté ces phrases, c'est évidemment qu'elles trouvaient en elle un écho, qu'elles répondaient à ses préoccupations au moment d'aborder la lecture de Joyce. Ce n'est pas non plus un hasard si l'article de May Sinclair paraît dans le même numéro de revue qu'un épisode de Joyce : ils sont présumés intéresser le même public. Mais si une revue reflète l'air du temps, elle contribue aussi à sa formation. Il n'est pas invraisemblable que la présence de cet article ait orienté la réception du texte de Joyce pour d'autres lecteurs, déconcertés par sa nouveauté et en quête de points de repère. Peut-être a-t-il modestement contribué, à côté d'autres facteurs, à une lecture très psychologique d'*Ulysse,* et à ce qui nous apparaît aujourd'hui comme une importance exagérée accordée au « courant de conscience » et au « monologue intérieur ».

Toujours est-il que Virginia Woolf n'aurait pas pris la peine de noter ces idées, au vol en quelque sorte, à un endroit où elles n'étaient pas prévues, si elles étaient évidentes pour elle. Pour qu'une chose soit notée, il faut qu'elle ait été considérée comme notable, ce qui suppose une prédisposition à l'entendre, une certaine affinité, mais ce qui implique aussi que la chose présente un aspect un tant soi peu inattendu[14], une certaine étrangeté. À l'inverse, si une chose n'est pas notée, c'est qu'elle n'est pas considérée comme digne d'intérêt, c'est-à-dire qu'elle est trop étrangère ou au contraire trop familière. Il serait intéressant d'examiner tout ce que Virginia Woolf n'a *pas* noté dans l'article de May Sinclair, mais aussi dans les autres articles composant ces sept numéros de revue, qui n'ont, apparemment, pas retenu son attention. Cela nous entraînerait beaucoup trop loin dans les limites de ce chapitre, mais on peut au moins comparer ces notes avec les phrases dont elles sont issues :

---

14. Fût-ce l'autorité de l'énonciateur à l'appui d'une idée qu'on veut défendre, ce qui n'est pas le facteur essentiel ici. Rémy de Gourmont jouissait d'un prestige enviable (la *Little Review* venait de lui consacrer un numéro, où Ezra Pound faisait son panégyrique), mais May Sinclair n'était guère connue. Et ni l'un ni l'autre ne seront mentionnés dans l'essai consécutif.

Reality is thick and deep, too thick and too deep and at the same
time too fluid to be cut with any convenient carving knife. The
novelist who would be close to reality must confine himself to his
knowledge at first hand. He must, as Mr. Beresford says, simply
"plunge in".
(La réalité est dense et profonde, trop dense trop profonde et en
même temps trop fluide pour être tranchée avec n'importe quel
couteau à découper commode. Le romancier qui veut être proche de
la réalité doit se borner à son savoir de première main. Il doit, comme
le dit Mr. Beresford [il s'agit du préfacier de *Pointed Roofs*, le roman de
Dorothy Richardson], simplement « plonger ».)

devient, sous la plume de Virginia Woolf :

Reality is thick and deep. novelist must confine himself to this knowledge at first hand. he must « plunge in. »

Dans le processus de condensation caractéristique de la prise de
notes, plusieurs éléments tombent : l'impossibilité d'un découpage
commode, mais aussi l'idée de la fluidité du réel, qui est pourtant si
caractéristique de l'œuvre ultérieure de Woolf. Etait-ce trop évident ?
Ou bien cet aspect qui fait l'objet d'un investissement libidinal si puissant chez elle suscitait-il à cet instant une résistance ? Tombe ensuite la
restriction qui affecte la recommandation : le romancier *qui veut être
proche de la réalité* doit s'en tenir à son savoir de première main. Chez
Virginia Woolf, la directive s'applique généralement à tout romancier.
En même temps, « *his* knowledge » devient « *this* knowledge », le savoir
de première main auquel le romancier doit s'en tenir, c'est précisément
l'épaisseur et la profondeur de la réalité auquel il vient d'être fait allusion. Enfin, la référence à Mr. Beresford disparaît, bien que les guillemets subsistent. Au total, sous cette forme raccourcie, quasi
aphoristique, le caractère injonctif marqué par les deux « must » ressort
beaucoup plus fortement.
Sautons le paragraphe suivant, qui est également le résultat d'une
forte condensation, pour examiner le troisième (« The ordinary life
richer than the extraordinary – the fabric of life – life itself. Rémy de
Gourmont, *Promenades Littéraires* »), et le confronter avec la phrase
dont il est issu, citée en français par M. Sinclair :

« Il y a peut-être un sentiment nouveau à créer, celui de l'amour de la
vie pour la vie elle-même, abstraction faite des grandes joies qu'elle ne
donne pas à tous, et qu'elle ne donne peut-être à personne… »

On voit qu'on passe de considérations affectives (un sentiment, les joies de l'existence) à une évaluation plus abstraite des «choses de la vie». D'autre part la forme dubitative («Il y a peut-être...»), prospective («à créer»), devient assertive et universalisante. L'essentiel de l'emprunt réside en fait dans la forme réfléchie: «l'amour de la vie pour la vie elle-même» devenant «life itself».

Enfin, il faut noter à quel point ces notes de lecture constituent un espace dialogique. Elles ne sont pas seulement, comme on pouvait s'y attendre, le théâtre d'un dialogue serré entre Joyce et Virginia Woolf – ce dialogue, avant même de commencer, passe par le truchement de Dorothy Richardson, de son préfacier Mr. Beresford, de sa commentatrice May Sinclair, de Rémy de Gourmont... Aucun de ces noms n'apparaîtra ouvertement dans l'essai publié. Ils y ont cependant laissé leur trace.

Après ce supplément inattendu, la lecture d'*Ulysse* va enfin commencer, s'inscrivant dans la seconde moitié de la première page, ce qui peut être considéré comme emblématique: même les notes de lecture ne s'inscrivent jamais sur un fond totalement vierge. Comment caractériser cette lecture d'après ses traces? Elle est suivie et plutôt attentive, comme en témoignent la patiente reprise en marge des numéros des épisodes et de la couleur des couvertures, quelques citations textuelles et sept références à des pages précises. On rencontre aussi, notés diagonalement sur une page de gauche, quelques repères assez élémentaires que Virginia Woolf essaye de se donner à elle-même pour s'aider à comprendre un texte très déroutant pour les habitudes de lecture de l'époque:

> Bloom –
> editor of a paper.
> Dignam dies
> Stephen Dedalus is the
> son of Mr. Dedalus.
> Mulligan is his friend –
> What is the connection
> between Bloom and Dedalus?
> (Bloom – rédacteur d'un journal. Dignam meurt. Stephen Dedalus est le fils de Mr. Dedalus. Mulligan est son ami – Quel est le lien entre Bloom et Dedalus?)

Woolf note humblement quelques faits qu'elle croit avoir établis (elle se trompe en ce qui concerne la profession de Bloom) et se pose une importante question (que le lecteur des sept premiers épisodes n'est pas en mesure de résoudre).

Les phrases interrogatives[15], ou modalisées d'un «peut-être», «il est possible que», «pour ce que j'en sais», «je suppose[16]», sont très nombreuses. Sur la page qui suit immédiatement ces notes (en regard du début de «l'esquisse d'article»), on trouve d'ailleurs cette phrase, qui affecte l'ensemble d'une modalisation globale: «therefore all the remarks here recorded are vague, discursive, & by no means aim at finality» («c'est pourquoi toutes les remarques notées ici sont vagues, décousues et ne se veulent nullement décisives»).

La perplexité est bien réelle devant un objet qui ne rentre pas dans les catégories établies. Il s'agit tout d'abord de comprendre ce qui est raconté sur un mode narratif tout à fait inhabituel, fortement elliptique. Mais dans l'ensemble de ces trois pages et demie de notes de lecture, la proportion d'éléments réellement *cognitifs*, est faible: la grande majorité des remarques, qu'elles prennent la forme interrogative ou affirmative, sont *évaluatives*. Virginia Woolf cherche à comprendre, mais elle cherche surtout à juger, à exercer la fonction critique au sens fort. Ceci était d'ailleurs préfiguré dans les notes liminaires, dont nous avons souligné le caractère évaluatif explicite (*life is richer*) ou implicite, sous la forme d'aphorismes injonctifs (*the novelist must*).

Mais il est encore plus difficile de juger que de comprendre. À l'évidence les canons habituels ne sont pas adaptés. Face à cette situation, la réaction de Virginia Woolf va être double. D'une part, s'accrocher à des normes existantes, et puisque les normes proprement esthétiques font défaut, transférer l'évaluation sur un autre terrain, mal défini, relevant de l'éthique, d'une mystérieuse qualité d'esprit, de la «décence», de la «chaleur» ou même d'un préjugé de classe qui s'exprime assez crûment[17].

Visiblement Virginia Woolf fait preuve d'une forte résistance à ce qu'elle est en train de lire. On peut sans doute l'interpréter comme une

---

15. «What's it all for?» ; «Why is an emotion more real than a cold in the head?»; "isn't it always the same mind? is that true of everyone?;» «Would my objections apply to T[ristram] S[handy]?»... (Toutes ces citations proviennent du Carnet XXXI, qui n'est pas paginé.)

16. «perhaps it simply is the way one thinks if one holds a pen & writes on without coherence» ; «perhaps this method gets less into other people & too much into one»; «Funeral perhaps the best thing» ; «Possibly like a cinema that shows you very slowly how a horse does jump» ; «For all I know, every great book has been an act of revolution»... *Ibid.*

17. «Their minds lack quality – & as you get nothing but their minds!» ; «But the worst of Joyce a[nd]c[ompany]: is their egotism – no generosity or comprehensiveness. Also seems to be written for a set in a back street. What does this come from? Always a mark of the second rate. Indifference to public opinion – desire to shock – need of dwelling so much on indecency» ; «Would my objections apply to T[ristram] S[handy]? [...] T.S. has a warmer temperature than Ulysses» *Ibid.*

résistance à l'innovation, ce qui est une attitude partagée par beaucoup[18]. On y verra aussi l'effet d'une situation de concurrence, sur le
marché littéraire peut-être, mais il s'agit surtout d'une rivalité aux yeux
de Virginia Woolf elle-même, qui fondait son estime de ce qu'elle écrivait sur une comparaison avec ses contemporains[19]. Tous les moyens
sont donc bons pour juguler cette œuvre dérangeante. Relève aussi de
cette attitude la phrase d'attaque de ces notes : « The undoubted occa-
sional beauty of his phrases. » C'est ce qu'on appelle en anglais *damning
with faint praise* : on dirait que Virginia Woolf se hâte de jeter sur le
papier un demi-compliment (la beauté n'est qu'occasionnelle),
concédé (on affirme qu'on ne met pas en doute cette beauté occasionnelle) portant sur une qualité un peu périphérique et malaisément défi-
nissable (la beauté des phrases), pour se sentir plus libre de critiquer
ensuite la fiction de Joyce.

Mais heureusement, Virginia Woolf ne s'en tient pas là.
L'inadéquation des normes existantes face à ce nouvel objet va l'amener
à engager une réflexion approfondie sur celles-ci. En effet, il y a là un
véritable et double problème : si une œuvre nouvelle rend les normes
obsolètes, au nom de quoi évaluera-t-on cette œuvre (ce qui est le propos
immédiat) et comment, à partir de cette incertitude, fonder de nouvelles
normes et donc une nouvelle esthétique – question qui s'inscrit en filigrane et qui sera au cœur de l'article qui procédera de ces notes.

Virginia Woolf ne se laisse pas déborder par sa perplexité : elle jette
sur sa propre situation de lectrice confrontée à l'étrangeté d'un livre
nouveau un regard réflexif, envisageant de la théoriser, ou du moins
d'écrire un essai sur elle[20]. Et aussitôt elle relativise la nouveauté par la
comparaison, s'apercevant que certaines de ses remarques, de ses
réserves sur Joyce, pourraient également s'appliquer à des œuvres tout
à fait traditionnelles[21].

Or c'est bien dans une démarche comparative que réside la solution au problème de l'évaluation et Virginia Woolf va en effet procéder

---

18. Mais non par tous : voir par exemple Ezra Pound, et les nombreux lecteurs qui
accueillirent d'abord le *Portait de l'artiste*, puis les premiers chapitres d'*Ulysse* avec un
enthousiasme inconditionnel.

19. Le 27 mars 1919, c'est à dire précisément au moment ou elle prend ces notes, elle
relit *Night and Day*, le roman qu'elle vient d'achever et note : « I can't help thinking that,
English fiction being what it is, I compare for originality and sincerity rather well with
most of the modern » (*AWD*, p. 10).

20. « Possibly one might write about the effect of reading something new – its queer-
ness. Well, but it isn't so different after all » (Carnet XXXI).

21. « Perhaps its unfair to consider the method so much – does'nt it limit one a good
deal, But then every method has its limitation – things that cant be said. Question how
far we now accept the old tradition without thinking » *Ibid.*

à un véritable réétalonage par un jeu de comparaisons[22] : comparaison (favorable) avec deux romanciers édouardiens installés, H.G. Wells et surtout Arnold Bennet, praticiens d'un réalisme matérialiste, décidément très limité, qu'elle caricature sous le nom d'école du rhume de cerveau ou du compartiment de première classe[23] ; comparaison, plus indécise, avec trois glorieux aînés encore en activité (Henry James, Thomas Hardy, et Joseph Conrad) ; comparaison avec les écrivains du passé, dont le naturel est mis en doute ; enfin, le *Don Juan* de Byron et le *Tristram Shandy* de Sterne sont évoqués comme exemples d'œuvres marginales par rapport à la tradition[24]. Tchekhov, mentionné de manière cryptique dans l'esquisse qui suit les premières notes, donnera prétexte à un long développement sur les écrivains russes dans l'essai définitif. Mais surtout, la comparaison avec les romanciers traditionnels, ceux qu'elle appelle les Anciens ou les classiques, parmi lesquels elle distinguera Fielding, Jane Austen, Dickens et Thackeray, va prendre, au fil des étapes, de plus en plus d'importance : eux aussi ont été des innovateurs, ont dû créer avec difficulté le mode d'expression qui nous donne aujourd'hui une impression d'aisance et d'évidence. Toutes ces références servent de base à un travail d'induction : partir des œuvres qu'on aime vraiment, des valeurs sûres, qui feront office de valeurs étalons, les confronter avec ce qu'on n'aime pas, et se demander les véritables raisons de ces goûts.

De ce grand brassage, quelques valeurs semblent émerger : il faut aller vers moins de matérialisme, vers plus de psychologie, mieux saisir « la vie » à travers les petits événements de l'existence (nous voyons là resurgir le thème central des notes liminaires). Mais ces valeurs sont en même temps relativisées : il est dit clairement que si les contemporains (qu'elle appelle les georgiens) ont envie de plus de spiritualité, c'est parce que les romanciers de la génération précédente (les édouardiens) sont empêtrés dans les détails de la vie matérielle. D'autre part Virginia Woolf a bien conscience du caractère vague de la référence à la « vie[25] », elle le reconnaît à plusieurs reprises. Mieux encore, la « vie »,

---

22. Souvenons-nous que la comparaison était déjà au centre du projet de lecture initial. Voir note 13.

23. Dans la version finale de l'essai, elle ajoutera à cette catégorie le nom de John Galsworthy.

24. Gertrude Stein, un autre écrivain d'avant-garde, est brièvement évoquée, mais elle disparaîtra, comme Dorothy Richardson, des versions suivantes. En définitive, le seul écrivain femme qui soit mentionné est Jane Austen...

25. Une aussi grande lectrice ne pouvait ignorer qu'à toutes les étapes de l'évolution du roman, on s'est réclamé de « la vie », depuis la préface de *Joseph Andrews*, acte fondateur du roman moderne, jusqu'aux naturalistes qui étaient les prédécesseurs immédiats de Virginia Woolf.

cette chose sans laquelle tout le reste ne vaut rien, est mobile, elle change, elle a changé, ou plutôt ce que nous entendons par là a changé et il faut adapter en conséquence la forme de la fiction. Virginia Woolf ne tient même pas pour acquise la maxime qu'elle avait notée en exergue (la vie ordinaire est plus riche que l'extraordinaire) : dans l'essai final, la proposition conservera une forme extrêmement prudente[26]. Une phrase ambiguë jetée en regard des notes semble même suggérer l'inverse[27]. Peut-être les *grandes* choses, l'amour, la mort, la jalousie, restent-t-elles plus importantes, mais la phrase se poursuit en affirmant que ces choses, grandes ou petites, encore faut-il les *voir*, non pas abstraitement, mais concrètement, comme des faits : ce renouvellement de la vision est une entreprise toujours d'actualité, à renouveler perpétuellement.

Il se dégage là une théorie de la dynamique propre au champ artistique assez proche de celle de l'*ostranienie* (défamiliarisation) que Chlovski était en train d'élaborer à la même époque en Russie, une théorie bien adaptée au courant « moderniste » qui était en plein développement dans l'un et l'autre pays. Un relativisme radical, qui ne laisse plus subsister qu'une seule valeur universelle, la nécessité du changement[28], et qui annexe paradoxalement le passé en le disputant au camp conservateur[29].

Il n'est pas possible de poursuivre plus loin, dans les limites de cet article, l'analyse des complexités, des contradictions et des découvertes qui s'enchevêtrent dans ces pages. Nous noterons seulement un dernier trait, dont les conséquences sont importantes. Dans son souci de minimiser la réussite de Joyce – ne serait-ce que pour pouvoir exister à côté de lui, pour s'ouvrir un espace vital dans le champ de la fiction que sa stature imposante risquait d'occuper entièrement –, Virginia Woolf fait une observation sur la technique d'*Ulysse* et ses conséquences qu'elle juge dommageables : « perhaps this method gets less into other people & too much into one. » La technique joycienne (elle fait sans doute allusion au « monologue intérieur ») serait solipsiste. Elle y revient un peu plus loin, à propos de l'épisode qu'elle admire le plus : « but isn't it always the same mind ? » Enfin elle termine son esquisse d'article en

---

26. « Let us not take it for granted that life exists more fully in what is commonly thought big than in what is commonly thought small. »

27. « Yet it seems quite possible that the big things are the big things : love, death, jealousy and so on ; but must be seen again, fact again ; always. Perpetually » (Carnet XXXI).

28. « The fact is that if we stand still we go backwards » ; « we must go on ; can't stand still ; move on from our immediate past » *Ibid.*

29. « For all I know, every great book has been an act of revolution » *Ibid.*

s'exhortant à conclure sur cette question du rapport à l'autre, de la vision de l'autre, à laquelle elle confère une tonalité morale autant que littéraire[30]. Dans «Modern Fiction», le reproche se fera plus diffus, ne reposant ni sur une analyse technique précise, ni sur une argumentation éthique cohérente, mais sur une image impressionniste[31].

Peu importe la pertinence de l'observation ou la validité du reproche (l'une et l'autre auraient perdu une bonne part de leur raison d'être si Virginia Woolf avait poursuivi sa lecture au-delà du septième chapitre). Ce qui est intéressant, c'est que Virginia Woolf croit avoir trouvé une faiblesse, une faille dans laquelle elle pourra se loger. C'est là qu'elle va en effet pouvoir trouver sa voie ou plutôt ce qu'elle appelle sa voix propre. Son prochain roman, *Jacob's Room*, prendra le contre-pied exact de l'image qu'elle a utilisée pour évoquer l'insuffisance de Joyce. Bien loin d'être enfermé dans la chambre étroite d'une conscience singulière, le roman abordera cette chambre de l'extérieur, par le biais de l'interaction entre la personnalité et son environnement, constitué notamment par la conscience de ses proches ; ce n'est plus un contenant claustrophobique, mais un lieu géométrique, traversé par un réseau de relations intellectuelles, affectives et sociales. Ensuite, Virginia Woolf publiera simultanément un ouvrage critique, *The Common Reader*, où l'article sur Joyce et le roman moderne sera publié sous le titre de «Modern Fiction», et *Mrs. Dalloway*, son roman le plus proche de Joyce, qui s'en différencie cependant par l'absence de «monologue intérieur» : le courant de conscience y est rendu par un usage très fluide de la troisième personne et du style indirect libre, facilitant le passage rapide, mais sans brutalité, d'une intériorité à l'autre. Virginia Woolf a trouvé sa manière, reconnaissable entre toutes[32].

Nous touchons là à l'aspect le plus intéressant de l'étude des bibliothèques d'écrivains, réelles ou virtuelles : elles nous permettent d'observer la construction progressive du jugement esthétique à travers les

---

30. «Then the summing up. The necessity of magnanimity & generosity. Trying to see as much of other people as possible, & not oneself – almost» *Ibid.*

31. «[...] it is possible to press a little further and wonder whether we may not refer our sense of being in a bright yet narrow room, confined and shut in, rather than enlarged and set free, to some limitation imposed by the method as well as by the mind. Is it the method that inhibits the creative power? Is it due to the method that we feel neither jovial nor magnanimous, but centred in a self which, in spite of its tremor of susceptibility, never embraces or creates what is outside itself and beyond?»

32. On a beaucoup écrit sur les rapports Woolf-Joyce. Pour un état récent de la question, voir Kelly Anspaugh, «When Lovely Wooman Stoops to Conk Him : Virginia Woolf in *Finnegans Wake*» (*Joyce Studies Annual*, 1996). Cet article essaye de montrer, avec beaucoup d'ingéniosité, que la lutte contre Joyce se poursuit à travers *A Room of One's Own*. Son analyse des répliques de Joyce dans *Finnegans Wake* est en revanche plus contestable.

lectures, aboutissant à la définition progressive, ou à l'infléchissement, d'un projet d'écriture personnelle.

C'est un processus tout particulièrement important pour un écrivain comme Virginia Woolf qui ne s'inscrit pas dans un cadre générique préexistant, mais dont l'œuvre participe à la définition d'un genre nouveau en même temps qu'elle l'exemplifie : le « roman moderne », et plus particulièrement cette sous-catégorie à laquelle on ne peut donner d'autre nom que le « roman woolfien », ne préexiste pas comme catégorie aux objets qu'elle doit subsumer.

Comme il n'y a pas de créations *ex nihilo*, en l'absence de genre établi il faut néanmoins partir de l'existant et déplacer les genres reconnus, en les juxtaposant, les détournant, les jouant l'un contre l'autre. C'est pourquoi Virginia Woolf, pour qualifier ses projets de fiction, utilisera des termes tels que « pièce de théâtre-poème », « roman essai », « pièce », « élégie », « pièce élisabéthaine », « roman traditionnel » (à ne pas prendre littéralement)… C'est pourquoi aussi elle procèdera par remaniements et fusion (voire scission) d'œuvres préexistantes, avec changement de catégorie : des nouvelles aboutiront à *Mrs. Dalloway*; une conférence deviendra un « essay novel », puis un roman et un essai (*The Years* et *Three Guineas*)… Ceci n'est sans doute pas sans rapport avec la remarquable diversité des lectures critiques de Virginia Woolf, qui embrassent tous les genres et toutes les périodes de la littérature anglaise – et au-delà, du roman russe à Mme de Sévigné et à Mallarmé.

Mais en amont de ce travail direct sur les genres et les catégories, un travail plus subtil se fait à propos d'œuvres appartenant à des catégories existantes, dont tel ou tel trait considéré comme non essentiel à la définition du genre est mis en avant[33] au cours de la lecture critique pour être réinterprété en fonction d'exigences génériques nouvelles. Comme le dit Virginia Woolf dans « Modern Fiction » : « the accent falls differently from of old; the emphasis is upon something hitherto ignored », l'accent n'est pas mis à l'endroit habituel, quelque chose qui passait inaperçu est promu au premier plan. C'est à un tel processus de remaniement axiologique que l'étude du carnet XXXI nous a permis d'assister. Nous avons pu au moins entrevoir cette mise en place des valeurs, des normes esthétiques explicites ou implicites, débouchant directement sur un projet d'écriture qui s'élabore autant par assimilation et rejet de l'écriture d'autrui que par les tâtonnements de la mise en œuvre individuelle auxquels la génétique a coutume de s'intéresser.

---

33. Pour une fine analyse des fondements d'un tel processus de renouvellement générique, voir Gérard GENETTE, *La Relation esthétique* (*L'Œuvre de l'art, II*), Paris, Le Seuil, 1997, p. 200-223.

Dans le cas des carnets de lecture de Joyce qui sont conservés à la bibliothèque de l'université de Buffalo, il n'y a apparemment rien de tel, rien qui s'apparente à l'expression ou à l'élaboration de critères puisque ces carnets servaient à engranger des matériaux pour *Finnegans Wake*. Cette expression est à prendre au sens le plus littéral : ils sont en effet composés pour l'essentiel de mots ou de courtes phrases que Joyce notait au cours de ses lectures et qu'il insérait ensuite dans *Finnegans Wake*, rayant au fur et à mesure avec des crayons de couleur ce qui était utilisé. À ceci près, toutefois, que Joyce a commencé par travailler dans le prolongement *d'Ulysse*, n'ayant absolument pas l'idée, au départ, d'un livre tel que *Finnegans Wake* – et qu'il a continué à utiliser ces carnets un certain temps après la publication de son grand-œuvre.

L'ensemble compte une soixantaine de carnets, totalisant environ quatorze mille pages de notes. Nous ne parlerons pas, ici, des carnets qui ne sont pas de la main de Joyce, ni des carnets virtuels, qui ont été perdus, mais qu'on parvient à reconstituer partiellement[34].

Le plus connu, et le seul, pendant longtemps, à avoir été publié, est le carnet VI. A dit *Scribbledehobble*. Il est unique chez Joyce et même, à ma connaissance, chez tout autre écrivain (ce qui ne l'empêche pas d'être, à certains égards, exemplaire). Joyce a commencé par paginer ce très gros cahier, le munir d'une table des matières et le diviser en sections qui, pour l'essentiel, reprennent les titres des œuvres déjà publiées par Joyce : le recueil de poèmes *Musique de chambre*, les quinze nouvelles des *Dublinois*, les trois actes des *Exilés*, les quatre parties du *Portrait de l'artiste en jeune homme* et les dix-huit épisodes d'*Ulysse*, désignés chacun par leur titre homérique.

La mise en place d'une telle grille constitue une illustration spectaculaire de ce qui a été dit plus haut sur la prise de notes, qui prélève le nouveau mais non le totalement étranger ; l'inconnu, à condition qu'il rencontre une attente préexistante. Le neuf doit partiellement s'intégrer aux anciennes catégories. Ici l'œuvre ancienne fait office de topique dans laquelle seront disposés les matériaux de l'œuvre nouvelle.

L'auto-référence, sous cette forme explicite, ne se retrouve que sporadiquement dans les autres carnets, qui ne comportent pas non plus de découpage en section, ni de table des matières. Les notes, toujours laconiques (un mot, une courte phrase, une liste, rarement un paragraphe), sont disposées en vrac au fil des pages. Sous ce désordre et cette absence de lien apparent entre la plupart des notations, se

---

34. Sur ces deux catégories, qui ne sont pas les moins intéressantes, voir D. Ferrer, « Les carnets de Joyce, avant-textes limites d'une œuvre limite », *Genesis*, n° 3, 1993.

cache un pouvoir d'intégration extrêmement fort qui assimile les fragments les plus hétérogènes à l'œuvre en cours, en mettant en œuvre plusieurs processus.

Le plus connu d'entre eux est une traduction en un langage totalement individualisé. Les mots-valises polyglottes constituent en effet le caractère le plus saillant de *Finnegans Wake*. En revanche le système de sigles inventé par Joyce, qui entreprend une classification des matériaux en catégories indigènes, mais à vocation universelle, se laisse moins facilement repérer en dehors des notes dont il est issu. Voici les principaux signes, tels que les explicitait Joyce lui-même en 1924 :

  ⊓ H.C.E. (le père) ;
  Δ Anna Livia (la mère) ;
  ⊏ Shem et Λ Shaun (les fils) ;
  T Tristan ;
  I Isolde (ou Issy, la fille) ;
  ⊰ le serpent ;
  P St. Patrick ;
  X Mamalujo (Mathieu, Marc, Luc et Jean, quatre comparses) ;
  □ Signe du livre dont il refusait de dévoiler le titre[35].

Ces sigles désigneraient donc les personnages ou les acteurs de l'historiette qui forme le noyau narratif de *Finnegans Wake*, mais il est sans doute préférable de parler de rôles, voir d'actants. C'est en effet une sorte de structure actancielle que met en place ce système de sigles, un réseau de relations universelles qui se retrouvent sous la surface de tous les mythes, de tous les récits historiques et fictifs. Cette grille de lecture proto-structuraliste, quelque peu teintée de psychanalyse, puisqu'elle a une base familiale, est un puissant outil d'intégration sémantique ; à cela vient s'ajouter une fonction de structuration formelle, puisque les principaux sigles désignent également les diverses parties du livre... D'où une ambiguïté de chaque notation qui peut relever alternativement (ou qui relève à la fois) de l'*inventio* micro-scénarique et de la *dispositio* en grandes masses discursives. Si l'on ajoute à cela les fréquentes retombées au niveau de l'*elocutio* (ainsi la phrase « Λturned a Roman », qui joue un rôle capital dans la genèse de l'ensemble du chapitre 16, se retrouve par ailleurs intégrée, sous la forme « Shaun turned a Roman », dans un développement du chapitre 15), on voit que le système de notation est en prise sur tout le champ de la rhétorique – car on n'aura garde d'oublier qu'un carnet de notes relève aussi et avant tout de la *memoria*.

---

35. Voir les lettres du 24 mars et du 27 juin 1924 (*Lettres I*, Paris, Gallimard, 1961, p. 256 et p. 260).

Il semble d'ailleurs que le système des sigles était étroitement associé, dans l'esprit de Joyce, à un système mnémotechnique qu'il avait inventé et qui lui permettait notamment de retenir de grandes quantités de vers. L'ensemble fonctionnerait donc comme une sorte d'*art de mémoire*, et les carnets comme un de ces *lieux de mémoire* dont faisaient usage l'Antiquité et la Renaissance. Les anciens avaient en effet compris que le meilleur moyen de retenir un grand nombre d'informations n'est pas de leur présenter une surface d'enregistrement aussi vierge que possible, mais au contraire de prévoir une série de lieux disposés à l'avance de manière très rigide, dans lesquels on les répartira à mesure qu'elles se présenteront. Recueillir un matériau, dans cette perspective, c'est déjà le disposer, fût-ce de manière provisoire. Quand le lieu de mémoire sera abordé par l'autre extrémité et deviendra une *topique*, propre à nourrir l'œuvre en train de s'écrire, cet ordre de mise en attente deviendra ordre de (re)découverte et les juxtapositions et enchaînements locaux laisseront alors nécessairement leur trace.

Quand on demandait à Joyce quel était le principal acquis de son éducation jésuite, il répondait: «How to gather, how to order and how to present a given material», c'est-à-dire: «Comment rassembler, comment mettre en ordre et comment présenter un matériau donné.» Tout suggère qu'il ne désignait pas là trois étapes distinctes, mais un seul processus: la collecte supposant la préexistence d'un ordre, qui lui-même ne saurait être sans influence sur la forme ultime. On pourrait dire que le système des sigles, qui lui sert indissociablement à recueillir et à organiser, prend à cet égard le relais de celui de saint Ignace. Entre *loci memoriae* et *topoi*, le carnet, grille unique à double orientation, matérialise donc cet espace transactionnel où la mémoire de la lecture devient l'invention de l'écriture.

Il ne faudrait pas cependant surestimer l'importance quantitative de ces sigles. La grande majorité des notes n'en comporte aucun. Des milliers de mots ou de courtes phrases sont jetés pêle-mêle sur le papier, sans aucune marque d'identification ou de classement. On peut seulement donner deux précisions à leur sujet. Quand ils ont été rayés au crayon de couleur, on retrouve généralement l'endroit où ils ont été utilisés dans les brouillons de *Finnegans Wake*. On parvient souvent aussi à identifier la source des notes, mais c'est au prix des plus grandes difficultés. En effet, ces sources sont extrêmement variées: obscurs volumes sur l'hagiographie ou l'histoire irlandaise, ouvrages d'actualité, au fil de leur parution, articles de journaux tout à fait anodins... Même quand les livres consultés sont célèbres, les mots notés sont tellement déroutants qu'il est difficile de les reconnaître.

Ainsi, les notes de la page 36 du carnet VI.B.19 (ill. 2) proviennent de la traduction anglaise, fraîchement parue en 1925, de « Un cas de phobie chez un garçon de cinq ans (le petit Hans) » de Freud. Voici ces notes, accompagnées de leur source dans le texte freudien :

genitals
(feminine)
« So long as the child is in ignorance of the female genitals, there is naturally a vital gap in his comprehension of sexual matters » p. 230.[36]

Unless I am / mistaken
« Unless I am mistaken » p. 232.
Cette note est rayée au crayon de couleur vert.

Hyburn
Non identifié.

daddy
« you'd like to be daddy. » p. 234.

Sheml
« Franzl and Fritzl » p. 235.
Joyce applique à son héros Shem le modèle des diminutifs autrichiens en « l » qui apparaissent dans le texte de Freud.

Lodi (Idol)
« How did you hit upon the name Lodi ? » p. 257.
Le père du petit Hans se demande comment celui-ci a inventé le nom qu'il donnait à la petite fille de ses rêves (Lodi). Joyce remarque qu'il s'agit d'un palindrome du mot « idol » (idole). Cette note est rayée au crayon de couleur vert.

Bruno Onurb
Nolan Nalon
Ces deux mots sont ajoutés en travers de la page, sans doute postérieurement à la prise de note. Sur le modèle du mot précédent, Joyce adapte l'idée du palindrome, trouvée à partir de Freud, à une personalité importante de son univers intellectuel, le philosophe Bruno de Nola (« Bruno Nolan »).

De Franzl à Sheml et de Lodi à Onurb Nalon, le bas de cette page met en évidence un processus d'assimilation ou de métabolisation de la source. Mais sur le reste de la page, comme sur de très nombreuses

---

36. Les numéros de page renvoient à Sigmund FREUD, *Collected Papers*, t. III, Londres, The Hogarth Press, 1925, édition consultée par Joyce et publiée, le monde est petit, par Leonard et Virginia Woolf…

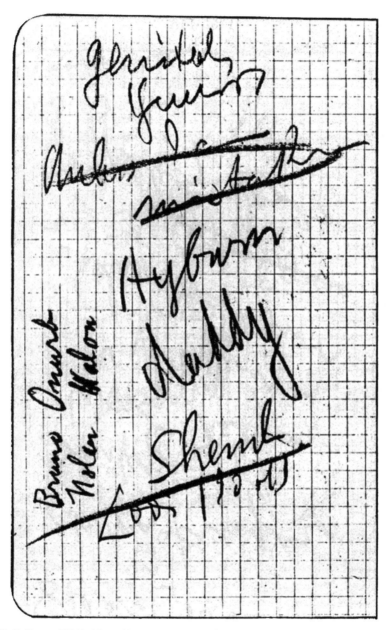

Ill. 2. Carnet VI. B. 19, p. 36. (The Poetry/Rare Books Collection, State University of New York at Buffalo. Reproduit avec l'autorisation exceptionnelle de la Succession littéraire de James Joyce.)

autres pages, l'interaction se limite au double geste du prélèvement
(découpage et copie). Or on est souvent bien en peine de comprendre
les raisons de ce prélèvement. Pourquoi avoir noté le mot « daddy » dans
le texte de Freud ? Pourquoi avoir relevé l'expression, tout à fait
courante, « unless I am mistaken » (« si je ne me trompe ») ? Or cette
dernière note est une des rares, parmi celles qui proviennent de Freud,
à avoir effectivement été utilisée (comme en témoigne le fait qu'elle est
rayée au crayon de couleur). Elle est insérée dans le brouillon, quelques
semaines après avoir été notée dans le carnet, sous la forme : « unless he
were mistaken », qui deviendra ensuite dans l'œuvre définitive : « unless
we were neverso wrongtaken ».

Chez Virginia Woolf, l'utilisation de la note nous aide à
comprendre la nécessité à laquelle répondait son prélèvement. C'est
aussi le cas chez la plupart des auteurs, même s'il faut faire la part d'une
certaine illusion rétrospective, contre laquelle il est difficile de se
défendre. Chez Joyce, le lien entre prélèvement et utilisation est très
difficile à établir. Dans certains cas, des dizaines de mots ont été ponc-
tionnés dans un article de journal anodin, puis ces mots ont servi à littéralement farcir une page de brouillon. On peut donc parler d'un
véritable lien intertextuel entre *Finnegans Wake* et cet article, même si
aucun lecteur n'a pu reconnaître au moment de la parution du livre cet
article obscur, paru une quinzaine d'années plus tôt. Dans le cas de l'expression banale prélevée chez Freud et insérée isolément dans un
brouillon, où sa provenance est encore plus impossible à déterminer, on
hésite à parler d'intertextualité. On est obligé de considérer que c'est
chaque mot ou chaque expression qui devient une sorte de lieu de
mémoire, porteur d'une forme exacerbée de « mémoire du contexte[37] ».

Finnegans Wake, œuvre énigmatique, résulte d'un processus de
fabrication qui relève d'une logique plus énigmatique encore. Pour y
voir plus clair, on doit espérer beaucoup de l'édition complète des
carnets qui vient d'être entreprise et se poursuivra sur une dizaine d'années. Elle devrait permettre de déterminer à quel point l'utilisation des
notes est orientée vers le contexte d'origine et dans quelle mesure elles
jouent surtout le rôle d'un déclencheur de l'invention verbale, étant
donné que ces deux aspects sont indubitablement présents et qu'une
certaine évolution semble être intervenue au fil des années, la mécanique du système de gestion des notes tendant à acquérir une auto-
nomie de plus en plus grande, au détriment de l'intertextualité active.
En attendant, il est possible d'essayer de dégager ce que ces notes

---

37. Voir D. FERRER, « La toque de Clementis : rétroaction et rémanence dans les
processus génétiques », *Genesis*, n° 6, 1994.

peuvent avoir en commun avec des notes plus traditionnelles telles que celles de Virginia Woolf.

Chaque ensemble de notes témoigne d'un dessein, aussi vague soit-il, qui a orienté, la lecture elle-même, nous l'avons vu plus haut, puis le recueil des matériaux. Dans le cas de *Finnegans Wake*, ce dessein ne peut être qualifié de vague, puisque Joyce, malade et découragé, avait un moment envisagé de faire achever *Finnegans Wake* par un autre écrivain, James Stephen. Selon lui, il aurait suffi de lui communiquer « deux ou trois points que je considère comme essentiels, et de lui montrer les fils qui lui permettraient d'achever le dessin ». On aimerait bien savoir quels étaient ces points et de quels fils il s'agissait… Mais il ne faut pas non plus croire que ce dessin était tout tracé dans sa tête au moment de commencer. On constate au contraire beaucoup d'hésitations et de tâtonnements dans les premières années de la composition. Le dessein d'ensemble s'est donc précisé au fur et à mesure de la collecte des notes et c'est notamment cette collecte elle-même qui l'a infléchi. Il en est de même à l'échelle de chaque note : il semble certain que, très souvent, Joyce n'avait pas une idée précise du contexte dans lequel l'élément recueilli devait s'insérer.

En dernier ressort, on se trouve donc confronté, comme dans le cas de Virginia Woolf, à un ensemble de critères et à son évolution. Non pas à des critères très généraux, visant à définir ce que doit être le genre romanesque, mais à des critères éminemment locaux, déterminant, à chaque instant de la lecture, quel mot doit être noté, en fonction d'un dessein d'utilisation qui n'est pas entièrement prédéfini.

D'autre part, le carnet dans lequel les notes sont prises constitue un contexte intermédiaire entre la « source » et la « cible », théâtre d'une interaction entre les éléments recueillis. Comme le disait Joyce à propos de quelques passages qu'il avait écrits avant même de savoir le genre de livre que serait *Finnegans Wake*: ce « ne sont pas des fragments, mais des éléments actifs, qui quand ils seront un peu plus nombreux et plus vieux, commenceront à se fusionner[38]. » On peut appliquer la même idée aux notes, qui ne sont ni des pièces d'horlogerie, mises de côté pour être insérées à un endroit précis d'un mécanisme où elles joueront le rôle exact pour lequel elles ont été conçues et façonnées, ni des pierres ramassées au hasard pour boucher les trous qui pourraient se présenter dans une mosaïque, mais bien un ensemble vivant et évolutif, comme l'œuvre sur laquelle elles seront greffées.

---

38. *Lettres I*, p 244. Joyce écrivait déjà à propos d'*Ulysse*: « Les éléments requis ne s'unissent qu'après une coexistence prolongée », *ibid.*, p. 144.

LA BIBLIOTHÈQUE DE VALÉRY : TRACES DE LECTURES, CATALOGUE ET CORPUS DES NOTES MARGINALES

Judith ROBINSON-VALÉRY et Brian STIMPSON

Un livre vaut à mes yeux par le nombre et la nouveauté des problèmes qu'il crée, anime ou ranime dans ma pensée. [...] J'attends de mes lectures qu'elles me produisent de ces remarques, de ces réflexions, de ces arrêts subits qui suspendent le regard, illuminent des perspectives et réveillent tout à coup notre curiosité profonde, les intérêts particuliers de nos recherches personnelles, et le sentiment immédiat de notre présence toute vive («Svedenborg», *Œ* *I, 871).

Le mythe d'un Valéry penseur solitaire est tenace. Cet écrivain qui était censé lire très peu, qui voulait faire table rase des connaissances acquises et fonder un système tout à fait personnel, ce Robinson Crusoë de l'intellect, «jeté dans soi, refaisant dans son île voulue, sa vérité, et les instruments qu'elle demande» (*C1*, 41), c'est aussi un mythe que Valéry a sans doute encouragé lui-même. Pendant longtemps, tant qu'a duré l'identification supposée entre Valéry et son héros intellectuel Monsieur Teste, les critiques valéryens, et les simples lecteurs, ont souvent eu tendance à confondre les deux et à prendre au pied de la lettre tout ce que dit Teste. Ainsi, quand il parle pour la première fois, la toute première phrase qu'il prononce est: «Il y a vingt ans que je n'ai plus de livres. J'ai brûlé mes papiers aussi» (*Œ*, II, 17); et quand le narrateur monte après l'opéra avec son ami, il note dès leur entrée dans le «très petit appartement "garni" de Teste»: «Je ne vis pas un livre» (*ibid.*, 23).
Les évocations négatives de la lecture dans *La Soirée* sont, en fait, surtout des allusions à un *type de connaissance de seconde main* dont le Valéry d'après la nuit de Gênes a tenu absolument à se défaire pour le

---

*Voir liste des sigles, p. 224.

remplacer par une connaissance édifiée par lui sur des bases aussi précises et aussi méticuleusement vérifiées que possible. L'absence proclamée des livres est une façon, pour le jeune homme qui vient d'accomplir sa grande révolution intérieure, d'affirmer la volonté de tout repenser à zéro et en fonction de ce que permet un seul esprit humain suffisamment rigoureux et conscient de son propre fonctionnement. Dans la malle sur laquelle les visiteurs du jeune Valéry s'asseyaient quand il habitait rue Gay-Lussac, il y avait beaucoup de livres. Comme si souvent chez lui, les objets ou les événements se transformaient en symboles.

En tant qu'écrivain, Valéry lui-même était plutôt réticent sur ses propres lectures; si la correspondance comporte parfois quelques allusions rapides à ce qu'il est en train de lire, les références dans les *Cahiers* sont encore plus rares que celles qui évoquent les événements quotidiens de sa vie. Pourtant, on s'est souvent interrogé sur les sources possibles de ses idées et de sa terminologie, tout en connaissant, de façon sûre, peu d'éléments de sa bibliothèque personnelle et des rapports entre elle et son écriture. Jusqu'à une époque récente il y avait très peu de renseignements sur les livres figurant dans sa bibliothèque, le nombre qu'on connaissait de façon certaine dépassant à peine une ou deux centaines. Il a donc été surprenant de découvrir que Valéry était un lecteur vorace, qui s'est constitué avec les années une bibliothèque personnelle très importante. Nous savons maintenant, par suite de nos recherches récentes, que Valéry avait en fait beaucoup lu dans sa jeunesse et qu'il a continué à lire avidement jusqu'à sa mort, la lecture étant devenue pour lui dès le début de l'adolescence une manière de penser, par exemple en confrontant Descartes et Pascal.

La bibliothèque dans son ensemble illustre d'une façon frappante toute l'étendue de ses préoccupations intellectuelles. De très nombreux volumes contiennent des interventions de toutes sortes de sa part, y compris des annotations très détaillées, ce qui montre un engagement direct et un dialogue approfondi avec les idées qu'il y rencontre. Les annotations révèlent, par exemple, l'influence qu'avaient eue sur lui la théorie des groupes et la géométrie non-euclidienne, l'influence de ses lectures de Nietzsche et de Kant, sa connaissance profonde des ouvrages scientifiques de Faraday, de Kelvin et de Maxwell, ensuite de Jean Perrin, de Louis de Broglie et d'Einstein, ainsi que des mémoires peu connus de Poincaré, parus avant la publication de ses livres, que Valéry traitait comme des livres de chevet, les rangeant tout près de sa table de travail dans sa petite bibliothèque tournante. On constate aussi des lectures très étendues en littérature, en histoire et politique, en philosophie et en épistémologie. Les sciences sociales naissantes sont également représentées. La bibliothèque contient des exemplaires abondamment annotés de Descartes, de Pascal, de Poe, de Hugo, de Rimbaud et de son cher Nietzsche (non pour «nourrir» mais pour «exciter son esprit», comme il ne cessait de l'affirmer[1]). On y trouve aussi des livres, souvent dédicacés, de la plupart de ses contemporains, des surréalistes aux hommes de science et aux hommes politiques, ainsi que de nombreux exemplaires de ses propres ouvrages qu'il relisait et annotait. Pour la première fois, il sera ainsi possible d'identifier non seulement *ce qu'il lisait* mais *comment il lisait*, et comment ses propres idées se sont développées par rapport à ses lectures.

Il est clair que Valéry avait une approche toute personnelle à la lecture, qu'il comparait volontiers à «une opération militaire»:

> Un homme de valeur (quant à l'esprit) – est à mon avis un homme qui a tué sous lui le meilleur des livres, qui lisant en deux heures, a bu seulement le peu de force qui est dans tant de pages (*C*1, 29-30).

C'est peut-être pour cette raison que les traces de ses lectures ne sont pas toujours bien en évidence. Essayer de reconstituer la bibliothèque personnelle de Valéry, c'est donc un travail composé de plusieurs domaines d'investigation différents mais complémentaires: un travail de bibliographe, sinon de détective, dans un premier temps, pour découvrir les livres qui lui avaient appartenu; un travail de bibliophile sur la matérialité physique du livre; un examen des conditions dans lesquelles il avait l'habitude de lire et aussi de la façon dont il abordait les livres; et, dans une optique plus large, un effort pour reconstituer des réseaux de rapports entre tout ce qu'il avait pu lire, à des moments et dans des lieux très divers, et ce qui transparaît dans ce qu'il écrit. Car cette «bibliothèque», composée de nombreux ouvrages, articles et mémoires sur des sujets extrêmement variés, est à la fois *réelle* et *virtuelle*, un ensemble d'objets matériels – maintenant dispersés dans plusieurs collections privées – et un réseau de traces de lectures qui parsèment toute la vie de Valéry. Dans le milieu nutritif des idées contemporaines scientifiques, philosophiques, artistiques, littéraires, socio-politiques, etc., on perçoit chez Valéry la manifestation d'une attitude très dynamique à l'égard de la lecture: le cerveau et l'œil survolent, plongent, piquent, puis reprennent leur balayage des textes, en

---

1. Claude Valéry et Judith Robinson-Valéry, «Valéry lecteur», *Valéry et la littérature du passé*, Colloque de Southampton, Southampton University Department of French, 1984, p. 36.

laissant parfois des traces ponctuelles de leurs rapports précis et pointus avec la pensée ou l'argumentation de l'auteur.

> Mon genre d'esprit n'est pas d'apprendre d'un bout à l'autre dans les livres mais d'y trouver seulement des germes que je cultive en moi, en vase clos. Je ne fais quelque chose qu'avec peu et ce peu produit en moi. Si je prenais de plus amples quantités je ne produirais rien ; davantage, je *ne comprends pas* ce qui est déjà développé (*C*1, 82).

Après la crise de 1892 et la volonté de redéfinir à partir de zéro la connaissance de l'esprit, c'est donc avec une nouvelle rigueur imposée à lui-même que Valéry s'est lancé dans la rédaction de ses *Cahiers*, et dans sa grande exploration des mutations profondes de la pensée déjà très sensibles pendant le dernier tiers du XIXe siecle et dans la première moitié du XXe siècle. Cette exploration l'a entraîné dans ses lectures détaillées des différentes géométries non-euclidiennes et de la théorie de la relativité généralisée. Nous sommes loin ici de la poésie symboliste que Valéry avait connue et aimée dans son adolescence, mais au contraire très proches d'une nouvelle façon de voir et surtout d'imaginer l'univers tout entier, qui l'a enflammé très jeune, ouvrant tout grand son esprit devant le spectacle grisant de la science en marche, menée par des hommes d'exception. Nouveauté, étrangeté des concepts, beauté des perspectives, exigence du regard nouveau jeté sur le langage pour le rendre de plus en plus net et pur, courage de jeter les mots usés, ambigus, essor vertigineux des mathématiques pour les remplacer ou les étayer, tout cela, Valéry l'a vécu plus que tout autre écrivain moderne, et il l'a vécu de plusieurs manières magnifiquement complémentaires, par ses *lectures* des grands savants eux-mêmes, par ses *amitiés* avec eux, et par les *échanges* que son savoir permettait, et que sa volonté d'en savoir davantage le poussait à demander.

La bibliothèque personnelle de Valéry comprend entre mille cinq cents et deux mille ouvrages. Depuis le décès de sa femme en 1970, les livres ont été dispersés en quatre collections principales : trois collections privées sont passées à ses enfants [Claude Valéry (dont la collection est conservée par sa veuve), Agathe Rouart-Valéry et François Valéry], et une collection d'une centaine de livres a été offerte à la Bibliothèque littéraire Jacques Doucet pour aider à reconstituer, autour de sa table de travail, l'atmosphère de son bureau. Il n'existe aucun catalogue complet de ces livres, et plusieurs facteurs tels que la dispersion ultérieure, la confusion dans certains cas avec d'autres livres d'une provenance différente, et même le simple égarement, rendent la tâche de classement extrêmement délicate.

Néanmoins, il existe des documents précieux qui aident le travail, parmi lesquels des listes de livres établies par les enfants de Valéry et par un expert, surtout avant le partage, au moment où les livres étaient encore dans l'appartement de la rue Paul-Valéry. Aucune des listes n'est complète ; certaines reprennent les mêmes informations, mais puisqu'il peut exister deux éditions du même ouvrage, le fait qu'il figure sur deux listes différentes ne signifie *a priori* ni répétition ni multiplicité, d'autant plus que les indications d'ordre bibliographique sont parfois insuffisantes. Avec de la prudence et une méthodologie rigoureuse, il est donc possible, au moyen d'une confrontation des listes diverses et d'un recensement méticuleux des livres figurant dans les collections actuelles, de reconstituer un catalogue fiable des ouvrages qui ont figuré à un moment ou un autre dans la bibliothèque de Valéry. Il faut préciser tout de suite que le mot « catalogue » n'est pas utilisé dans le sens d'une liste fermée, mais plutôt comme un répertoire permettant de signaler des réseaux de lecture et des liaisons avec d'autres moments, d'autres livres, d'autres traces. Il importe aussi que ce soit un instrument de travail et de recherche pour mieux cerner l'interdépendance entre le domaine des lectures de Valéry et celui de son écriture. L'étude de ces lectures, à la fois dans la précision de leurs annotations et dans le contexte général de l'époque, permet d'examiner l'interaction entre les domaines scientifiques, philosophiques, littéraires, historiques, artistiques et autres, et de percevoir sur le vif le fonctionnement d'un esprit dans le milieu nourrissant des idées contemporaines et les modalités de création d'un nouveau système de pensée. Le projet fait plus que coïncider avec les développements actuels dans le domaine de l'informatisation du livre et de l'étude génétique des manuscrits : il leur est consubstantiel. La mise en relation de ces données et leur diffusion radicalement transformée créeront un champ de connaissances nouveau et représenteront un apport considérable à l'orientation de la recherche valéryenne pour les années à venir. De même, les *marginalia*, en raison du fait qu'elles donnent accès à des moments privilégiés de la formation de la pensée, permettront des recherches génétiques tout à fait originales.

La forme des renseignements recueillis sur chaque livre – le masque de saisie ayant été établi en consultation avec les conservateurs de la Bibliothèque nationale de France – permet d'identifier trois types principaux d'informations sur chaque livre, en commençant par les renseignements bibliographiques, la description physique du livre et les illustrations. On note dans un deuxième temps toutes les traces de lecture et d'intervention de la part de Valéry. Les formes sont multiples et comprennent des signets, des bouts de papier ou des fleurs séchées insérés dans les livres, des pages cornées, des traits marginaux simples, doubles et parfois triples, des soulignements, des annotations, des formules, équations et figures géométriques et des corrections typographiques. Les coupures dans un livre non rogné sont particulièrement significatives. Mais on note d'autres actes qui indiquent l'importance qu'avait un livre aux yeux de Valéry, notamment le fait d'y apposer sa signature, de le marquer de son cachet chinois et, dans certains cas, de faire relier un livre particulièrement précieux ou beaucoup lu, comme par exemple ses volumes de Nietzsche. Ces «langages codés», surtout quand ils coexistent, sont une preuve objective de la valeur que Valéry attache à un livre, valeur soit intellectuelle, soit affective, soit les deux. Un troisième domaine permet d'ajouter des remarques contextuelles, de reproduire la dédicace quand il y en a une, d'indiquer le domaine intellectuel auquel appartient l'ouvrage, de signaler sa provenance et, le cas échéant, de commenter l'importance générale du livre pour Valéry ; car il appréciait les livres non seulement pour leur contenu, mais était extrêmement sensible à tous les aspects matériels et esthétiques (sensation, vue, couleur, forme) : «Je puis l'envisager», écrit-il à propos d'un livre, «sous une infinité d'aspects *visuels*» (*CIII*, 398).

Il importe donc de distinguer l'effort pour reconstituer la *bibliothèque personnelle* de Valéry en tant qu'ensemble des ouvrages, articles et mémoires se trouvant en sa possession, avec toutes les traces d'interventions de sa part, de la *bibliothèque virtuelle* qui ajoutera toute indication de fréquentation des livres, toutes les traces de lectures à des moments différents de sa vie, en des lieux différents, dans la mesure où les traces en restent sous d'autres formes comme une allusion dans la correspondance, dans les *Cahiers* ou dans les notes manuscrites.

Mais cette distinction n'est pas toujours nette, les seuils entre les deux domaines étant perméables : les bibliothèques réelle et virtuelle se recoupent, et il faut souligner qu'il subsiste dans les deux des zones importantes d'incertitude. Aucune délimitation exacte ne peut se faire des livres qui faisaient partie de sa bibliothèque, aucune prétention à l'exhaustivité ne peut être proposée. En premier lieu, certains livres attestés ailleurs comme faisant partie de sa bibliothèque vont certainement s'avérer introuvables. En deuxième lieu, il existe des cas proprement ambigus : les livres dédicacés à Jeannie Valéry ou à sa sœur Paule Gobillard, qui habitait avec eux dans le même appartement, les livres hérités de ses parents, les livres de ses enfants (il «volait» par exemple les Hugo de classe de son fils Claude, puis plus tard plusieurs des ouvrages sociologiques, économiques, linguistiques et statistiques que celui-ci étudiait à l'École des hautes études). En troisième lieu, et surtout en ce qui concerne les autres traces de lecture, l'absence de précision dans ses propres remarques laisse une part importante d'indétermination : le fait, par exemple, de noter le nom d'un auteur peut renvoyer à une conversation ou à des connaissances générales autant qu'à la lecture d'un volume précis. À ces difficultés sur la constitution de l'ensemble, il faut ajouter des questions sur les rapports exacts de Valéry avec ses propres livres. Avait-il lu tout ce qui est dans sa bibliothèque ? Comment dater ses lectures ? Comment évaluer l'absence apparente d'interventions, étant donné que le manque de signes manifestes de lectures, n'indique pas nécessairement un manque d'intérêt de sa part ? Comment même évaluer le fait qu'un livre n'est pas ou n'est que partiellement coupé, surtout quand François Valéry confirme, sans hésitation, qu'il a souvent vu son père lire un livre en écartant par le bas deux pages non coupées ? Quelle importance faut-il accorder aux livres reçus par lui, qui portent une dédicace généreuse et respectueuse, mais qui apparemment n'ont pas été ouverts ? Nous croyons fortement que tous ces aspects doivent être pris en compte, même quand il n'est pas possible de donner une réponse définitive et tranchante.

Il faudrait, dans un certain sens, partir du principe que la bibliothèque de Valéry n'existe pas : tout au moins, elle n'a pas existé telle quelle, en un seul endroit, si ce n'est dans son esprit. La bibliothèque est avant tout un phénomène mental chez Valéry, et sa reconstitution peut difficilement se réaliser d'une façon concrète et totale, mais seulement sous une forme intellectuelle, informatisée et nécessairement partielle. Il y avait une mobilité fondamentale dans la collection de son vivant et ensuite il y a eu la dispersion ; la bibliothèque ne constitue pas un fonds bien déterminé, mais un champ de lectures ouvert ; ce n'est pas un ensemble fixe et stable, mais une collection qui était toujours en train d'évoluer, composée de livres achetés, rapportés au bouquiniste, prêtés, donnés, reçus, annotés, achetés en deuxième exemplaire, oubliés, égarés, et certains aussi qui ont été lus et relus à plusieurs reprises[2]. Il y avait plutôt des seuils d'intérêt divers entre ceux qui avaient une importance primordiale pour le travail de son esprit, ceux qu'il consultait, ceux qu'il goûtait par moments, ceux qu'il appréciait pour la qualité de leur forme matérielle, ceux dont l'envoi marquait sa propre importance d'écrivain ou de penseur aux yeux de ses contemporains, sans oublier ceux qu'il se faisait un point d'honneur de ne pas

---

2. La bibliothèque contient par exemple des exemplaires de livres de Russell et d'Eddington dans leurs versions françaises *et* anglaises.

connaître, par exemple pour des raisons politiques. De ce point de vue, la liste de l'expert qui indique l'emplacement des livres dans les pièces de l'appartement pourra être particulièrement précieuse. On sait, de toute façon, que les deux lieux privilégiés étaient sa table de chevet et la petite bibliothèque tournante où il gardait ses livres scientifiques, notamment ses Poincaré, et ses Nietzsche.

La lecture chez Valéry est rarement une activité passive : c'est un processus actif appelant l'intervention de son esprit à lui. Étudier ses lectures n'implique pas uniquement l'établissement de la liste des livres qu'il a lus ou aurait pu lire, mais davantage l'étude de la manière dont il lisait. On peut d'abord distinguer plusieurs types de comportement de Valéry « lecteur », qui varient considérablement selon l'heure et selon les conditions matérielles de sa situation : il y avait en effet une répartition de ses activités de lecteur à travers les différents moments de la journée. Il est certain que la lecture faisait partie intégrante de ses exercices mentaux du petit matin, mais il s'agissait surtout de *se relire* dans ses propres *Cahiers,* la lecture servant à relancer l'esprit dans des directions complémentaires, ou bien à suggérer des modifications ou bien à susciter des objections. Toujours est-il que Valéry se lisait lui-même comme il lisait les autres – dans un dialogue perpétuel et souvent contestataire, avec un geste d'appropriation ou de refus, à tel point que la lecture, chez lui, se rapproche de l'écriture :

> Ecrire pour le lecteur « intelligent »
> Pour celui à qui ni l'emphase, ni le ton n'en imposent.
> Pour celui qui va : ou vivre votre idée ou la détruire ou la rejeter – pour celui à qui vous donnez le pouvoir suprême sur elle ; et qui possède celui de *sauter,* de *passer,* ne pas poursuivre ; et celui de penser le contraire, et celui de ne pas *croire ;* de ne pas épouser votre intention (*C,* VI, 658).

Ce dialogue si libre devant l'espace des *Cahiers* n'excluait pas pour autant les idées des autres. Un tableau rare de Valéry montre sa célèbre petite table de travail, avec toute sa panoplie de plumes et d'encres, sur laquelle sont ouverts un cahier de petit format et à gauche un livre de Kant, ce qui représente d'une manière visuelle très frappante la perméabilité entre la lecture et l'écriture, entre les livres de sa biblio-thèque, les suites de la réflexion qu'ils lui inspirent et les traces écrites.

Pendant la journée, Valéry ne négligeait pas de se tenir au courant des événements économiques, politiques, sociopolitiques et, selon les époques, militaires. Il lisait avant le dîner les journaux (*Le Temps* et souvent *Les Débats*) et pendant son emploi chez M. Lebey, il lui lisait à haute voix les journaux politiques et surtout économiques, puis (après la conversion de son «patron» au christianisme), les sermons de Bossuet et de Bourdaloue. Le soir, après le dîner, il faisait souvent un travail mental très exigeant, comme si, à la fin de la journée, il avait besoin encore une fois de nourrir son esprit d'une matière riche et stimulante : selon Mme Valéry et son fils Claude, il gardait au chevet de son lit des livres qui pouvaient lui permettre de s'initier à de nouvelles branches de la physique ou des mathématiques ou encore d'entreprendre des lectures philosophiques.

Ses sorties offraient plusieurs possibilités de lire qu'il saisissait à tout moment. Il fréquentait beaucoup la célèbre bibliothèque de prêt de l'Américaine Sylvia Beach, toujours très animée, qui lui permettait de feuilleter les dernières publications anglo-saxonnes. Ses visites aux galeries de l'Odéon ou chez les bouquinistes des quais sont légendaires ; il y passait souvent des heures à faire des «sondages» dans les rayons des ouvrages scientifiques, philosophiques et épistémologiques, alors que son enfant Claude, amené avec lui, grelottait dans les courants d'air froid !

> Que de fois, sous les galeries de l'Odéon ou aux étalages des bouquinistes des quais, ne l'ai-je vu faire tout un butin, qu'il n'achetait et n'emportait que pour le ramener, l'utile étant déjà assimilé dans son esprit[3].

Quand il passait un weekend chez des amis, il profitait de leur bibliothèque pour faire des lectures variées et d'une rapidité qui ne cessait d'étonner ses hôtes. Gide raconte la lecture par Valéry des deux volumes de *Martin Chuzzlewit* de Dickens, en une seule nuit, sinon «complètement», du moins «suffisamment», a dit allègrement Valéry : «Je connais sa démarche… J'ai vu d'où il part et où il arrive. L'entredeux, c'est du remplissage[4].» De la même façon, lorsque Valéry venait passer le week-end chez ses amis Anne et Jacques Quellennec, il avait l'habitude de chercher un livre dans leur bibliothèque personnelle avant de se coucher. Une fois, il avait emporté les trois volumes de l'autobiographie de Wagner, *Ma vie*[5]. Le lendemain matin il les a rendus en disant qu'il les avait terminés.

---

3. Témoignage inédit de Claude Valéry. Voir aussi l'article de Claude Valéry et Judith Robinson-Valéry, «Valéry lecteur», *op. cit.*, p. 22-42.

4. André Gide, «Paul Valéry», *Feuillets d'automne*, p. 100-101, cité par C. Valéry et J. Robinson-Valéry, *op. cit.*, p. 29.

5. Richard Wagner, *Ma vie*, trad. N. Valentin et A. Schenk, Paris, Plon-Nourrit, 1911-1912, 3 vol.

« Comment ? Vous avez tout lu déjà ? lui a-t-on demandé.
– Oui, tout, ou presque. En tout cas, j'ai lu l'essentiel, j'ai trouvé ce qu'il me fallait[6]. »

Chez d'autres amis, les Bussy, à Roquebrune, Valéry avait auparavant lu le même livre dans une perspective très différente, que nous appellerions sociologique. Il est intéressant de noter le passage provoqué par cette lecture qu'on trouve dans les *Cahiers* et la manière dont l'ouvrage suggère à Valéry une réflexion assez poussée sur le romantisme et le rôle de l'art par rapport au développement politique et socio-économique du XIXe siècle. On peut remarquer aussi comment Valéry lisait et relisait ses livres préférés comme si c'était pour la première fois.

> Lu […] *Ma vie* par Wagner. Quelle « vie » !
> Me fait un peu comprendre l'Allemand de cette époque XIXe duquel on devait voir la transformation 1870-1890-1914…
> Énergie, vulgarité ; sentiment des hautes puissances immanentes dans la musique et en lui-même ; vie d'expédients parfois douteux ; Paris vu comme il sied par le bas et le sordide.
> Les romantiques ont connu la pénurie. C'est en quoi du moins ils n'ont vraiment pas été des « bourgeois ».
> L'ère des artistes instruits par l'expérience et devenus petits employés et professeurs commence en 1870. Ministères.
> On n'a pas considéré les arts sous ce jour économique. Si ce n'est Balzac – toujours merveilleusement voyant. Son musicien G est un Wagner, un musicien de l'avenir et *dans la gêne*.
> Table de ce qui faisait de l'argent en 1840… 1900.
> « Bourgeois »   Quel peuple peut se passer le
> Déclassés. Ratés.   mieux de vie imaginaire ? (*C*, XII, 177.)

Autant de moments différents de la lecture, autant de façons de lire. Car Valéry n'est jamais neutre devant un livre. Quoi qu'il en dise, la soumission à la trame narrative n'est pas entièrement exclue, le refus de la littérature étant moins définitif qu'on ne pourrait le croire. S'il est vrai en général que Valéry choisissait un ouvrage philosophique ou scientifique plutôt que de la littérature contemporaine, il a mené des lectures assez considérables dans le domaine du roman à des époques diverses de sa vie ; pendant les années 1890 il lisait beaucoup d'ouvrages

---

6. Témoignage d'Anne Quellennec.

littéraires, dont il existe toujours un grand nombre dans sa bibliothèque, comprenant par exemple Stendhal (avec une préférence, en partie autobiographique, pour *Lucien Leuwen*), Tolstoï (*La Guerre et la Paix*), Stephen Crane, Daudet, Gide, les Goncourt, Gourmont, Huysmans, Moréas, Schwob, Tinan, Villiers de l'Isle-Adam. À une époque plus avancée, certains pourraient s'étonner de découvrir dans sa bibliothèque plusieurs œuvres des jeunes écrivains surréalistes qu'il avait vivement encouragés à leurs débuts, en particulier Breton. Vers la fin de sa vie aussi, il lisait plus qu'on ne le croit, même s'il envisageait la lecture à ce moment-là, non sans ironie, comme une «preuve certaine de fatigue et de vieillissement» (*C1*, 198-199). Pendant la crise intime qui a assombrie la fin de sa vie, il s'est raccroché dans ses lectures à deux «valeurs sûres»: les grands esprits français du XVIIIe siècle (surtout Voltaire et Fontenelle), dont il admirait l'absolue droiture morale, et les grands hommes de science, de toutes les nationalités, dont beaucoup étaient ses amis et qui continuaient par leurs écrits à stimuler fortement son esprit et son imagination.

Mais si Valéry accepte le divertissement, et surtout celui que procurent les contes imaginaires (comme *Les Mille et Une Nuits* qu'il possédait dans deux éditions, dont l'une était merveilleusement illustrée), il préfère la difficulté, et supporte beaucoup moins la poésie parce qu'elle lui impose de l'extérieur une voix différente (même quand il s'agit de ses propres poèmes de jeunesse, qui lui donnent tout de suite envie de les remanier).

> Aux livres, je demande: ou l'oubli, – être autre – et par suite nulle profondeur; ou l'armement de mon esprit, l'armement non de l'individu; – des vues que je n'ai pas eues et dont je puisse enrichir mon arsenal – des moyens susceptibles de m'agrandir – ou de m'économiser des erreurs ou des temps –
> C'est en quoi les romans sur l'amour m'ennuient – perdre du temps au sujet d'une perte de temps et le perdre dans des analyses dont je sais qu'elles ne valent rien, étant ou trop particulières ou trop arbitraires par essence (*C1*, 61).

Valéry évoque à plusieurs reprises dans les *Cahiers* le rôle crucial de la résistance d'un texte en tant que matière virtuelle pour la gymnastique de l'esprit: «la difficulté elle-même est excitante pour les esprits énergiques» (*C1*, 199). Si la lecture est trop facile, il s'ennuie; si elle est difficile, il peut choisir de s'exercer mentalement ou bien d'abandonner le livre, mais pas de le parcourir d'une manière distraite: «Presque tous les livres que j'estime, et absolument tous ceux qui m'ont servi à quelque chose, sont difficiles à lire. [...] Les uns m'ont servi quoique difficiles ; les autres, parce qu'ils l'étaient » (*C*1, 95-96). Ces deux phrases constituent un excellent résumé du profond sérieux avec lequel – quoi qu'il en dise par ailleurs – Valéry abordait souvent la lecture.

Cependant, il lisait rarement les livres du début jusqu'à la fin, préférant survoler l'ensemble pour pouvoir mieux plonger, un peu comme un oiseau de proie, sur un aspect qui l'intéressait. Le fait qu'un livre soit entièrement coupé est donc capital, et, de ce fait, exceptionnel (sauf dans le domaine de la science, où il lui arrive fréquemment de tout couper et de *tout* lire). La plupart du temps il pratiquait des sondages, donc le nombre de livres dans sa bibliothèque qui sont partiellement coupés est relativement important. Il cherchait avant tout à saisir l'argument d'un texte, l'approche, le mécanisme mental de l'auteur, plutôt que de suivre chaque exemple dans son détail précis. Les coupures effectuées dans un livre non rogné trahissent cette stratégie : on remarque dans les livres « partiellement coupés » une forme d'intervention apparemment irrégulière dans des lieux différents du livre, avec une suites de pages coupées, puis d'autres non coupées, deux pages lues ici et là, et toute une section non coupée. Il s'arrête souvent de couper dès qu'il a compris, et ensuite va couper plus loin pour vérifier que le développement qu'il prévoit s'est effectivement réalisé ; s'il l'est, il saute encore des pages et pratique la même séquence de gestes ; sinon, il peut s'y attarder plus longuement, ou bien renoncer définitivement à le lire, en croyant avoir saisi sinon « tout », du moins « l'essentiel ».

On a l'impression qu'une lecture par fragments pouvait stimuler son esprit plus qu'une lecture suivie du début jusqu'à la fin. D'une manière proprement génétique, il croit aux échantillons, car c'est une approche qui lui laisse l'avantage, qui n'exige pas la soumission à l'auteur, mais qui permet au lecteur de garder sa liberté et de rester sur un plan égal en dialogue avec le livre, et de cette manière, en le regardant, écrit Valéry, « par-dessus l'épaule de l'auteur » (*Œ*, II, 626).

Aucun écrivain français moderne n'a lu (et souvent relu) plus d'ouvrages scientifiques et épistémologiques que Valéry. Sa bibliothèque en regorge, et tous les témoins de sa vie quotidienne insistent sur la joie avec laquelle il s'enfermait dans son bureau, ou même s'installait certains soirs dans son lit, pour lire un des « grands » de la géométrie ou de l'algèbre, de la thermodynamique, de l'électromagnétisme, de la physique atomique ou quantique, des théories successives de la relativité, etc., sans parler des ouvrages biologiques portant sur sa principale préoccupation (et même passion), le fonctionnement du cerveau, ainsi que les mécanismes de l'hérédité, la genèse des coquilles spiralées ou le mécanisme universel de la rétroaction (appelée de nos jours le feed-back négatif). On pourrait ajouter à ces exemples les nombreux livres sur les mathématiques, et la façon dont leur description des choses a dû être modifiée en fonction de concepts tels que le principe révolutionnaire d'incertitude, ou la redéfinition radicale par les géométries non-euclidiennes des droites, des parallèles, etc., et jusqu'à l'univers lui-même, redéfini par de grands astrophysiciens tels qu'Eddington qui commençaient, eux aussi, à réfléchir aux conséquences conceptuelles des travaux d'Einstein.

En fait, Valéry était fasciné par l'histoire et la philosophie de la science, et par tous les aspects de l'épistémologie moderne et ancienne. Il possédait une superbe édition ancienne de Lulle, ainsi qu'une édition d'époque de l'*Entretien avec Burman* de Descartes, qu'il aimait relire en imaginant les présupposés que pouvait avoir le jeune Burman, si touchant dans son humanité, vivant au tout début du monde moderne, à une époque où on ne pouvait même pas imaginer les problèmes conceptuels qu'allaient connaître les siècles suivants, et surtout le nôtre. Mais il connaissait autant les écrits de Poincaré, de Duhem et de l'Allemand Hilbert. Remarquons tout de suite que Valéry continue à poursuivre dans ce domaine *sa politique de la qualité*. Ce qui ne l'empêche pas de jouer au tireur isolé dans les marges, et de discuter ferme avec Poincaré sur plusieurs points – comme il le fait d'ailleurs avec Hilbert dans *Les Principes fondamentaux de la géométrie*, tout en mettant sur la page de titre – ce qui est très rare – *deux* signes d'approbation et d'appropriation du livre : sa grande signature et son sceau chinois.

Il faut imaginer Valéry, dans le contexte réel de sa vie, passant constamment de la lecture à la conversation, et de la conversation à la lecture. Après sa première lecture de l'*Entretien avec Burman*, il aurait très bien pu en parler le lendemain ou le surlendemain avec des amis physiciens qu'il voyait le plus souvent, comme Jean Perrin, Paul Langevin ou Louis de Broglie, ou des amis mathématiciens comme Émile Picard ou un de ses interlocuteurs préférés, le très intelligent Émile Borel.

Il est fort significatif que très peu de jours avant de mourir, Valéry ait demandé qu'on lui apporte *Les Deux Infinis*, ouvrage de l'excellent vulgarisateur de la science Marcel Boll, qu'il connaissait bien et appréciait beaucoup. Quand il est mort, son épouse a trouvé l'ouvrage ouvert sur sa table de chevet au passage sur le principe d'incertitude. Il y avait donc un élément de symbolisme dans certaines des lectures de Valéry. En tant qu'être humain, il avait beaucoup de raisons d'éprouver à ce moment-là une grande incertitude quant aux comportements et aux mobiles des autres êtres. Mais plus profondément, il pensait peut-être, face au principe d'incertitude moderne d'Heisenberg, à une tout autre conception des deux infinis, celle, plus vieille de trois siècles, des *Pensées* de Pascal, lecture de la fin de son enfance qu'il n'avait jamais oubliée.

La recherche épistémologique chez Valéry est orientée plutôt par une volonté de bien préciser le problème que par l'attente de pouvoir y trouver une solution. Quand il demande : « Qu'est-ce que l'énoncé d'un problème ? » (*CII*, 193), c'est pour décrire de la façon la plus exacte possible le déroulement des opérations mentales, ce qui l'amène à imaginer une sorte de carnet de l'activité de l'esprit :

> X était l'auteur d'un petit livre – un de ces petits livres sans bornes, qui se mettent dans la poche et se méditent pendant des siècles comme l'*Imitation*, Pascal, etc. – Comme Euclide.
> Ce livre n'était pas Euclide. C'était parfois en raisonnements, parfois en simples énoncés, le tableau des formes générales de la pensée et la liste de véritables problèmes – Tout ce qu'il importe de ne pas perdre de vue jamais – Réduction de l'écriture. Problème de la condensation (« Souper de Singapour », BN ms, f° 116 ; *in CII*, 359).

Il a découvert ainsi à un très jeune âge que des « axiomes » mathématiques (c'est-à-dire des vérités conçues comme allant de soi) pouvaient être complètement arbitraires et remplaçables par des axiomes tout à fait différents, entraînant de tout autres concepts et de tout autres manières d'envisager et de représenter le monde.

Un exemple très important de ce type de lecture scientifique est le livre justement célèbre de Sir Anthony Eddington, professeur d'astronomie à l'université de Cambridge, *Espace, temps et gravitation : la théorie de la relativité généralisée dans ses grandes lignes*. C'est par son ami physicien Paul Langevin, qui a écrit l'introduction très limpide, que Valéry a pris connaissance de ce livre. Mais le fait que l'ouvrage traduit en français ait été édité par Hermann en 1921 avait attiré l'attention de Valéry là-dessus, son réseau de communication ne laissant à un événement intellectuel de cette importance aucune chance de lui échapper. La préface de l'auteur, avec sa clarté habituelle, attire tout de suite l'intérêt de Valéry :

> Par sa théorie de la relativité, Albert Einstein a révolutionné la pensée scientifique en physique.
> Les points fondamentaux de son œuvre sont les suivants : Il a réussi à séparer incomparablement mieux qu'on ne l'avait fait jusqu'alors la

part de l'observateur et celle de la nature dans les phénomènes observables.[7]

La dernière remarque est accompagnée d'un trait marginal de Valéry, pour qui le rôle de l'observateur dans la perception des phénomènes est depuis longtemps un sujet qui le fascine. Eddington poursuit en disant que notre perception des objets de l'espace et du temps a été à jamais profondément modifiée, de sorte que l'Univers

> nous apparaît sous un jour étrange auquel nous ne sommes pas accoutumés ; en réalité, il se trouve simplifié et les phénomènes fondamentaux présentent une unité qui, habituellement, nous est cachée. Les résultats déduits de ce nouveau point de vue et soumis au contrôle de l'expérience ont tous reçu [...] une confirmation éclatante. (*Ibid.*)

On sent chez Valéry tout le long de sa lecture de ce livre un mélange caractéristique d'estime pour les arguments apparemment irréfutables du grand homme et de refus de certaines idées ou formulations. À la page 63, (ill. 1) il redessine sagement la figure proposée par l'auteur deux pages auparavant, pour représenter l'événement 0. Puis il dessine son propre ajout, représentant les différents rapports possibles entre l'événement 0 et l'observateur S. Cet intérêt particulier que Valéry montre pour l'observateur est précisé dans une autre intervention à la page 109, à côté d'un passage qui est comme la culmination de l'exposé précédent d'Eddington : « Il y a un type d'observations qui doit être, sans aucun doute, complètement indépendant de toutes les conditions possibles dans lesquelles se trouve l'observateur : c'est la coïncidence parfaite d'événements dans l'espace et dans le temps. La trajectoire d'une particule dans l'espace-temps à quatre dimensions est ce que nous avons déjà appelé sa ligne d'Univers » [terme qu'on trouve plusieurs fois sous la plume de Valéry dans les *Cahiers*]. Mais, précise Eddington, les lignes d'Univers de deux particules « se rencontrent ou non ; le point de vue de l'observateur n'intervient aucunement dans ce résultat » (p. 108). Il en résulte, toujours selon Eddington, que ce que nous observons en fait, c'est « l'existence ou la non-existence de la coïncidence, et non pas quand, ni où, ni comment cette coïncidence a lieu » (p. 109). Ce degré d'abstraction, et l'évacuation, en quelque sorte, de l'observateur, fait

7. Sir Arthur Stanley Eddington, *Espace, temps et gravitation : la théorie de la relativité généralisée dans ses grandes lignes, exposé rationnel suivi d'une étude mathématique de la théorie*, préface de l'auteur, introduction de Paul Langevin, Paris, Librairie scientifique J. Hermann, 1921, p. VII.

L'UNIVERS A QUATRE DIMENSIONS   63

Il est à remarquer que, puisque nous n'avons aucun moyen
d'affirmer que deux points de l'espace sont « le même point »,
et puisque les événements O et P pourraient fort bien affecter
la même particule matérielle, il n'y a aucune raison de dire
que ces événements ont eu lieu en des endroits différents, bien
que ce soit l'opinion de l'observateur S ; au contraire, les
événements Q et P' ne peuvent affecter la même particule et
aucun observateur ne peut les considérer comme survenus au
même endroit. L'intérêt principal de cette analyse est qu'elle
nous montre que la liberté dont nous jouissons dans le choix
de l'axe des temps n'est pas incompatible avec l'existence des
régions de passé et de futur absolus.

Bien qu'il y ait un passé et un futur absolus, il y a entre
eux une zone neutre et la simultanéité d'événements en différents endroits n'a aucune signification absolue. Pour l'observateur que nous avons choisi, tous les événements le long de
OX sont simultanés ; pour un autre observateur, la ligne des
événements simultanés avec O aurait une direction différente.
La négation de la simultanéité absolue est le complément naturel de la négation du mouvement absolu. La dernière affirme
notre impuissance à déterminer un même lieu à deux instants
différents et la première à déterminer un même instant en
deux lieux différents. Il est curieux de constater que la négation philosophique du mouvement absolu est une chose que
l'on accepte facilement, tandis que celle de la simultanéité
absolue semble à beaucoup révolutionnaire.

Cette division en passé et en futur (caractère spécial à
l'ordre dans le temps et qui n'a pas d'équivalent dans l'ordre de
l'espace) est liée étroitement à nos idées de causalité et de libre
arbitre. On peut comparer un schéma du monde entièrement
déterministe à une carte sur laquelle les événements passés et
futurs sont des points marqués — aussi utiles à notre exploration du présent que les points de l'espace où nous ne sommes
pas. Les événements ne se produisent pas : ils sont à leur place,
et nous les rencontrons en suivant notre ligne d'Univers. L'acte
de se produire, pour un événement, est une simple formalité
signifiant que l'observateur est passé dans le futur absolu de
l'événement en question, formalité qui par elle-même n'a pas
grande importance. Nous pouvons savoir qu'il y aura une

Ill. 1. Arthur Eddington, *Espace, Temps et Gravitation*, p. 63 : croquis au crayon de la
main de Valéry pour représenter l'événement O, d'abord par rapport au temps,
ensuite par rapport à l'observateur.

éclater Valéry, qui inscrit en marge deux traits horizontaux et deux verticaux à côté du texte :

et, si nous ne voulons pas nous contenter d'une science relative, le
lieu, le moment et les autres circonstances de tout phénomène
doivent à leur tour être décrits à l'aide d'autres coïncidences.

Avec en plus l'annotation brève mais puissante, soulignée par les
deux traits verticaux :

cf. le Moi

Peut-être qu'il met en garde, dans ce rappel de son propre
« Système », contre une science, si brillante qu'elle soit, qui cherche à

Ill. 2. Eddington, p. 232 : annotation au crayon « Toutefois le chemin même
qu'il prend est une signification », exemple du dialogue entretenu par Valéry
avec l'auteur. L'effacement du côté gauche de l'annotation est le résultat du rognage
du livre lors de sa reliure, commandée par Valéry ; cette reliure témoigne
de l'importance qu'il accordait à ce livre.

éliminer le rôle du non-déterminé (capital pour lui, comme il le montre
dans *La Soirée avec Monsieur Teste*, et aussi à propos de Descartes, d'un
certain Pascal, du meilleur Stendhal, etc.) Que serait un univers où il
n'y aurait plus d'observateurs mentaux et sensoriels ? Mais avec une
autre partie de lui-même, Valéry savait bien que les fameux observateurs
de l'Univers évoqués par Eddington, puis par d'autres théoriciens de la
relativité, Einstein en premier, doivent presque par définition être
« impersonnels », au point d'être des sortes d'abstractions, ce qui a plus

d'un rapport avec la conception valéryenne du Moi pur. Seulement, l'expérience intime et forte de son propre moi, expérience renouvelée chaque jour dans la solitude du petit matin, était pour lui quelque chose d'inaliénable. Le voir disparaître du grand échiquier de l'avant-garde de la science était un choc que ses annotations expriment avec un courage pathétique.

Tout ce qu'il met dans les marges de ce livre montre d'une façon très intéressante la position où il se place quand il lit. Presque toujours, nous l'avons vu sur un pied d'égalité absolue avec l'auteur, si célèbre qu'il puisse être. Il ne s'agit nullement chez lui d'une position de vanité, même quand il entoure d'un rond comme le ferait un professeur de lycée des mots philosophiques tels que « certitude » ou « cause » (p. 64) ou quand il accuse l'auteur de « logomachie » en raison d'un emploi flou du mot « structure » appliqué à l'Univers (p. 242). Ceci n'est nullement chez Valéry un désir de montrer sa supériorité intellectuelle, mais plutôt une simplicité souveraine. Il sait qu'il a un très bon esprit, et essaie tout simplement de s'en servir de son mieux, dans un dialogue perpétuel avec un auteur illustre qui lui offre l'occasion de rencontre et d'échange dont il sait profiter.

Il faut préciser toutefois que statistiquement, il est relativement rare de tomber sur un livre comme celui-ci dont il a lu chaque page. Mais il est vrai qu'il le faisait beaucoup plus souvent dans le domaine scientifique que dans le domaine littéraire. Un autre exemple de livres qui ont habité Valéry, ce sont les ouvrages de la géométrie non-euclidienne : en particulier de l'Allemand Riemann et du Russe Lobatchevsky. Spécialement reliés, portant la signature d'appropriation et le sceau chinois, ils ont longtemps symbolisé pour lui, avant la théorie de la relativité, d'autres types de relativité universelle qui ne dépendent que des changements de postulats.

Le cas de Pierre Duhem, esprit de tout premier ordre, montre le goût de Valéry pour les tentatives d'épistémologie synthétique et pour le décloisonnement des disciplines traditionnelles. Son livre fondateur *Thermodynamique et chimie*[8], que Valéry trouvait remarquable, fut un des grands pas dans cette direction. On peut imaginer l'enthousiasme que lui a inspiré le rassemblement au sein de la thermodynamique, de la physique et de la chimie, que les universitaires, tout au moins en France, avaient eu l'habitude de traiter comme des disciplines distinctes, et même carrément séparées. D'une manière générale,

---

8. Pierre DUHEM, *Thermodynamique et chimie: Leçons élémentaires à l'usage des chimistes*, Paris, Librairie scientifique A. Hermann, 1902.

Valéry réservait presque toujours un accueil très positif aux ouvrages scientifiques qui réussissaient à démontrer que ce qui avait semblé constituer deux (ou même trois ou même plus) phénomènes différents était en réalité un *seul* phénomène envisagé de «points de vue» différents qui masquaient leur propre unité. C'est cette tendance profonde dans la pensée de Valéry lui-même qui l'a rendu si étonnamment ouvert aux grands mouvements d'idées scientifiques qui ont caractérisé la dernière moitié du XIXᵉ siècle et la première moitié du XXᵉ. Que l'électricité et le magnétisme soient en réalité deux faces d'une discipline nouvelle, l'électromagnétisme, mise en équations par le génial Écossais Maxwell – cela paraissait à Valéry «très excitant», comme il aimait le dire, mais nullement surprenant (c'est-à-dire pas *intrinsèquement* surprenant). Il en a été de même de l'unification de l'espace et du temps, de la masse et de l'énergie dans la théorie de la relativité restreinte d'Einstein, et des trois nouveaux concepts d'espace-temps, de masse et de gravitation dans la théorie de la relativité généralisée.

Il fallait énormément d'indépendance d'esprit et de courage personnel pour suivre ces maîtres, pas du tout aveuglément, mais fermement, sachant qu'ils allaient le mener dans des territoires de l'esprit où presque tout, au début, paraîtrait étranger et par conséquent déconcertant. Mais Valéry *aimait* avoir à repenser les choses de fond en comble, et on pourrait dire que c'est là une excellente définition de ses *Cahiers*, de leur but fondamental et de l'énergie extraordinaire avec laquelle ce but est poursuivi pendant tout leur parcours, les lectures servant pour nourrir la réflexion, mais jamais pour la dicter. La bibliothèque de Valéry montre clairement, par la qualité des livres qu'il choisit, et par son souci de remonter si possible à la *source* de la pensée créatrice de son époque, quels sont les auteurs que Valéry a lus sur tel ou tel aspect de l'activité scientifique. On peut arriver, petit à petit, à reconstituer un contexte très intense d'idées, de contacts personnels, de lectures, de fréquentations, d'attirances vers certaines maisons d'éditions spécialisées telles que Hermann ou Gauthier-Villars, qui formaient le bain intellectuel dans lequel il se trempait régulièrement et dont il se servait pour définir sa propre méthode, sa «manière de voir» si individuelle.

Nous avons vu qu'il faut, selon Valéry, «écrire pour le lecteur «intelligent». Ce lecteur, il l'est souvent lui-même, et nous voudrions évoquer certains aspects des réactions et interventions – certains *gestes* même – de ce lecteur devant ses textes. Les «Non!», par exemple, sont assez fréquents parmi ses annotations. Une partie de lui-même a souvent *besoin de nier*, ou tout au moins de *mettre en question*, parfois d'une façon assez abrupte. Son fils Claude a évoqué ses souvenirs de la manière dont son père abordait les livres avec des actes parfois très physiques : « On eût dit, à le voir ouvrir, feuilleter négligemment, puis tout à coup avec la plus grande attention, le volume qu'il tenait, qu'il s'attaquait à ce qui lui résistait, mais glissait sur ce qui n'exigeait pas d'effort[9]. » Il avait une conception *très* dynamique de la lecture, qui est présentée aussi comme un *corps-à-corps* avec le texte et l'homme qui l'a pensé et écrit. On dirait une partie d'*escrime*, et l'avantage ne reste pas nécessairement chez l'auteur :

> L'auteur a l'avantage sur le lecteur d'avoir pensé d'avance ; il s'est préparé, il a eu l'initiative.
> Mais si le lecteur lui reprend cet avantage, s'il connaissait le sujet, si l'auteur n'a pas profité de son avance pour approfondir et se mettre loin sur la route, si le lecteur a l'esprit rapide – alors tout l'avantage est perdu, et il reste un duel d'esprits mais où l'auteur est muet, où la manœuvre lui est interdite. Il est perdu (*C*, VI, 659).

Les interventions peuvent, par contre, être beaucoup plus discrètes et demander une interprétation fine et sensible, puisque dans cette bibliothèque le moindre détail compte, tout a un sens et une résonance. Les ouvrages de jeunesse sont presque toujours annotés avec beaucoup de discrétion, par exemple avec des traits, des croix, des points tout petits, ce qui est le cas pour le *Discours de la méthode* et les *Pensées* de Pascal. On ressent une certaine vénération dans ces annotations, mais aussi un sentiment d'inégalité relative, qu'il faut « penser de plus près ». De la même façon, dans *La Vie d'Henri Brulard* du Valéry adolescent on trouve à la page 112 un petit trait marginal, qu'on pourrait fort bien ne pas remarquer, à côté de la fin de la phrase suivante : « De plus, j'aimais et j'aime encore les mathématiques pour elles-mêmes, comme n'admettant pas *l'hypocrisie* et le *vague*, mes deux bêtes d'aversion. » Il s'agit ici de l'identification de Valéry avec une affirmation de Stendhal qu'on pourrait appeler « l'éthique de la rigueur », et à travers la rigueur des mathématiques, l'impossibilité de cet emploi enflé du langage qui fait de nous, précisément, des hypocrites, faisant semblant de penser ce que nous ne pensons pas et de savoir ce que nous ne savons pas. Valéry, on l'a senti, ne fait jamais semblant de savoir ce qu'il ne sait pas et la réticence peut être la marque d'un homme qui, malgré un savoir presque redoutable, a souvent le courage de dire : « Je ne sais pas. Je ne comprends pas. » Mais parfois c'est précisément la

---

9. Note personnelle inédite.

résonance de ce qui est dit qui est en relation inverse avec la longueur ou l'épaisseur du trait dans les annotations. Les dimensions nettement plus grandes des annotations faites à l'époque de sa maturité ne signifient pas une attitude ou conviction plus ferme ou profonde que les annotations de jeunesse.

Depuis son enfance, Valéry aimait beaucoup les fleurs séchées et en mettait parfois une ou plusieurs dans les livres qu'il lisait. Une fleur séchée a souvent non seulement la fonction de rappel d'une page, mais aussi d'un sens, comme dans le *William Shakespeare* de Hugo appartenant à Valéry où elle signale le début d'un passage extrêmement lyrique sur les « grandes âmes » de l'humanité[10] .

> Quand on me parle d'un livre, je vois un esprit c'est-à-dire quelque chose de moi – et des manières d'avancer, de former, et de rejeter quelque chose de non attendu dans son contenu et dans sa suite de contenus, et de connu dans son détail formel – Je vois un labeur, des chances, des souvenirs (c'est-à-dire des cadeaux), des lumières et des ombres, des événements brusques – parmi un mécanisme (*CIII*, 270-271).

Ces lectures nombreuses dans des situations très diverses indiquent la variété, l'étendue et l'avidité de cet aspect de la vie mentale de Valéry, tout en imposant obligatoirement une part d'inconnu dans nos connaissances : la bibliothèque virtuelle s'étend indéfiniment, et les traces qui en restent par l'anecdote ou le hasard suscitent autant d'appâts pour l'imagination que de regrets pour les richesses disparues. Pourtant, en essayant de constituer des liens entre les différents moments de lecture et de créer un réseau de rapports (hypertextuels), on peut arriver à se rendre compte de l'importance que certains livres, auteurs et façons de lire pouvaient assumer pour lui.

Le cas de Dante est exemplaire. La première occurrence de son nom est dans une liste établie par le jeune Valéry, bien avant le début des *Cahiers,* qui précise *tout ce qu'il n'a pas lu* :

> Je ne *connais* ni : Horace, Lamartine, Châteaubriand [*sic*]
> Bossuet, Euripide Sophocle, Eschyle, Pindare
> ni Platon, ni les Russes, ni Dante ni Milton,
> Aristophane, Lucrèce, Ovide, Mistral, Schiller
> Montaigne, Rabelais, Kant, Shelley, Byron

---

10. Victor Hugo, *William Shakespeare*, Paris, Nelson Éditeurs, s. d. coll. « Nelson » (publiée sous la dir. litt. de Charles Saroléa), *Œuvres complètes de Victor Hugo*; la fleur séchée se trouve à la page 162.

Leopardi, Bacon, S. Augustin, S. Thomas, Tertullien
ni *Laplace*, ni Kepler, ni Aristoteles[11].

Or, cette liste était manifestement en train d'évoluer, car si la note
dans son ensemble est rayée par un trait diagonal, on peut aussi remarquer que les noms de Platon et de Shelley sont effacés au crayon et que
le nom de Dante est effacé à l'encre d'un trait épais. Le geste est significatif, car il devait occuper une place importante dans la bibliothèque
de Valéry .

Plus tard, dans les années 1930 et 1940, chez son amie Anne
Quellennec, et sachant qu'elle possédait un exemplaire de *La Divina
Commedia*, Valéry demandait souvent en arrivant chez elle le droit de la
consulter « pour trouver un beau vers – je veux dire vraiment beau ».
Après avoir cherché en silence pendant un certain temps, il disait: « J'ai
trouvé » et lui rendait le livre. Une fois, Mme Quellennec lui a demandé
de noter ce qu'il avait trouvé, et en effet on remarque une intervention
très forte (ill. 3) autour du vers 30 du premier chant du premier livre,
« Dell'Inferno »[12]:

Sì che 'l piè fermo sempre era 'l più basso.

Avec des traits marginaux et des soulignements, il ajoute à l'encre
cette annotation:

Voilà ce qu'il fallait trouver.

Le choix de ce vers (« de sorte que le pied ferme fût toujours le
plus bas ») est sans doute très significatif, car outre la qualité même du
« beau vers », on peut apprécier sa résonance pour l'auteur de *La Jeune
Parque*. Le voyageur de Dante, après avoir souffert d'une peur extrême
« dans le lac de son cœur » pendant la nuit (« *Allors fu la paura un poco
queta, / Che nel lago des cuor m'era durata / La notte, ch'io passai con tanta
pièta* »), est en train de gravir une pente raide pour monter vers la
lumière. Traditionnellement, les pieds évoquent la métaphore de l'âme,
le pied gauche, plus ferme, moins agile, étant celui sur lequel le corps
s'appuie pour permettre le mouvement et l'agilité du pied droit; dans

11. BnF Ms., Notes Anciennes I, N.a.fr. 19113, f° 222.
12. Dante ALIGHIERI, *La Divina Commedia*, Florence, G. Barbèra, 1879. L'édition, qui
avait appartenu auparavent au père d'Anne Quellenec, Pierre de Carbuccia, a été cédée
à son cousin, Marcel Prévost (qui a apposé son ex-libris), et lui a été remis après la mort
de celui-ci.

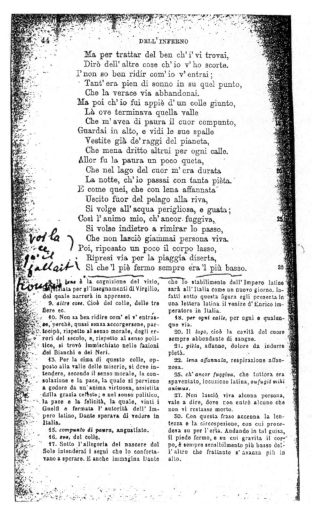

Ill. 3. Dante, *La Divina Commedia*: pages annotées par Valéry
dans l'édition de Mme Anne Quellennec.

le symbolisme chrétien on peut même associer le gauche à l'affect et la
volonté, blessé depuis la chute d'Adam dans la concupiscence, et le
droit à l'intellect, blessé par sa propre ignorance. Ainsi l'homme avance
en boitant, incapable dans son effort vers la clarté de ne pas traîner dans
son être profond les origines de sa douleur et son échec[13]. Le vers pour-

13. Voir Charles SINGLETON, *The Divine Comedy*, vol. 2, Commentary (Princeton,
Princeton University Press, 1970), p. 9-10.

rait presque accompagner le célèbre dessin des pas dans les manuscrits de *La Jeune Parque* (*JP* II, f° 5, ill. 4) qui trace la marche des pieds dans un mouvement gauche – droite – gauche à travers la page. Le premier pied dessiné sur cette page manuscrite de Valéry est effectivement un pied gauche, solidement planté sur le sol comme pour appuyer la marche de l'autre, alors que le deuxième montre un moment ultérieur, le pied droit ayant réalisé son avance et poussant plus loin ; le troisième paraît ensuite gravir une pente, le corps étant supposé maintenant plus éloigné.

À la page suivante de *La Divina Commedia* (ill. 5), on retrouve une intervention plus longue de Valéry qui, sachant lire parfaitement l'italien, offre une traduction française de quatre vers :

> *Temp'era dal principio del mattino,*
> *E 'l Sol montava 'n su con quelle stelle*
> *Ch'eran con lui, quando l'Amor divino*
> *Mosse da prima quelle cose belle* (I, 37-40).

Voici la traduction de Valéry lui-même, notée dans la marge et signée de ses initiales :

> C'était l'heure où commence le matin
> Et le soleil montait parmi ces étoiles qui
> furent avec lui, quand pour la première fois,
> l'amour divin mut (toutes) ces belles choses.

Encore une fois le choix de Valéry est très éloquent : à part la qualité des vers eux-mêmes avec les sonorités et rythmes mêlés, et cette noble simplicité toujours si caractéristique de Dante, il y a évidemment le thème évoqué, « l'heure où commence le matin », l'heure des *Cahiers*. On peut saisir ici comment des liens existent entre la lecture et l'écriture et même dans les deux sens ; car cette scène de Dante, qui compose les restes de la nuit avec la lueur du nouveau jour naissant, est aussi l'heure du réveil de la Parque qui quitte ses « délicieux linceuls » pour s'aventurer de nouveau vers la mer :

> Quoi ! mes yeux froidement que tant d'azur égare
> Regardent là périr l'étoile fine et rare,
> Et ce jeune soleil de mes étonnements
> Me paraît d'une aïeule éclairer les tourments,
> Tant sa flamme aux remords ravit leur existence,
> Et compose d'aurore une chère substance
> Qui se formait déjà substance d'un tombeau ! (*JP*, v. 485-491).

Ill. 4. Page manuscrite de *La Jeune Parque*, BnF ms. II, 5.

Cette édition de *La Divina Commedia* est précieuse en confirmant l'importance des lectures que Valéry a pu faire pendant des visites, mais elle est loin d'être la seule référence à ses lectures de Dante. Une recherche hypertextuelle devrait permettre d'établir et de confronter toutes les occurrences qui se trouvent dans sa bibliothèque, dans les *Cahiers* (avec six références dans l'édition de la Pléiade), dans la correspondance, etc. La bibliothèque contient en effet une belle édition du

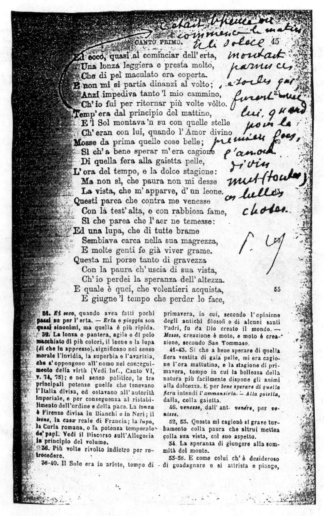

Ill. 5. Dante, *La Divina Commedia*: pages annotées par Valéry
dans l'édition de Mme Anne Quellennec.

texte italien relié en cuir et publié par Clarendon Press, Oxford, en
1902; l'édition est en trois volumes, paginée de façon consécutive,
1-164, 165-329, 330-494. La lecture de Valéry est très en évidence, mais
de manière très inégale: un seul signet inséré entre deux pages de
« Paradiso », un signet et un trait marginal dans « Purgatorio », alors que
le premier volume, « Inferno », porte des traces de lectures de toutes
sortes: un signet inséré dans les pages du troisième chant, des pages
cornées, plus d'une cinquantaine de traits marginaux simples et

doubles, parfois le long de toute une page et de nombreux soulignements de vers et de mots ; ces traces de lectures se manifestent dans
presque la totalité des chants. Les crayons différents font preuve de
plusieurs campagnes de lecture à des moments divers. Mais sa lecture
n'est pas toujours admirative : deux annotations indiquent des moments
de réserve. Le vers II, 5 :

Sì del cammino et sì de la pietate

provoque la remarque dans la marge :

le vers ne chante pas

et le signe « d° » la répète pour le suivant :

Che ritrarrà la mente che non erra.

À côté d'un vers souligné du chant XIX :

Di chel che si piangeva con la zanca (XIX, 45)

on retrouve une annotation encore plus exceptionnelle, un seul mot en
anglais : « *Shouts* ». Il s'agit à ce moment d'une personne dont la puni-
tion pour la simonie consiste à être enseveli la tête en bas dans un trou
et qui agit les jambes en sa douleur ; mais il semblerait que Valéry est
choqué par la sonorité du vers. L'attention de sa lecture est d'autant
plus frappante que les vers suivants de 46 à 79 qui réunissent les paroles
du voyageur, de l'homme puni et de Virgile, sont accompagnés d'un
long trait marginal indiquant son approbation.

Il importe, néanmoins, de constater que, sur le plan méthodolo-
gique, l'établissement de liens hypertextuels entre ses lectures d'un
même auteur doit être abordé avec prudence, surtout quand il s'agit de
livres qui sont beaucoup relus. Il faudrait relativiser les moments différents de sa lecture pour reconnaître que, non seulement, nous n'avons
aucune manière d'identifier les dates de ces diverses interventions, mais
aussi qu'on ne peut attendre de Valéry une cohérence absolue et qu'il
y a eu une évolution dans ses propres connaissances et préoccupations.
Si certaines tendances générales peuvent se dégager, comme, par
exemple, l'intérêt soutenu pour le premier volume de *La Divina
Commedia*, ces liens servent surtout à renforcer la variété de son
approche et nous offrent ainsi une *confrontation* plutôt qu'une *synthèse*
de ces lectures, ce qui est d'une importance cruciale pour la génétique

des idées. Chaque moment de lecture du même livre, chaque occasion
de lire le même livre dans une édition différente est un événement
unique qui correspond aux exigences et aux intérêts particuliers de ce
moment. Par exemple, le vers qu'il avait cherché avec tant d'impatience
et trouvé avec un tel plaisir dans l'édition des Quellennec ne porte, par
contre, aucune marque dans sa propre édition ! Quand, vers la fin des
années 1920 Valéry a répondu à une « Enquête du comité fédéral améri-
cain d'études dantesques » adressée aux « Dantologues des Deux
Mondes, [aux] principales notabilités intellectuelles et sociales
d'Amérique et d'Europe » sur *Mon « passage préféré » dans l'œuvre du
Dante*, il a signalé un autre passage encore, dans le chant IV, le texte du
vers 64 jusqu'à la fin du chant. Sur la feuille qui demande à chaque
participant les raisons de leur choix, il a écrit :

> On n'a rien dit de plus beau ni de plus fort sur l'orgueil essentiel des
> poètes[14].

Le passage dont il s'agit peint la rencontre de Dante et son guide
Virgile avec les grands poètes classiques Homère, Horace, Ovide et
Lucain, maintenant des ombres, habitants tranquilles des Limbes. Deux
vers de ce passage sont signalés dans sa propre édition : la question sur
l'identité de ces personnes que Dante adresse à Virgile et qui sert d'ou-
verture à la scène, est soulignée :

> *O tu ch'onori scïenzïa e arte* (IV, 73)

et l'évocation du chant suprême de la poésie au vers 95 se trouve à
la fois soulignée et accompagnée d'un trait marginal :

> *Così vid'i'adunar la bella scola*
> *di quel segnor de l'altissimo canto*
> *che sovra li altri com'aquila vola* (IV, 94-96).

Les allusions à Dante dans les *Cahiers*, sans être extrêmement
nombreuses, soulignent une parenté intime et une connaissance approfondie de la part de Valéry, qui l'évoque d'ailleurs dans le contexte des
moments les plus poignants de sa vie. Béatrice, et les formes abrégées
Bice et B., sont des noms codés pour Catherine Pozzi et Valéry se sert

---

14. Page inédite. La réponse publiée dans le volume édité par John T. Slattery se lit :
« Jamais rien de plus beau et de plus vigoureux n'a été dit sur l'orgueil des poètes. »

du nom de la figure dantesque de l'amour idéal à la fois pour évoquer le sort de son propre amour pour Catherine et comme sujet d'un projet de poème ou traité plus théorique sur l'empreinte imaginative de l'amour perdu. Une note de 1922 évoque précisément le premier vers de Dante :

> Béatrice* –
> In mezzo del cammin – –
> Las, blasé des choses de l'esprit – Limite.
> Trouve enfer et paradis – Mais qu'est-ce que les « choses de l'esprit » ?
> (C2, 459).

Tous les passages sur Orphée aux enfers, résonnent également d'allusions à l'*Inferno*. Mais en même temps Valéry s'identifie au ton de la voix de Dante, son « ton de soi à soi » étant mis en parallèle avec celui qu'il a cherché lui-même dans « Le Cimetière marin » (C2, 1101) pour adresser dans l'intimité de soi les questions les plus fondamentales d'une manière familière et avec la plus grande clarté et la plus grande simplicité d'expression possibles.

> Je brûle d'un coup d'œil tous ces livres éternellement insuffisants quand il y aurait tous ceux qui ont été écrits – il n'y en a pas pour tous les instants – il n'y en a pas de liquides, de plastiques, d'intelligents – Le malheur veut qu'il n'y ait pas de livre qui réponde... et donne. Moi je les interroge beaucoup (C, III, 872).

La lecture ou, plus exactement, l'acte d'annotation de la lecture est pour Valéry surtout un acte d'identification et d'appropriation, plutôt que d'instruction. Il survole les pages à grande hauteur, puis plonge soudainement sur une phrase, un paragraphe, parfois même un seul mot comme pour le saisir, pour le faire « sien ». L'identification des livres figurant dans la bibliothèque de Valéry, le recensement de toutes les interventions et des signes de fréquentation, devraient donc se situer ensuite dans le cadre de ce grand réseau de traces de lectures de la bibliothèque virtuelle pour permettre une libre circulation entre les éléments divers à l'aide de liaisons hypertextuelles. Déjà, dans les manuscrits de Valéry, il est évident qu'il existe une circulation de réflexions sur tel ou tel sujet qui repose sur un système complexe de répétition, de recyclage et de relance, autant que sur la poursuite de directions nouvelles. Les textes passent de feuilles volantes aux *Cahiers*, de manuscrits aux feuilles dactylographiées et dans tous les sens, d'un support à l'autre, la lecture d'un de ces passages relançant l'écriture d'un autre : le «raccommodeur de textes» coupe, colle, ajoute et élimine avec une telle complexité que seul un système informatisé peut en rendre compte. Dans la bibliothèque, ces liaisons que nous pouvons commencer à percevoir restent à découvrir davantage, mais il est déjà certain qu'il existe un écho très puissant entre les annotations, les phrases soulignées dans les livres et ce que Valéry écrit dans les *Cahiers*, dans la correspondance et dans les autres manuscrits. À tel point que la même attitude mentale, le même système de fonctionnement de l'esprit semble régir les deux processus. Nous croyons pouvoir envisager doré-navant la lecture chez Valéry comme une autre des formes multiples de son écriture.

LISTE DES SIGLES

C, I, II, etc. Paul VALÉRY, *Cahiers*, 29 vols. *in* fac-simile, Paris, CNRS, 1957-1961.

*C*1, *C*2 Paul VALÉRY, *Cahiers*, édition établie, présentée et annotée par Judith Robinson-Valéry, Paris, Gallimard, coll. «Bibliothèque de la Pléiade», t. I, 1973 ; t. II, 1974.

CI, *CII*, etc. Paul VALÉRY, *Cahiers 1894-1914*, édition intégrale établie, présentée et annotée sous la corresponsabilité de Nicole Celeyrette-Pietri et Judith Robinson-Valéry (t. I à t. III), de Nicole Celeyrette-Pietri (t. IV à t. VI), de Nicole Celeyrette-Pietri et Robert Pickering (t. VII à t. VIII), Paris, Gallimard, 1987-2001.

Œ, I, II Paul VALÉRY, *Œuvres*, édition établie et annotée par Jean Hytier, Paris, Gallimard, coll. «Bibliothèque de la Pléiade», t. I, 1983 ; t. II, 1985.

LA BIBLIOTHÈQUE DE MONSIEUR SONGE :
LES LIVRES DE ROBERT PINGET

Jean-Claude Liéber et Madeleine Renouard

Pinget concevait l'écriture comme une invention. Nous risquons donc en tentant d'établir des liens (sources, réseaux intertextuels, emprunts, parodies, collages…) entre l'œuvre et la bibliothèque de l'auteur, de rigidifier – voire de truquer/tronquer/fausser – les circuits d'échange entre l'une et l'autre. « Ce qui est dit n'est jamais dit puisqu'on peut le dire autrement » a été la devise de Monsieur Songe – Robert Pinget, ce qui signifie bien que l'écrit (répertorié dans les livres et la bibliothèque) n'est pas figé. Étant toujours à redire, à reformuler, il est réutilisable ; même le canon littéraire est, à cet égard, réappropriable. Pour Pinget, le livre est littéralement *à venir*. Il serait excessif de voir là une désacralisation de la littérature, il s'agit davantage d'une attitude d'artisan vis-à-vis du livre à faire. Objet à fabriquer, Pinget en cherche à la fois le ton, la structure, les alliances et les rejets stylistiques, le titre. Ses manuscrits montrent bien le temps passé à la composition, la titraison, à la création de l'objet-livre qui peut d'ailleurs être une reconfiguration de fragments existants (*Monsieur Songe* est ainsi un texte composite dont les fragments – deux d'entre eux sont publiés séparément – sont réunis en 1982)[1]. La préface du *Libera* (1968) forme le début de son intervention au colloque de Cerisy (juillet 1971, publié en 1972)… Cette pratique d'écriture a, bien entendu, des conséquences sur l'usage que l'écrivain fait de sa bibliothèque. L'opération de récupération et de recyclage y a un rôle important. Lorsqu'il s'agit d'emprunt pur et simple, il le dit sans embarras : « Je n'ai pas *Les Bucoliques* sous la main mais il me sera archi-facile de vous dire exactement le n° de chaque vers qui y est pris » (lettre du 8 septembre 1982 à Barbara Wright).

---

1. Voir J.-C. Liéber, Madeleine Renouard, *Le Chantier Robert Pinget*, Bibliographie, p. 337-415, Paris, Éditions Jean-Michel Place, 2000. Le lecteur pourra se reporter à l'introduction de cet ouvrage où quelques pages sont consacrées à « La bibliothèque », p. 21-26.

Objet à « décorer », le livre est aussi « enluminé », « rehaussé » par ses soins. Pinget illustre ainsi un Mallarmé, calligraphie un livre de poèmes inédits pour sa mère, bricole des couvertures et parsème de dessins nombre d'ouvrages. La bibliothèque est ainsi réactivée par le travail de la main (les manuscrits de Pinget sont très souvent illustrés de dessins et de croquis[2].) Le parcours de l'œil de l'artiste-peintre (rappelons que Pinget a d'abord eu une carrière de peintre et qu'il n'a jamais cessé de peindre) est inscrit dans la bibliothèque de Monsieur Songe. Les livres d'images, les livres illustrés ont été pour Pinget une passion durable.

En revanche, certains ouvrages possédés et conservés par Pinget n'avaient plus pour lui qu'un intérêt « historique ». Ils ponctuaient son itinéraire, sa formation, son apprentissage surtout. C'est ainsi qu'il s'est initié avec ardeur aux arcanes de la linguistique, de l'alchimie et au discours alambiqué de la critique littéraire, ridiculisé dans *Monsieur Songe* en particulier. Nous appelons ces ouvrages des livres-manuels. Ils sont les traces de l'apprentissage du métier d'écrivain, d'un écrivain devant s'exprimer et s'expliquer sur sa création.

Or le défi que nous pose la bibliothèque de Pinget (au-delà des opérations d'identification et d'évaluation de l'ensemble), c'est bien sûr celui de son rôle dans le processus de création. Rien ici d'original sauf que Pinget s'est souvent senti obligé de « justifier », en public ou par écrit, ses pratiques d'écriture voire de lecture. Grande est donc la tentation de se livrer à un jeu de détective et de chercher confirmation ou infirmation de ses déclarations.

Sans doute chaque écrivain a-t-il un « imaginaire de la bibliothèque » (comme il a un imaginaire linguistique), Robert Pinget n'y fait pas exception. Il est le premier à exploiter, dans ses romans ou son théâtre, le mythe de la Maison d'écrivain, toujours un peu truquée, de la Bibliothèque-Tour de Babel et du Manuscrit apocryphe. L'écrivain même disparu – ou Le Maître, comme il lui plaît de le nommer, à la manière mallarméenne – continue à nous jouer la comédie sur le Théâtre du Livre. Même sa mort relève de l'imaginaire : la dernière parole coincée dans la gorge est un fantasme d'auteur. Ce faisant, il dénonce la Littérature – à quoi il a voué toute sa vie – comme une entreprise de mystification, un perpétuel ajournement de l'aveu : travail de fuite plus que travail de fugue, comme il se plaisait à le souligner dans sa correspondance. Mais tâche péniblement et consciencieusement assumée, sous le regard croisé, mais fictif, d'un domestique naïvement admiratif et d'une bonne sceptique et goguenarde qui peuplent sa solitude.

---

2. Voir *Genesis*, n° 7, 1995, et *Le Chantier Robert Pinget, op. cit.*

Le titre de ce chapitre est emprunté à l'auteur: «La bibliothèque de Monsieur Songe», texte paru dans *Libération* le 23 juillet 1982 (ill. 1) qui commence par ces mots: «Monsieur Songe se demande, curieuse question, si sa bibliothèque s'éloigne ou si elle se rapproche.» Il poursuit: «Si donc sa bibliothèque s'éloigne, c'est relativement aux kilomètres mais aussi aux années... Impensable de la liquider, il lui faut savoir qu'elle existe et qu'en cas de détresse, il peut y avoir recours.»

Monsieur Songe n'est pas un lecteur avide et, de sa bibliothèque, il n'a gardé qu'un «concentré», c'est-à-dire «une dizaine de vers

La bibliothèque de monsieur Songe

Monsieur Songe se demande, curieuse question, si sa bibliothèque s'éloigne ou si elle se rapproche.

Il pense que les livres qu'il aime, le gros de sa bibliothèque, sont encore dans son logis de la ville, le reste déjà à la campagne où il fixé sa demeure.

Pourquoi avoir transféré d'abord le reste, ce à quoi il ne tient pas?

Lorsqu'il retourne dans son ancien logis y prendre, peu à peu, des articles ménagers et autres, il regarde sa bibliothèque avec plaisir mais y touche le moins possible. Par-ci par-là il pique un poète, ou un dictionnaire ...

Si donc sa bibliothèque s'éloigne c'est relativement aux kilomètres mais aussi aux années...Impensable de la liquider, il lui faut savoir qu'elle existe et qu'en cas de détresse il peut y avoir recours.

Pourquoi alors ne pas la déménager tout de suite?

Si elle se rapproche ce serait que tout l'important s'est réfugié dans la cervelle de monsieur Songe, bien décanté, concentré et légèrement sûri probablement, peu importe. De quoi ce concentré? Une dizaine de vers anciens et quelques sentences de la Bible...

Puis le vieillard s'avise qu'il met de la coquetterie à retarder le déménagement. Mais pourquoi de la coquetterie?

Savoir l'exacte vérité de son attitude envers sa bibliothèque implique, lui semble-t-il, le devoir de chercher ce dont son esprit se nourrit en-dehors des livres. Beaucoup de souvenirs, quelques regrets et des reliquats d'aspirations qu'il pourrait étiqueter sous la formule d'amour du travail.

Ill. 1. La bibliothèque de Monsieur Songe.

anciens et quelques sentences de la Bible». Comment repérer ce
«concentré» qu'évoque Pinget? Comment savoir à quels moments la
bibliothèque a été proche ou lointaine? Quels signaux de «détresse»
pouvons-nous repérer dans l'usage qui a été fait des livres que nous
avons sous les yeux? Si la bibliothèque n'est qu'une valeur-refuge,
comment éclaire-t-elle l'émergence et la genèse de l'écriture?

Notons le terme de «détresse» utilisé par Pinget pour signifier le
recours à sa bibliothèque, à laquelle il attribue un rôle thérapeutique.
Faute de stimuli authentiquement personnels, l'œuvre pourra s'écrire
en s'aidant de textes écrits par d'autres. Les affects sont ici sur le devant
de la scène psychique et Pinget le reconnaît. Écrire est bien pour lui,
dans le meilleur des cas, inventer, c'est-à-dire développer sans
contraintes – sinon celles de sa propre discipline – les potentialités de la
langue. L'écriture peut aussi être pour lui un retraitement de ses textes
qui migrent d'un titre, d'un livre à un autre.

Il est sans doute une fonction de la bibliothèque que nous n'avions
pas vraiment anticipée: c'est son importance comme lieu de l'inédit.
C'est en effet parce que la bibliothèque recèle de l'écriture non encore
révélée de Pinget qu'elle importe au regard de la création. On y
découvre un Pinget inédit parce que lecteur actif; il ne cesse de
commenter ses livres (avec des mouvements d'humeur vis-à-vis de ses
contemporains, des emportements, se livrant à des condamnations sans
appel, prenant le temps de rédiger des argumentations élaborées, souli-
gnant, notant en marge, griffonnant sur des feuilles de calendrier ou
des feuilles de différentes dimensions souvent pliées en quatre …).
Monsieur Songe s'endort sur le journal ou ses factures, l'enfant Théo
ânonne la grande lecture, le narrateur de *Quelqu'un* perd ses notes, mais
l'écrivain Pinget a soigneusement annoté certains des ouvrages de sa
bibliothèque. Pas tous, loin s'en faut, mais quelques-uns. Cette preuve
de pratique du texte ne nous autorise toutefois pas à considérer ces
textes annotés comme les plus «importants» ; pour mériter ce qualifi-
catif, il leur faudrait avoir résisté à «l'éloignement» qu'évoque Pinget.
Or nous n'en avons – et n'en aurons jamais – aucune preuve. Ce
problème de l'éloignement le préoccupait. Dans un fragment manuscrit inédit, trouvé dans un ouvrage de Marthe Robert, *L'Ancien et le
Nouveau*, entre les pages 160 et 161, daté du 23 janvier 1995, Pinget
évoque d'une manière très émouvante l'éloignement des choses:

> Les choses que j'aimais me quittent. Non pas les amis qui restent secou-
> rables, mais les objets, les meubles, les bâtiments, les paysages…Ils ne
> me touchent plus comme autrefois. Mais ce n'est pas moi qui m'en
> sépare ou m'en éloigne volontairement. Ils ont eux-mêmes créé un

vide, un espace entre eux et moi qui me fait souffrir. Est-ce dire que les
choses ou que la nature nous jugent indignes à un moment donné de
les aimer? Que comprennent-elles de nous et de nos ferveurs?...

Dans cette épreuve, la bibliothèque n'est d'aucun secours. Un vide
s'est créé (celui que tentent de saisir les peintres) que le livre ne saurait
combler.

Quoiqu'il en soit, Pinget nous a laissé une bibliothèque, la sienne.
Des choix, des «lacunes» s'y manifestent (si tant est qu'il existe une
norme de bibliothèque d'écrivain francophone de la seconde moitié du
XXe siècle). Robert Pinget a pratiqué ces/ses livres, ils sont à des titres
divers des compagnons de route, des témoins, voire des confidents. Il
nous importe d'en «réactiver» la mémoire.

Pinget avait deux lieux de vie, deux bibliothèques. L'œuvre s'est
écrite dans cet entre-deux, avait-il coutume de dire. Le manuscrit en
cours circulait d'un lieu à l'autre. La parisienne était la bibliothèque de
prédilection: Robert Pinget se laissait volontiers photographier à son
bureau sur fond d'épais cartonnages conservant ses manuscrits, les textes
publiés et les traductions de ses œuvres – bibliothèque dite C. Des rayon-
nages encastrés dans le mur principal, face au lit, contenaient les œuvres
de ses confrères, pour la plupart dédicacées – bibliothèque dite B. La
plus grande de ces bibliothèques – dite A –, occupant tout un panneau,
regroupait l'ensemble de la littérature universelle, dans l'ordre alphabétique, mais le classement est sans doute tardif (ill. 2 et 3).

La bibliothèque de campagne, en revanche, restait dissimulée au
visiteur et faisait partie de la chambre du Maître. D'épaisses planches,
ajustées aux poutres du colombage, grimpaient jusqu'au plafond et abri-
taient sur deux rangées de gros volumes: c'est là que se sont retrouvés la
plupart des inédits, des feuillets manuscrits insérés dans les livres, et des
œuvres spirituelles et alchimiques copieusement annotées. Lieu de
méditation, de travail et d'exégèse qui a échappé aux tribulations. Au
salon où l'écrivain recevait ses visiteurs, aucune trace d'écriture – inac-
tive, la machine à écrire restait cachée sous un voile, identique à celui qui
enveloppait le violoncelle endormi –, mais de beaux meubles et de
beaux objets disposés selon un décorum que l'on retrouve dans les
descriptions de *L'Inquisitoire*. Dans la salle à manger, où Robert Pinget
aimait rencontrer ses familiers devant un feu de bois toujours allumé,
une longue table de ferme où la machine à écrire était parfois posée.
Plus rarement un livre sur un guéridon, près de la fenêtre.

Suite à la disparition de l'appartement parisien, les deux bibliothèques ont fusionné et ont été réunies dans la maison de campagne.
L'actuelle bibliothèque contient plus d'un millier de volumes. Mais

Ill. 2 et 3. Photos des bibliothèques de Paris (C et A).

l'écrivain procédait à un désherbage régulier : il abandonnait beaucoup de livres reçus. Depuis 1995, il déposait à la Bibliothèque Municipale de Tours, outre les nombreuses traductions de ses œuvres, les thèses et les mémoires universitaires, des revues et des programmes de théâtre, des comptes rendus de journaux. Fonds Robert Pinget, Bibliothèque Municipale de Tours, voir *Le Chantier Robert Pinget*, pp. 350-351, 360-363, 413-415.

Les choix déclarés

Il n'est pas certain que notre décompte des ouvrages présents dans ses bibliothèques vienne absolument étayer cette déclaration de l'auteur (écrite pour ses « lectures aux universités ») : « S'il me faut faire état de mon admiration pour des écrivains antérieurs, je citerais : Poe, Mallarmé, Proust, Max Jacob, Michaux, Gide, Joyce, Kafka. » En bon pédagogue, Pinget motive ses choix :

> Poe : une façon précise et détachée, mathématique, d'explorer l'irrationnel. Mallarmé : *idem*, sauf le recours à l'enchaînement cartésien du discours, au seul profit du chant. Proust : l'analyse éperdue de la sensation. Max Jacob : le style parlé (romans) et la part faite à l'inconscient (poèmes). Michaux : la syntaxe subtilement dérangée. Gide : la mise en abyme (spécialement dans *Paludes*). Joyce : les différentes façons de dire, relevant de son immense culture, et le monologue intérieur. Kafka : l'atmosphère de rêve, l'humour, et l'angoisse devant l'irréductible fatalité. En ce qui concerne Beckett, mon admiration ne fait plus de doute pour ceux qui me connaissent. Elle s'explique très sommairement par une simple phrase de l'un de ses romans que j'ai retrouvée après avoir écrit bien des livres et qui est celle-ci : "Dire, c'est inventer." Ce qui signifie d'une part qu'on ne sait pas *a priori* ce que va révéler la main qui écrit mais aussi, à mon sens, que c'est s'inventer soi-même, c'est-à-dire se découvrir ou tenter de le faire par l'écriture, procédé qui est le mien depuis toujours. On constate en effet que Beckett au cours de toute son œuvre n'a cessé de se dire, tout en refusant d'attribuer à son moi le plus intérieur (« Pas moi ») la voix qu'il écoute balbutier . Mais c'est aussi de sa part reconnaître le rôle expressif de son texte, quitte à le considérer comme le négatif de l'instantané qui est censé figurer sur le papier.

Il nous paraît clair que Pinget décrit le projet beckettien en des termes qui lui conviennent et qui surtout déterminent ses propres priorités, à savoir : se dire en inventant (Pinget fait référence au « négatif de l'instantané qui est censé figurer sur la page »).

Le corpus

Sans être encyclopédique, la bibliothèque couvre des champs assez larges. Le secteur jeunesse et livres illustrés est fortement représenté. Elle comporte un solide fonds d'ouvrages de philosophes modernes et de psychanalystes : Alain, Bachelard, Bergson, Bréhier, Freud, Gilson, Groddeck, Jankélévitch, Jaspers, Sartre, Jean Wahl, Simone Weil. Des livres d'art consacrés surtout à Léonard de Vinci et Le Greco, et des histoires de la peinture : Yves Bonnefoy, Elie Faure, Focillon, Huyghe, plusieurs tomes des écrits sur l'art de Malraux : *Le Musée imaginaire* (II et III), *La Métamorphose des dieux* (I et III), *La Tête d'Obsidienne*, consacré à Picasso, le *Carpaccio* de Michel Serres. Quelques ouvrages de linguistique et de théorie littéraire : Chomsky, Jakobson, Martinet, Marthe Robert, Jean Rousset, Todorov, Vendryes. Des grammaires et dictionnaires. Mais surtout un nombre inusuel d'ouvrages consacrés à l'histoire des religions, à la théologie, au mysticisme et à l'alchimie, qui sont visiblement les plus fréquentés et les plus commentés. En revanche l'histoire, la musique et les sciences restent sous-représentées.

La littérature occupe naturellement l'espace principal de la bibliothèque, et en particulier la littérature contemporaine. Pinget a conservé un assez grand nombre de manuels scolaires – notamment une riche collection de petits classiques Hatier et Larousse, principalement du Moyen Age et du XVIe siècle, auxquels il ne dédaignait pas de se référer. Il va ainsi chercher dans *Recueillements et dernières poésies* de Lamartine les strophes de « *La Vigne et la Maison* » qui font l'objet d'une parodie dans *Paralchimie* (Acte I, p. 33-34). Ces livres sont quelquefois dépositaires de brouillons de traduction ou de dissertation scolaire. Les livres de la maturité (on appelle également ainsi le baccalauréat suisse) reflètent le fonds que l'on s'attend à trouver chez un étudiant qui a fait ses humanités, malgré une épuration sévère (en particulier pour Zola et les romanciers réalistes de l'entre-deux-guerres). Balzac y figure en bonne place, avant les proscriptions du Nouveau Roman. Pinget manifeste son attachement aux « classiques du XXe siècle » : Alain-Fournier, Apollinaire, Cendrars, Claudel, Gide, Giraudoux, Péguy, Proust, Ramuz, Rivière, Supervielle, Valéry sont très bien représentés, mais on trouve également un nombre surprenant de Barrès et de Bainville. Max Jacob occupe une place à part (treize volumes et deux manuscrits). C'est le seul auteur – avec Beckett – auquel notre auteur a consacré des conférences et des lectures, notamment pour les universités américaines.

Les éditions savantes sont assez rares dans le domaine de la littérature, l'érudition étant plutôt réservée à l'histoire des religions, de la philosophie ou de l'alchimie : *Journaux intimes* de Baudelaire dans l'édition Crépet-Blin chez Corti en 1949 ; *Illuminations* de Rimbaud par de Bouillane de Lacoste au Mercure de France ; quatorze volumes (sur seize) de la *Correspondance* de Diderot éditée chez Minuit par G. Roth et J. Varloot ; les cinq premiers tomes de la *Correspondance* de Mallarmé chez Gallimard ; *L'Âme humaine* de saint Thomas éditée par J. Webert OP chez Desclée de Brouwer en 1928, volume auquel sont empruntées les citations latines de Mortin dans *Paralchimie*. En revanche, Pinget se procure les ouvrages des auteurs qu'il aime dès leur parution en librairie : Camus (*La Peste*, 1947) ; Michaux (*L'Infini turbulent*, édition originale numérotée, 1957, *Connaissance par les gouffres*, 1961) ; Antonin Artaud dont il possède plusieurs éditions originales (*Van Gogh, le suicidé de la société*, 1947, *Pour en finir avec le jugement de Dieu*, 1948, chez Kra), alors qu'il n'a que l'édition américaine du *Théâtre et son double* (New York, Grove Press, 1958).

De l'Antiquité gréco-latine, Pinget n'a conservé, pour les Grecs que les philosophes : Aristote, Epictète, Platon (cinq volumes), *L'Iliade* en Budé et le commentaire des vingt-quatre chants par Victor Bérard, les *Vies parallèles* de Plutarque et le théâtre de Sophocle. Pour les Latins, uniquement les poètes : Catulle (2 éditions), Juvénal et Virgile : *Les Bucoliques* dans plusieurs traductions, dont celles de Pagnol (édition Pastorelly, illustrée par François Bouche) et de Klossovski (Gallimard, 1964, non coupée), et saint Augustin (*Les Confessions* et *La Cité de Dieu*).

Les littératures étrangères occupent une place relativement modeste, soixante-quinze volumes environ, pour la plupart en traduction. Mais l'auteur, encore une fois, a dû largement écrémer. (Nous signalons les écrivains représentés par plus d'un titre.) Le domaine anglo-saxon arrive en tête, avec une dizaine d'auteurs pour les Britanniques, et huit pour les Américains.

Grande-Bretagne : Boswell (quatre), E. Brontë, Lewis Carroll (deux), Defoe, Hardy, Kipling, Lawrence, Melville, Stevenson, Wilde, V. Woolf (deux). La présence de Boswell peut étonner : c'est Beckett qui a recommandé à Pinget la lecture de l'auteur de la *Vie de Samuel Johnson* et qui lui a suggéré, ironiquement peut-être, de devenir à son tour son témoin. Etats-Unis : Dos Passos, Faulkner (deux), Hemingway (trois), H. James, Joyce, H. Miller, Steinbeck (trois) et, plus inattendu, Burroughs (quatre volumes en 10/18).

Argentine : Bioy Casares.

L'Allemagne (sept auteurs) est à égalité avec la Russie (six) :

Allemands : Brecht (quatre), H. Broch, Chamisso, Goethe (*Faust* et *Entretiens avec Eckermann*), Hölderlin, Rilke (trois).

Russes : Dostoievski (quatre), Gogol (deux), Gontcharov, Pouchkine, Tchekov, Tolstoi (trois).

L'Europe méditerranéenne compte six auteurs :

Italiens : Dante (deux), Pirandello, Svevo.

Espagnols : Cervantes (deux), Lorca.

Grec : Kazantzaki.

L'Europe centrale trois :

Tchèques : Karel Capek, Kafka (six).

Pologne : Gombrowicz.

Le beau livre

Pinget n'était pas bibliophile. Les collections sont assez dépareillées, les couvertures usagées. La librairie traditionnelle voisine avec les livres de poche. L'auteur détestait les éditions « Club du livre », même si la bibliothèque en abrite quelques-unes qui sont en général des livres cadeaux (par exemple les *Mémoires* de Benvenuto Cellini au Club du livre ; une édition de Scarron en deux volumes du bibliophile Jacob rééditée en 1962 par La Renaissance des lettres ; ou encore le *Traité de la peinture* de Léonard de Vinci chez Jean de Bonnot). Il n'appréciait guère non plus les volumes de la Pléiade dont il ne possédait que des tomes isolés (*Mémoires* de Saint Simon, premier volume ; *Histoire de la philosophie*, tome I ; *Le Romantisme allemand* ; *Œuvres* de Valéry, premier volume). Il lui arrivait de noter les corrections de ses propres ouvrages sur une édition originale ou sur un « grand papier ». C'est le cas du *Fiston*, dont les nombreuses corrections, préparées pour l'édition de poche suisse (L'Age d'homme, 1981) sont consignées sur l'édition originale non paginée, fabriquée par Robert Morel pour le Club du livre chrétien, et tirée à six cents exemplaires dans une présentation très kitsch, avec pages de garde en papier buvard rose censées reproduire, à l'envers bien entendu, la lettre de M. Levert à son fils.

La bibliothèque contient peu de livres anciens, en dehors des belles éditions illustrées de Gustave Doré qu'il exhibait volontiers : les *Fables* de La Fontaine (1868) et le *Don Quichotte* de Cervantes en deux volumes parus chez Hachette (1869) avec pour ce dernier la belle couverture à nerfs de l'éditeur. Le plus notable est cependant un in-quarto du XVIIᵉ siècle : *La Physique curieuse* [...] de Gaspard Schott, édité à Herbipoli (Wurtzbourg) en 1667 et illustré de figures de monstres par Jobus Hertz. De cet ouvrage en latin, Pinget a tiré et traduit pour *Le Renard et la Boussole*, un fragment du Livre II, *De mirabilibus spectrum*; Ire partie, chapitre I, *An sint spectra* (p. 197) tout à fait déconcertant dans le contexte du roman (*Renard*, p. 157). Notons encore dans le même esprit un autre emprunt à la bibliothèque pour le même livre qui est une sorte de fatrasie. Il s'agit des *Procès de bestialité aux XVIe et XVIIe siècles. Documents judiciaires inédits*, par le Dr Ludovicus Hernandez (alias Fernand Fleuret), Bibliothèque des curieux, 1920, qui fournit un long argument à la discussion entre Renard et David (p. 121-123 du *Renard et la Boussole*). Pinget collectionnait les éditions de Virgile, qu'il avait le dessein de traduire. Parmi celles-ci, un bel exemplaire des *Bucoliques*, dans la traduction de Delille, avec des gravures de Casanova, édité par Bleuet en 1770, qui contient d'importants fragments manuscrits de Pinget.

Parmi les beaux livres, on peut signaler le *Politien* d'Edgar Poe, drame romantique inédit, publié chez Emile Paul Frères (1926), *Histoires naturelles* de Jules Renard, sans date, illustré par Bonnard dont Pinget a colorié quelques planches, *Poil de carotte*, illustré par Vallotton, chez Plon (1946), le *Vinci* de Tristan Klingsor, aux éditions Rieder (1930) qui sera cité dans un projet d'article resté inédit, le superbe comte de Lautréamont, *Les Chants de Maldoror*, illustré par Magritte, publié à Bruxelles aux éditions La Boétie en 1948, un François Villon commenté par Olivier Messian, agrémenté de vignettes gravées sur bois chez Desclée de Brouwer (1946). Des livres pour la jeunesse enfin, dont le fleuron est sans doute le *Voyage autour de ma chambre* de Xavier de Maistre, publié par Nilsson, illustré d'admirables aquarelles de Maggy Monier et portant dédicace de sa mère pour son quinzième anniversaire. Car Pinget collectionnait aussi les livres illustrés pour enfants comme ceux de Matias, son décorateur de théâtre, qui avait publié à Londres *A Little Elephant, A Little Bird, A Little Cloud, A Little Rabbit*, petits volumes conservés conjointement avec les quatre *Fables illustrées* de Benjamin Rabier, republiées par l'Ecole des loisirs. Avec Matias, dans les années 1960, il avait entrepris de faire une sorte de bande dessinée pour adultes, illustrée de magnifiques planches à l'encre de chine, *Gibelotte*, tardivement publiée chez J.-M. Place en 1994.

Ce qui est frappant, c'est l'intervention de Pinget sur les livres. Il compose sur son Homère de curieux frontispices en manière d'ex-voto – plaque de marbre et cloutage de bronze (ill. 4). Il substitue à la couverture de *La Kabbale* de Sérouya un mandala parodique (ill. 5), il orne *Le Traité du Yoga* d'Eliade d'une figure caricaturale. Son édition de *L'existentialisme est un humanisme* de Sartre, chez Nagel, 1948, s'achève sur une fenêtre découpée qui laisse apparaître la dernière phrase du livre recopiée au crayon: «Je savais ce qu'il allait faire et c'est ce qu'il a fait.»

ΟΔΥΣΣΕΙΑΣ Α.

Θεῶν ἀγορά. Ἀθηνᾶς παραίνεσις πρὸς
Τηλέμαχον.

Ἄνδρα μοι ἔννεπε, μοῦσα, πολύτροπον, ὃς μάλα πολ
πλάγχθη, ἐπεὶ Τροίης ἱερὸν πτολίεθρον ἔπερσεν,
πολλῶν δ' ἀνθρώπων ἴδεν ἄστεα καὶ νόον ἔγνω·
πόλλὰ δ' ὅ γ' ἐν πόντῳ πάθεν ἄλγεα ὃν κατὰ θυμό
ἀρνύμενος ἥν τε ψυχὴν καὶ νόστον ἑταίρων.
ἀλλ' οὐδ' ὣς ἑτάρους ἐρρύσατο ἱέμενός περ·
αὐτῶν γὰρ σφετέρῃσιν ἀτασθαλίῃσιν ὄλοντο,
νήπιοι, οἳ κατὰ βοῦς Ὑπερίονος Ἠελίοιο
ἤσθιον· αὐτὰρ ὁ τοῖσιν ἀφείλετο νόστιμον ἦμαρ.
τῶν ἁμόθεν γε, θεὰ θύγατερ Διός, εἰπὲ καὶ ἡμῖν.
ἔνθ' ἄλλοι μὲν πάντες, ὅσοι φύγον αἰπὺν ὄλεθρο
οἴκοι ἔσαν πόλεμόν τε πεφευγότες ἠδὲ θάλασσαν·
τὸν δ' οἶον νόστου κεχρημένον ἠδὲ γυναικὸς
νύμφη πότνι' ἔρυκε Καλυψὼ δῖα θεάων
ἐν σπέσσι γλαφυροῖσι, λιλαιομένη πόσιν εἶναι.
ἀλλ' ὅτε δὴ ἔτος ἦλθε περιπλομένων ἐνιαυτῶν,
τῷ οἱ ἐπεκλώσαντο θεοὶ οἶκόνδε νέεσθαι
εἰς Ἰθάκην, οὐδ' ἔνθα πεφυγμένος ἦεν ἀέθλων
καὶ μετὰ οἷσι φίλοισι. θεοὶ δ' ἐλέαιρον ἅπαντες

Ill. 4. Homère, *L'Iliade*.

HENRI SÉROUYA

LA

KABBALE

Ouvrage couronné par l'Académie française.

GRASSET

Ill. 5. Sérouya, *La Kabbale*.

Les manuscrits de Pinget s'accompagnent parfois d'un frontispice (collage de *Clope au dossier*, publié dans *Genesis* n° 7, 1995; portrait de Mortin, au dos du manuscrit découpé, sur la couverture du dossier de *L'Hypothèse*). On sait que *L'Apocryphe* partait de la composition d'un mandala et que les pages blanches de *L'Ennemi* comportaient des allégories alchimiques (également reproduites dans le numéro de *Genesis*). Mais l'illustration n'est pas de mise aux éditions de Minuit. Le mariage du texte et de l'image reste imaginaire. Il n'est présent que dans les œuvres de jeunesse et les manuscrits. Pinget a raconté qu'il avait projeté d'illustrer les poèmes de Supervielle qui n'accepta pas; mais lui-même refusa à son tour les illustrations proposées par Jean Lancri pour *Graal flibuste*.

La rencontre avec les peintres n'a donc pas vraiment eu lieu. *Cette chose*, édité par Denise René en 1967, avait été conçu comme un dialogue avec Pajak, artiste suisse dont Pinget a conservé les gravures. Mais la mort du graveur suspendit le projet qui se poursuivit avec Jean Deyrolle, Pinget reprenant presque tels quels le titre, l'avant-propos et les deux premiers textes. On voit bien que l'aventure tourne court et que les partenaires, ou plutôt adversaires comme l'écrit Pinget, se dérobent à la confrontation. Quant à *De rien*, dialogue radiophonique, publié chez Maeght en 1992, les lithographies d'Arroyo sont venues illustrer un texte préétabli. Il n'y a pas eu de collaboration véritable.

Le premier tirage de *L'Inquisitoire* (11 septembre 1962) où Pinget a reporté ses corrections, s'agrémente d'une série de timbres consacrés aux artistes français, édités entre 1961 et 1966 (Braque, Cézanne, La Fresnaye, Chagall, Dufy, La Tour et Daumier), dont certains en double exemplaire, spectaculairement disposés sur les pages de garde, la page de titre, le colophon, ainsi que sur la Nomenclature des noms des personnages. L'ouvrage est paraphé au colophon par l'auteur, comme un livre d'artiste, sans qu'on puisse déceler si l'intention est – ou non – parodique (ill. 6). Il contient également une lettre de Jérôme Lindon, datée du 28 septembre [1962] félicitant Pinget pour l'article du *Monde* (Alain Bosquet, «Une passionnante expérience, *L'Inquisitoire*», *Le Monde*, 29 septembre 1962): «Maintenant, tu as gagné.» On sait que le livre qui partait favori pour le prix Fémina et le prix Médicis devait manquer les deux et obtenir en compensation le Prix des critiques.

Le réseau

Le champ dominant des livres conservés est celui d'une certaine modernité. Robert Pinget a reçu, comme il se doit, la plupart des livres publiés par les nouveaux romanciers et leurs affidés (entre parenthèses,

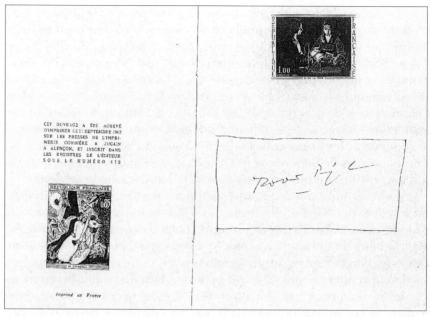

Ill. 6. *L'Inquisitoire*, un livre d'artiste ?

nous donnons le nombre de volumes par auteur) : Butor (sept), Duras (deux), Duvert (six), sans compter la brochure intitulée *La Parole et la Fiction*, sur *Le Libera*, republiée par Minuit, Ollier (douze), Robbe-Grillet (douze), Sarraute (six), Simon (six). La bibliothèque contient une trentaine de Beckett, en plus des éditions anglaises et des pièces radiophoniques traduites par Pinget (*Tous ceux qui tombent, Cendres*). Elle conserve également un important stock des diverses éditions et traductions de l'auteur, notamment une série – marquée CC au dos de la couverture – pour les exemplaires corrigés. Pinget a conservé peu de revues, à part une collection incomplète de *Minuit* (n°s 2-44), et uniquement les numéros où il était publié ou recensé : *Les Lettres modernes, Cahier des saisons, La Revue de Paris, Les Cahiers Renaud-Barrault, Critique, Tel quel, La NRF, L'VII* (Bruxelles), *Ishmaël*, la *Revue d'esthétique* (préface de Beckett), *Genesis*. Quelques numéros anciens réservent une surprise : la publication de poèmes de Pinget datant de ses années de jeunesse : *La Revue romande* (1943), *La Vie intellectuelle* (1947).

Comme tous les intellectuels de cette période, Pinget s'est intéressé aux sciences humaines (linguistique, structuralisme, théorie de la littérature) et a acquis les « incontournables », à l'exception toutefois de Lévi-Strauss qui avait le tort, à ses yeux d'expulser du mythe tout sens propre, comme il le note en marge d'un article du *Cahier de L'Herne* consacré à Eliade (ill. 7). En voici le décompte : Barthes (dix volumes), Bataille (quatre), Blanchot (sept), Deleuze (deux), Derrida (un), Foucault (deux), outre le volume collectif emblématique de cette époque : *Théorie de la littérature*, présenté par Todorov, avec une préface de Jakobson, au Seuil, 1965. Ce conformisme ne signifie pas absence de recul ou de sens critique, bien au contraire. Pinget veut apprendre le vocabulaire à la mode pour pouvoir participer – parfois en dissident – aux débats. Son exemplaire de *Nouveau Roman : hier, aujourd'hui* (colloque de Cerisy-la-salle, 1972), couvert de définitions, est un véritable manuel des concepts de la Nouvelle Critique.

Du côté des auteurs, le choix est plus frustrant : Arrabal, Dubillard (deux), Guyotat, Klossovski (trois), Leiris (cinq), Michaux (six), Perec, Queneau (deux), Schéhadé, Sollers (*Ponge*), Tardieu, Vauthier. En outre, trois des romanciers publiés par Jérôme Lindon après le Nouveau Roman : Chevillard, Echenoz et Toussaint. Les modernes font plutôt pâle figure à côté de la cohorte des écrivains engagés, par exemple : Camus (sept), Malraux (dix), Sartre (huit). Mais on sait que Pinget se débarrassait aussitôt des livres importuns (presque tous les services de presse).

ture des mythes : « Les pages qui précèdent conduisent à une autre conception. La logique de la pensée mythique nous a semblé aussi exigeante que celle sur quoi repose la pensée positive, et, dans le fond, peu différente. Car la différence tient moins à la qualité des opérations intellectuelles qu'à la nature des choses sur lesquelles portent ces opérations. »

Non seulement une telle approche ne se contente pas d'abolir les distinctions traditionnelles du type de celles de Lévy-Bruhl entre la mentalité « prélogique » des primitifs et la pensée « logique » de l'homme civilisé, mais elle ne laisse tout simplement aucune place à quelque forme d'herméneutique que ce soit. Lévi-Strauss, d'une façon très nette, rejette l'idée qu'aucun sens par lui-même. En étendant au domaine de la mythologie le principe saussurien du caractère arbitraire des signes linguistiques, Lévi-Strauss spécifie que c'est bien la combinaison des différentes « unités constituantes » (mythèmes) et non ces unités par elles-mêmes qui produisent du sens. Travailler sur des images, des symboles ou des motifs mythologiques pour en découvrir le sens, c'est être victime d'une grave erreur de conception. La théorie jungienne de l'archétype est un exemple de ce type d'erreur : « Selon Jung, des significations précises seraient liées à certains thèmes mythologiques, qu'il appelle des archétypes. C'est raisonner à la façon des philosophes du langage, qui ont été longtemps convaincus que les divers sons possédaient une affinité naturelle avec tel ou tel sens... » Il est bien évident que les concepts de « sacré » et « profane » ne sauraient avoir de place dans un tel système.

Pour qui voudrait considérer avec un certain recul les personnalités d'Éliade et de Lévi-Strauss, il serait tentant de distinguer deux manières opposées d'envisager le monde. Ce qui me frappe chez Éliade c'est qu'il est un penseur pour qui la diversité est si précieuse en elle-même que toute tentative pour la réduire — pour un propos théorique, pratique ou pour tous les deux — ne peut

318

être qu'illégitime. Sa conception de l'intégration implique une conscience esthétique de la multiplicité. L'intérêt qu'il porte à la religion primitive et la méthode qu'il utilise dans ce domaine sont extrêmement caractéristiques : à la différence de la plupart des anthropologues modernes des religions, il ne se sert pas du mythe pour démontrer une thèse ou une autre ; ce qu'il tente de faire c'est d'arriver au sens perdu ou « non reconnaissable » du mythe comme à l'une des manifestations du sacré. Le penseur s'engage dans une quête ardue dont le but final est la reconnaissance et la restitution. Cela implique, d'une façon consciente ou non, que l'on fasse confiance à la diversité des moyens tant rationnels qu'intuitifs qui permettent d'atteindre le savoir qui enrichit vraiment. Les expressions comme « instrument de connaissance » ou « moyen de connaissance » reviennent avec une fréquence remarquable dans les travaux d'Éliade. Je ne pense pas qu'Éliade soit, comme certains l'ont dit, une sorte d'irrationaliste néo-romantique. Il n'a jamais nié la valeur de la connaissance scientifique, encore qu'il soit un adversaire convaincu du « mythe scientifique », de cette foi, parfaitement irrationnelle, dans l'aptitude de la science à résoudre n'importe quel problème, de même qu'il conteste à l'esprit scientifique tout monopole attitré dans ces domaines du savoir.

Éliade semble suggérer que c'est justement le « mythe scientifique », mythe moderne, qui est responsable de ce qu'un grand nombre d'autres « reconnaissables » par l'homme. Ici, Éliade se montre parfaitement cohérent avec cette conviction profondément enracinée qui est la sienne et selon laquelle la réalité est irréductiblement constituée de plusieurs visages. Son intolérance ne se manifeste que lorsque Éliade se trouve lui-même confronté à l'intolérance de certains dogmes intellectuels sectaires.

La pensée d'Éliade est remplie d'admiration pour la diversité de l'homme dans la nature et dans l'esprit ; bien plus, elle développe aussi un sens de l'émulation pour toutes les formes de créativité possibles, ce

319

Ill. 7. Sur Lévi-Strauss, Cahiers de l'Herne, *Mircea Eliade*.

Dédicaces

Les envois permettent d'entrevoir, au-delà du réseau qui est d'ordre stratégique, le cercle des amitiés et des échanges réciproques. Il y a douze dédicaces de Beckett, toujours très sobres et dont Pinget imitera la discrétion, huit d'Ollier, sept de Robbe-Grillet (ill. 8), cinq de Simon, à partir de 1967 (*Histoire*), trois de Ricardou, dont une non datée pour son roman, *La Prise de Constantinople*, à charge de revanche « pour le remercier de ses livres ». Une de Martin Vaugh-James (*The Cage*) qui illustra *Autour de Mortin* dans *bas de casse*, n° 2. Aucune de Butor, ni de Sarraute. En revanche, une dédicace fort émouvante de Blanchot, sur une carte soigneusement recollée dans l'exemplaire de *L'Entretien infini*, « en proche rapport de pensée ». Fidèles en amitié, Jean Roudaut lui envoyait tous ses livres, ainsi que ses éditions (par exemple *Ostinato* de Louis-René Des Forêts), Perros aussi qui dédicaçait rarement (une exception pour *Papiers collés II*, 1973, qui contient un chapitre sur *Quelqu'un*). La signature la plus prestigieuse, sans doute, est celle d'Albert Camus pour *La Chute* (1956). Camus fut son éditeur pour *Le Renard et la Boussole* qui parut d'abord aux éditions Gallimard en 1953 et Pinget a conservé de lui deux ou trois lettres.

Au registre des curiosités, il faut mentionner ici deux dédicaces énigmatiques d'un certain Louis Palomb, d'une écriture enfantine, sur

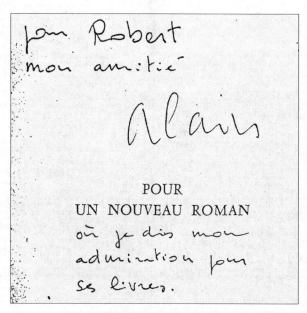

Ill. 8. Alain-Robbe-Grillet, dédicace.

les pages de titre de *Correspondance* et de *Réflexions,* parus aux éditions de Minuit en 1968 et qui sont manifestement des pastiches de premiers romans de Pinget (Pas long(s) !) que l'on peut attribuer selon toute vraisemblance à son éditeur (ill. 9 et 10). Jérôme Lindon lui a dédicacé son ouvrage *Jonas,* traduction d'un livre de l'Ancien Testament, avec cette indication : « pour Robert à qui *Jonas* est familier et l'humour bien plus encore ». Nous avons retrouvé le manuscrit d'un *Jonas,* roman inédit de Pinget, sans rapport avec le livre de Jérôme Lindon.

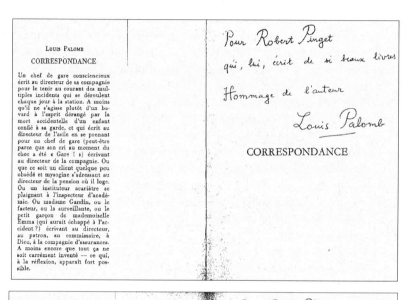

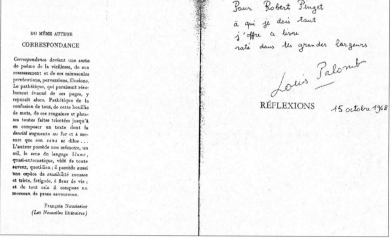

Ill. 9 et 10. Dédicaces de Louis Palomb.

Pinget lecteur

Avant d'aborder ce thème évoqué dans *Théo ou le temps neuf* et qui est sans doute l'aboutissement de la quête : « La grande lecture est floue, incertaine, anonyme. Fait bloc dans l'esprit du vieillard qui n'en identifie plus les auteurs » (p. 15), il faut nous attacher à une série de livres bien particuliers qui figurent au cœur de la bibliothèque. Ils n'occupent pas un espace considérable et rien ne les désigne à la curiosité de l'extérieur. C'est en les feuilletant que l'on comprend la fascination durable qu'ils ont exercée et le travail qu'ils ont réclamé de l'écrivain qui fait ici fonction de scribe : celui qui recopie les textes, s'en pénètre et les transmet. Nous voulons parler en premier lieu des ouvrages consacrés à l'ésotérisme et en particulier à l'alchimie.

Parmi ceux-ci, douze volumes d'Eliade, dont *Forgerons et alchimistes* et *Le Mythe de l'alchimie*, sans oublier le *Cahier de l'Herne* qui lui est consacré, soigneusement dépouillé et sept volumes de Jung, dont *Psychologie et alchimie* qui est le guide des amateurs avec ses nombreuses illustrations, et *Mysterium conjunctionis* en deux volumes auxquels il faut ajouter l'édition de *Aurora consurgens*, un texte latin du XIIe siècle, traduit et commenté par Marie-Louise von Frantz. Outre ces deux séries d'ouvrages, un grand traité en allemand, richement illustré, *Alchimie : ideologie, technologie*, par Ernst Ploer et *alii*, publié à Munich en 1975. Et deux ou trois curiosités fort répandues que Pinget ne semble pas avoir fréquentées outre mesure comme *L'Alchimie expliquée*, de Canseliet et le *Traité élémentaire des sciences occultes* de Papus.

L'écrivain n'a pas manqué de s'emparer du caractère pittoresque et péjoratif de l'alchimie pour en faire la satire dans *Paralchimie* (1973). Par ailleurs, il revendique pour un de ses ancêtres forgeron le statut d'alchimiste. Mais surtout, il n'a de cesse d'opposer à l'alchimie matérielle qui s'acharne à découvrir des recettes magiques, comme le Faust du mythe primitif auquel il est fait allusion dans sa pièce (acte I, scène VII) – où Pinget substitue malicieusement au nom du magicien Doktor Johan Faust un improbable Doktor Johann Jemand (*Quelqu'un*) – l'alchimie spirituelle de Jung qu'il semble avoir pratiquée pour son compte. C'est-à-dire la recherche de « l'individuation » (l'intégrité du sujet) à travers un voyage dans l'univers des formes, symbolisées par le mandala qui relève de l'imaginaire universel. Théâtre et romans (*L'Hypothèse, L'Apocryphe*) mettent en scène cette quête de soi la plupart du temps vouée à la catastrophe ou à l'échec.

Par Eliade, Pinget connaît la tradition ésotérique orientale. Il s'intéresse à la mythologie gréco-romaine (le mythe de Narcisse, exploité dans *Fable*), il a lu *Les Jardins d'Adonis*, la *Mythologie des aromates* de Marcel

Détienne. Il a gardé quelques livres sur Lao Tseu, le bouddhisme, les derviches (2 volumes), ainsi que la nouvelle traduction du *Voyageur chérubinique* d'Angelus Silesius, un moine franciscain du XVIIᵉ siècle. Il se passionne aussi pour les mystiques, comme le narrateur de *Quelqu'un* : saint François d'Assise, saint Jean de la Croix, sainte Thérèse de l'enfant-Jésus dont il a les œuvres complètes au Seuil. Dans *Paralchimie* sont retranscrites deux strophes du fameux Cantique de saint Jean de la Croix : « *En una noche oscura* », ânonnées par Lucile.

Un second groupe de livres concerne la religion, l'histoire de l'Église et la théologie : les livres canoniques d'abord : plusieurs éditions de la Bible (Crampon, Bible de Jérusalem), quelques missels romains où il puise l'essentiel de ses références latines, mais aussi *Prières du temps présent, Nouveau livre de Prières* qui date de la réforme liturgique, quelques ouvrages de littérature consacrés à la religion : *La Vie de Rancé* de Chateaubriand, *La Vie de Jésus* de Renan, *L'Introduction à l'Apocalypse* de Claudel, *Le Livre des commencements* d'Edmont Flegg. Mais on découvre aussi deux étranges volumes d'homélies d'un prêtre plus ou moins hérétique, Evely Louis, intitulés *Souffrances* et *Une religion pour notre temps*, publiés à Bruxelles (sans date), qui lui viennent de sa famille et qui sont censurés de grands traits de plume.

L'histoire de l'Église est fort bien représentée. Outre les livres d'Eliade consacrés à *L'Histoire des croyances et religions* et le *Traité des religions*, on trouve des œuvres d'Etienne Gilson (trois volumes) et de Jean Guitton (*Dieu et la science, vers le métaréalisme*). Toutefois, ce sont les théologiens contemporains qui ont influencé Pinget : Teilhard de Chardin (cinq volumes) et surtout François Varillon (sept volumes) avec lequel il a eu une correspondance, en particulier deux exemplaires très annotés : *Joie de croire, joie de vivre* et *L'Humilité de Dieu*.

La grande lecture

Ce que Pinget nomme ainsi relève d'un tout autre registre : au fil des œuvres, la part des citations s'est accrue : Prière de l'Absoute dans *Le Libera*, Salve Regina et Litanies de la Vierge dans *Fable* qui est un livre blasphématoire dont il n'autorise la réédition qu'au prix d'un avertissement (ill. 11), latin d'église et de cuisine dans *Paralchimie* déjà évoqué, tressage des Psaumes et des Evangiles avec les vers des *Bucoliques* dans *L'Apocryphe* qui est tributaire d'une tradition faisant du berger le Bon Pasteur et de la quatrième églogue de Virgile, sous la fiction historique (« *Tu Marcellus eris...* »), l'annonce de l'arrivée du Messie. C'est comme

Ill. 11. *Fable*, Avertissement manuscrit (pour la réédition de 1995).

si, sur le tard, Pinget avait décidé d'avouer ses sources et la teneur du
message de son œuvre qui est tout sauf formaliste : « Nuits d'insomnie à
ressasser les vers célèbres entremêlés de citations liturgiques, de
hantises et de terreur » (*L'Apocryphe*, p. 69)

Pinget a d'ailleurs dû se livrer à un véritable travail de décryptage
pour éclairer ses traductrices, Gerda Schäffel et Barbara Wright. Mais il
a, fort heureusement pour le lecteur profane, bénéficié de remarquables
exégètes en la personne de Stephen Bann et de Jean Roudaut qui ont su,
de façon complémentaire, interpréter ses textes et situer les citations.

Comme la Bible et Virgile, *Les Confessions* de saint Augustin font
partie de la grande Lecture inspiratrice. Pinget y découvre, comme en
un miroir, la description de ses propres faiblesses :

> *aegritudo animi est.*
> Une maladie de l'âme.
> *ego eram qui volebam qui nolebam*
> Savoir où placer cette référence (*Théo*, p. 33).

L'âme qui commande au corps est capable de se diviser et de se
rebeller contre elle-même (ill. 12 et 13). La traduction de la seconde

partie de la phrase latine est donnée plus loin et scandera le livre comme un leitmotiv : « Ce moi qui voulais, ce moi qui refusais » (p. 35, 45, 53 et 64). Incertitude et contradictions rythment son existence. Mais c'est une maladie de l'âme. Elle n'est pas incurable.

Lisant le chapitre sur « L'ami perdu » (*Confessions*, IV, 4-12), l'auteur prend conscience de mettre en péril par sa propre négligence la vie d'autrui. C'est toujours l'enfant Théo qui est chargé de lire à haute voix les mémoires du vieillard et qui s'étonne :

> *Si non amaverit…*
> Responsable.
> […] » En perdant la vie font mourir les vivants je sais pas ce que ça veut dire.
> (*Théo*, p. 51-52, reprise p. 69)

Le passage cité et sa traduction valent le détour : il faut rétablir le début de la phrase qui sinon, comme l'avait noté Jean Roudaut, « est amputée de l'essentiel », ainsi que les soulignements de Pinget :

> Hoc est quod diligitur in amicis et sic diligitur ut rea sibi humana conscientia, *si non amaverit redamantem aut si amantem non redamaverit,* nihil quaerens *ex ejus corpore* praeter indicia benivolentiae. Hinc ille luctus si quis moriatur et tenebrae dolorum et versa dulcedine in amaritudinem cor madidum et *ex amissa vita morientum mors viventium.* (*Confessions*, IV, 9, p. 134-135).

Soit dans la traduction de l'édition par J. Trabucco (toujours avec les soulignements de Pinget) :

> Voilà ce qu'on aime dans les amis et on l'aime à ce point que la conscience des hommes se croit coupable *lorsqu'on n'aime pas qui vous aime et qu'on ne rend pas amour pour amour,* sans rien demander à (correction et ajout : « *au corps de* ») l'ami que les marques de sa tendresse. De là ce deuil si un ami vient à mourir, ces ténèbres de douleurs, cette douceur qui se change en amertume, ce cœur noyé de larmes, *et la perte de la vie de ceux qui meurent devenue la mort des vivants.*

On notera l'élégance formulaire de la dernière phrase dans la traduction de Pinget, telle quelle sur l'exemplaire. « En perdant la vie font mourir le vivant » (ill. 14).

En outre deux notes marginales : « responsable » pour *rea*, et le rétablissement d'un fragment omis : *ex ejus corpore*, sans doute passé volontairement sous silence dans la version universitaire. Le sentier

346   CONFESSIONUM LIBER OCTAVUS

Potui autem velle et non facere, si mobilitas membrorum non obsequeretur. Tam multa ergo feci, ubi non hoc erat velle quod posse : et non faciebam, quod et incomparabili affectu amplius mihi placebat et mox, ut vellem, possem, quia mox, ut vellem, utique vellem. Ibi enim facultas ea, quæ voluntas, et ipsum velle jam facere erat; et tamen non fiebat, faciliusque obtemperabat corpus tenuissimæ voluntati animæ, ut ad nutum membra moverentur, quam ipsa sibi anima ad voluntatem suam magnam in sola voluntate perficiendam.

CAPUT IX

Unde hoc monstrum? Et quare istuc? Luceat misericordia tua, et interrogem, si forte mihi responderi possint latebræ pœnarum hominum et tenebrosissimæ contritiones filiorum Adam. Unde hoc monstrum? Et quare istuc? Imperat animus corpori, et paretur statim : imperat animus sibi, et resistitur. Imperat animus, ut moveatur manus, et tanta est facilitas, ut vix a servitio discernatur imperium : et animus animus est, manus autem corpus est. Imperat animus, ut velit animus, nec alter est nec facit tamen. Unde hoc monstrum? Et quare istuc? Imperat, inquam, ut velit, qui non imperaret, nisi vellet, et non fit quod imperat.

Sed non ex toto vult : non ergo ex toto imperat. Nam in tantum imperat, in quantum vult, et in tantum non fit quod imperat, in quantum non vult, quoniam voluntas

---

LES ...

mes membres ...
des choses où le ...
voir. Et je ne faisais pas ce que je désirais avec une ardeur incomparablement plus grande, et que j'aurais pu faire dès que je l'aurais voulu, car pour le vouloir effectivement il n'était que de le vouloir pleinement. Car ici pouvoir et volonté ne faisaient qu'un : vouloir, c'était agir déjà. Et pourtant rien ne se faisait, et mon corps obéissait plus facilement à la plus légère volonté de mon âme, en mouvant ses membres au commandement, que mon âme ne s'obéissait à elle-même pour accomplir sa grande volonté dans la seule volonté.

CHAPITRE IX
LA VOLONTÉ EN LUTTE AVEC ELLE-MÊME.

D'où vient ce prodige? Quelle en est la cause? Que luise à mes yeux votre miséricorde, que j'interroge, s'ils peuvent me répondre, les obscurs châtiments infligés aux hommes et les ténébreuses misères des fils d'Adam. Oui, d'où vient ce prodige? Quelle en est la cause? L'âme donne des ordres au corps, et elle est obéie sur-le-champ. L'âme se donne à elle-même des ordres, et elle se heurte à des résistances. L'âme donne l'ordre à la main de se mouvoir, et c'est une opération si facile qu'à peine distingue-t-on l'ordre de son exécution. Et cependant l'âme est âme et la main est corps. L'âme donne à l'âme l'ordre de vouloir; l'une ne se distingue point de l'autre, et pourtant elle n'agit pas. D'où vient ce prodige? quelle en est la cause? Elle lui donne l'ordre, dis-je, de vouloir; elle ne le donnerait pas si elle ne voulait pas, et ce qu'elle ordonne ne se fait pas.

C'est qu'elle ne veut pas d'un vouloir total, et ainsi elle ne commande pas totalement. Elle ne commande que pour autant qu'elle veut, et pour autant qu'elle ne veut pas, ses ordres ne reçoivent point l'exécution, car c'est

---

348   CONFESSIONUM LIBER OCTAVUS

imperat, ut sit voluntas, nec alia, sed ipsa. Non itaque plena imperat; ideo non est, quod imperat. Nam si plena esset, nec imperaret, ut esset, quia jam esset. Non igitur monstrum partim velle, partim nolle, sed ægritudo animi est, quia non totus assurgit veritate sublevatus, consuetudine prægravatus. Et ideo sunt duæ voluntates, quia una earum tota est et hoc adest alteri, quod deest alteri.

CAPUT X

Pereant a facie tua [a], deus, sicuti pereunt vaniloqui et mentis seductores [b], qui cum duas voluntates in deliberando animadverterint, duas naturas duarum mentium esse asseverant, unam bonam, alteram malam. Ipsi vere mali sunt, cum ista mala sentiunt et idem ipsi boni erunt, si vera senserint verisque consenserint, ut dicat eis apostolus tuus : fuistis aliquando tenebræ, nunc autem lux in domino [c]. Illi enim dum volunt esse lux non in domino, sed in se ipsis, putando animæ naturam hoc esse, quod deus est, ita facti sunt densiores tenebræ, quoniam longius a te recesserunt horrenda arrogantia, a te, vero lumine illuminante omnem hominem venientem in hunc mundum [d]. Attendite, quid dicatis, et erubescite et accedite ad eum et illuminamini, et vultus vestri non erubescent [e].

Ego cum deliberabam, ut jam servirem domino deo meo [f], sicut diu disposueram, ego eram, qui volebam, ego, qui nolebam; ego ego eram. Nec plene volebam nec plene nolebam. Ideo mecum contendebam et dissipabar

[a] Ps. LXVII, 3. || b) Tit. 1, 10. || c) Eph. v, 8. || d) Joan, 1, 9. || e) Ps. XXXIII, 6. || f) Jerem. XXX, 9.

---

la volonté qui donne l'ordre d'être à une volonté qui n'est rien d'autre qu'elle-même. C'est pourquoi elle ne commande pas pleinement, et là vient que ses ordres sont sans effet. Car si elle était dans sa plénitude, elle ne se commanderait pas d'être, elle serait déjà. Ce n'est donc pas un prodige de vouloir partiellement et partiellement de ne pas vouloir : c'est une maladie de l'âme. Celle-ci soulevée par la vérité, mais entraînée par le poids de l'habitude, ne peut se mettre tout à fait debout. Il y a donc deux volontés, toutes deux incomplètes et ce que l'une possède fait défaut à l'autre.

CHAPITRE X
CONTRE LES MANICHÉENS.

Qu'ils disparaissent de votre face, mon Dieu, comme les vains bavards et les séducteurs de l'esprit, ceux qui, de cette observation que la volonté est double quand elle délibère, concluent que nous avons deux âmes de natures différentes, l'une bonne, l'autre mauvaise. Ce sont eux, vraiment, qui sont mauvais en pensant si mal, et ils ne seront bons que s'ils adhèrent à la vérité, d'accord avec les hommes qui ont la vérité. Et ainsi l'Apôtre pourra dire d'eux : « Vous avez été autrefois ténèbres, maintenant vous êtes lumière dans le Seigneur. » Mais ces hommes, voulant être lumière non dans le Seigneur, se confond avec celle de Dieu; et ainsi ils se sont enténébrés davantage, puisque dans leur affreuse arrogance, ils se sont encore éloignés de vous, de vous la vraie lumière qui illumine « tout homme venant en ce monde ». Prenez garde à vos paroles, rougissez, « approchez-vous de lui, vous serez éclairés et vos visages ne rougiront plus ».

Et moi, lorsque je délibérais pour servir le Seigneur mon Dieu, comme je me l'étais proposé depuis longtemps, j'étais ce moi qui voulais, et ce moi qui ne voulais pas; j'étais l'un et l'autre moi. Ni je ne voulais pleinement, ni je ne refusais pleinement ma volonté. C'est pourquoi je

Ill. 12 et 13. *Confessions* annotées.

ex ejus corpore

134 CONFESSIONUM LIBER QUARTUS

Maxime quippe me reparabant atque recreabant aliorum amicorum solacia, cum quibus amabam quod pro te amabam, et hoc erat ingens fabula et longum mendacium, cujus adulteriaa confricatione ,corrumpebatur mens nostra pruriens in auribus a. Sed illa mihi fabula non moriebatur, si quis amicorum meorum moreretur. Alia erant, quæ in eis amplius capiebant animum, colloqui et corridere et vicissim benivole obsequi, simul legere libros dulciloquos, simul nugari et simul honestari, dissentire interdum sine odio tamquam ipse homo secum atque ipsa rarissima dissensione condire consensiones plurimas, docere aliquid invicem aut discere ab invicem, desiderare absentes cum molestia, suscipere venientes cum lætitia : his atque hujus modi signis a corde amantium et redamantium procedentibus per os, per linguam, per oculos et mille motus gratissimos quasi fomitibus conflare animos et ex pluribus unum facere.

CAPUT IX

Hoc est, quod diligitur in amicis et sic diligitur, ut rea sibi sit humana conscientia, si non amaverit redamantem aut si amantem non redamaverit, nihil quærens ex ejus corpore præter indicia benivolentiæ. Hinc ille luctus, si quis moriatur, et tenebræ dolorum et versa dulcedine in amaritudinem cor madidum et ex amissa vita morientium mors viventium.
Beatus qui amat te b et amicum in te et inimicum propter te. Solus enim nullum carum amittit, cui omnes

a) II Tim. IV, 3 ‖ b) Tob. XIII, 18.

QUATRIÈME 135

...e ranimait, c'étaient qui j'aimais ce que ire la fable énorme, nt impur corrompait tout entendre. Même de-là ne mourait pas es agréments qui me r : c'était de causer complaisances d'une commun des livres égards réciproques; ne, comme on en a imes qui sont le sel ... une entente habituelle; c'était d'instruire et d'être instruit tour à tour; le regret impatient des absents, l'accueil joyeux fait à ceux qui arrivent. Ces témoignages et d'autres de même sorte, qui s'échappent des cœurs aimants et aimés, par le visage, la langue, les yeux, par mille gestes gracieux sont comme un foyer où les âmes se fondent et de plusieurs n'en font qu'une seule.

CHAPITRE IX
L'AMITIÉ ET DIEU.

Voilà ce qu'on aime dans les amis, et on l'aime à ce point que la conscience des hommes se croit coupable lorsqu'on n'aime pas qui vous aime et qu'on ne rend pas amour pour amour, sans rien demander à l'ami que les marques de sa tendresse. De là ce deuil si un ami vient à mourir, ces ténèbres de douleurs, cette douceur qui se change en amertume, ce cœur noyé de larmes, et la perte de la vie de ceux qui meurent devenue la mort des vivants.
Heureux celui qui vous aime, et son ami en vous et son ennemi à cause de vous! Seul, il ne perd aucun être cher, l'homme à qui tous sont chers en Celui qu'on

en perdant la vie font mourir les vivants

Ill. 14. *Confessions* annotées.

lumineux de l'amitié, pour saint Augustin, c'est justement cet amour d'âme à âme qui fait fi de la concupiscence (*Confessions*, II, 2). Alors que les passions éphémères sont innombrables : « Plus aisé de compter ses cheveux que les mouvements de son cœur » (*Théo*, p.49, 63, 66), qui reprend un passage de saint Augustin citant l'Évangile (*Matthieu*, X, 30) : « *et tamen capilli ejus magis numerabiles quam affectus ejus et motus cordis ejus* » (*Confessions*, IV, 14, p. 148).

Dans *Monsieur Songe*, Pinget s'accusait déjà, par la voix de Sosie, de cette indifférence mortelle : « Amour des phrases, désamour des gens » (« *Le Mois d'août* », p.33). C'était peut-être aussi un souvenir de saint Augustin : « le goût frivole de l'éloquence », qu'il oppose à l'amour des mots, porteurs de vérité :

Qu'est-ce que ça veut dire ?
À peu près que les mots que l 'on aime nous font comprendre certaines choses » (*Théo*, p. 84).
veniebant in animum meum, simul cum verbis quae diligebam, res etiam quae neglegebam (*Confessions*, p. 200).

C'est surtout la fièvre de saint Augustin, son impatience à réclamer une conversion immédiate qui apostrophent Pinget :

> *modo ecce modo sine paululum* (*Confessions*, VIII, 5, p. 332-333 de l'édition). Texte repris et modulé dans *Théo* :
> *Modo ecce modo sine paululum sine paululum*, pas tout de suite, encore un instant, un moment, quelques jours, quelques mois encore, quelques années, histoire de se refaire et de se laisser conduire vers le berceau, y retrouver le sourire et tout revivre (p. 29-30).

Le vieillard tergiverse encore une fois, mais ce n'est pas devant la mort, c'est devant le salut.

Et pourtant, c'est bien le goût de l'éternité, du temps *neuf* qu'il rencontre dans saint Augustin. En face d'une phrase des *Confessions*, cette fois soulignée *dans la traduction*, Pinget note : « éternel aujourd'hui de Dieu » :

> Toutes vos œuvres d'hier, de demain et de l'avenir, vous les ferez aujourd'hui et toutes vos œuvres d'hier et du passé, vous les avez faites aujourd'hui (*Confessions*, I, 6, p. 15).

L'écriture vive

Espace de réflexion, la bibliothèque est aussi espace de l'invention. Le livre sert parfois matériellement de support à l'écriture. Sur les pages de garde de plusieurs ouvrages, nous avons eu la bonne fortune de trouver des ébauches de l'œuvre de Pinget. Par exemple, dans un livre d'Etienne Gilson, *Les Métamorphoses de la cité de Dieu*, Vrin, 1952, des fragments des *Carnets* que nous retranscrivons avec les corrections manuscrites :

> Je ne suis plus jamais joyeux dit Mr Songe. Est-ce que le rire était un privilège de ma jeunesse ? (Je ne l'ai pas assez apprécié goûté).
> Mais le bonheur ne fait pas rire. Il pacifie.
> (Ne suis) On est heureux (que) dans la mesure où (j'ai) l'on fait (m)son devoir.
> Y-a-t-il des vieillards joyeux ? Gais peut-être. Que de précisions nécessaires dans ce domaine. Et qu'est-ce-que la joie ? Autre ordre ?
>
> J'inaugure (commence) dit Mr Songe la dernière période (étape) de mon existence. Renoncé aux séductions de la fable (ou accepté de n'en être pas l'objet).

Les deux premiers paragraphes se résument en trois lignes de *Du Nerf* (§ 18) : « Le bonheur régit l'imparfait. Et aussi. S'interroger sur la nature du bonheur ferait plutôt penser que sourire ». La dernière phrase est reprise dans *Charrue* (p. 34) : « Entamé la dernière étape de son parcours. Accepté de n'être plus l'objet des séductions de la fable. Qu'est-ce qui lui reste à tenter ? Ne lui dites pas que le réel séduise. »

Ou encore, dans *Le Mythe de l'Alchimie* d'Eliade, ce mélange improvisé de réflexions et de notations poétiques :

Revoir les collines grises.
La mer hideuse et grandiose.
Et puis l'oubli
(Dormir)
○
Ne plus se complaire dans les confusions et contradictions volontaires
Que *le paradoxe* soit ton bien le plus précieux
profonde sagesse intériorité
Opinion contraire à l'opinion commune (Jung)
hermétisme
ésotérisme
Que le paradoxe soit ton bien le plus authentique.

Et je n'oublie pas

Difficile de penser qu'il n'y ait aucun relation entre le texte support et le texte inventé qui sera retravaillé pour entrer dans l'œuvre.

La bibliothèque sert également à Pinget de secrétaire. Il y glisse des lettres ou le manuscrit des articles envoyés à la presse, comme celui sur le *Baptême du Christ*, destiné au *Nouvel Observateur* (« Le Greco de bas en haut », 8-14 novembre 1985). C'est là aussi qu'il règle ses comptes avec des écrivains adulés, comme Barthes, Blanchot ou Butor, dans des textes non destinés à la publication. Il peut aussi s'en prendre à des valeurs consacrées, comme Valéry :

J'admire son intelligence. Mais son extrême préciosité m'ennuie.
Grand poète ? Verlaine le dépasse de 1000 coudées. Et quand il se veut précieux, Verlaine (*Fêtes galantes*) est adorable, alors que Valéry ne l'est jamais.

À propos d'un de ses critiques dont il juge la langue trop abstraite, théorique, apprise, « c'est-à-dire bourrée de références et tout compte fait exsangue », il déclare :

Il se trahit continuellement en voulant à tout prix faire état de son érudition, de sa science, méprisant ce qu'il y a en lui d'original ou d'originel, d'instinctif, ou tout au moins en s'obligeant à le traduire noblement, ce qui revient à le détruire.

Il oublie que s'adonner à la littérature, ou disons à la poésie, c'est avant tout faire état de son ignorance et même de sa bêtise.

(voir Perros à ce propos et Proust.)

Dans cet aveu, ou disons mouvement préalable d'humilité, réside le ressort de l'art.

Pour Pinget, ce n'est pas par l'intelligence, mais par la sensation qu'on parvient à la création :

> Admettant que l'œuvre d'art ne puisse être obtenue que par une participation complète de l'homme artiste, son inconscient doit y jouer le plus grand rôle. Or c'est le travail d'après nature qui nous permet d'aiguiser le plus sûrement nos sensations. Ces sensations ou <u>chocs</u> sont donc bien les intermédiaires entre la nature et notre inconscient lequel excité par des sensations que l'on veut de plus en plus aiguës, décuple notre pouvoir d'agir et donne à notre œuvre <u>le ton du drame</u> (feuillet rattaché à *L'Homme à la découverte de son âme* de Jung, p.26-27).

Parfois, il entre en dialogue avec l'auteur. Dans *Les Mots et les Choses* de Michel Foucault (1966), Pinget a visiblement été stimulé par l'analyse des « Suivantes » de Vélasquez sur lequel s'ouvre le livre et il tente à son tour de mettre en scène la composition picturale (feuillet rattaché de cinq pages). Là où Foucault parle « de pure réciprocité du regard » et fait l'éloge du vide, d'un « rapport nécessairement interrompu » entre le modèle, le peintre et le spectateur, Pinget essaie de restituer la place centrale au visiteur – que Pinget nomme l'intrus comme dans ses romans – c'est-à-dire au spectateur ou au lecteur virtuel de l'œuvre, inscrit dans la toile ou la fiction et quasi indispensable à l'éclosion d'un sens :

> Dans le tableau de Vélasquez, la représentation est poussée jusqu'à ses dernières limites de signification (objective, rationnelle). La peinture proprement dite (en ses formes et ses couleurs) est dépassée par l'intention de délivrer un message intellectuel moral. Philosophique.
> Outre notre admiration, il requiert impérativement notre raisonnement. Il y a là quelque chose à décrypter (comme c'était le cas dans les œuvres de Léonard) et qui n'a rien à voir avec la peinture (page de garde 3).

Ou bien, lisant *Mal vu, mal dit* de Beckett, il constate que l'initiateur du nouveau roman reste globalement fidèle à la doctrine, du moins à ce qu'en retient Pinget :

> C'est la description minutieuse d'une scène imaginaire (peut-être nourrie de réminiscences) qui alterne avec le commentaire du narrateur sur le travail qu'il est en train de faire. Il s'exhorte à continuer ou juge continuellement les expressions qu'il emploie. <u>Donc travail d'observation</u> (par les yeux du dedans auxquels échappe continuellement la vision fugitive) et <u>travail critique.</u>
> Cela reste donc du « nouveau roman.

Le plus souvent, dans les textes critiques ou théoriques, Pinget relève un florilège de citations qu'il reprend éventuellement à son compte pour exprimer, quand il le doit, un jugement sur la littérature. Mais la seule chose qui l'intéresse vraiment ou qui le concerne, c'est ce qui lui dévoile sa singularité, sa nature « d'artiste » ou son « tempérament », comme disait le narrateur de *Quelqu'un.*

Dans les *Fragments d'un journal* d'Eliade, Gallimard (1973), il relève par exemple l'anecdote du chat malade dont les miaulements exaspèrent le dormeur jusqu'à ce qu'il y voie un signe :

> l'accomplissement de soi ne s'obtient qu'en résistant aux impulsions spontanées de la vie, sang, nerfs, orgueil et par un comportement exactement opposé aux exigences de la vie.

Pinget retranscrit en bas de page :

> « impulsions spontanées de la vie :
>   sang, nerfs, orgueil »

et commente : « admirable » (p. 255 de l'édition), ravi par cette parenté d'humeur et l'énergie de la formule.

Dans un feuillet, en face d'une réflexion de Jung sur l'évolution du savoir, conditionné, dans la méthode scholastique, par l'enchaînement rigoureux des concepts qui développent l'esprit scientifique et la technique d'aujourd'hui, au prix d'un renoncement à l'imaginaire, il note :

> Ma pensée n'est pas du type
> 1. pensée dirigée, mais du type
> 2. imaginatif. Donc archaïque.

(rien à voir avec un accroissement (1) ou une diminution (2) de l'intelligence)

voir p. 69 *Métamorphoses de l'âme et de ses symboles.*

Le projet spirituel de l'écrivain a été en effet un effort de construction et de maîtrise du Moi, sur le modèle de l'Archétype jungien, de nature androgyne. L'alchimie réclame d'ailleurs de l'adepte « la piété, qui est la connaissance de soi-même » et une connaissance parfaite de l'âme « pour comprendre les différents noms donnés par les philosophes à la substance mystérieuse (la *materia prima*) » (notes sur les pages de garde de *Mysterium conjunctionis*). Le mystère de la conjonction des contraires est au croisement de deux disciplines (l'alchimie spirituelle et la psychologie des profondeurs). Pinget résume fidèlement la gnose jungienne. Nous avons donc bien affaire ici à un livre-manuel : « C'est la réconciliation des opposés dans l'homme ordinaire qui entraîne son ennoblissement en faisant éclore en lui la figure archétypique de l'Anthropos, homme primordial, Adam Kadmon, le dieu terrestre auquel la psychologie moderne donne le nom de Soi. »

Pinget s'est longtemps accommodé de la synthèse spirituelle ou de la coïncidence des contraires qui favorisait son mode d'écriture sans contrainte, laissant à l'inconscient libre cours. Mais ce n'est pas son dernier mot. Sa lecture d'*Igitur* de Mallarmé, certainement plus ancienne (l'édition grand format de Gallimard date de 1952), ouvre d'autres perspectives plus révélatrices :

(Fragment 6) : C'est en vue de cette conquête de soi que l'artiste doit tendre désespérément à la maîtrise de ses moyens.
Ce serait alors l'impossibilité acceptée de les maîtriser entièrement qui aboutirait au silence, c'est-à-dire à la reconnaissance d'autre chose en soi que la possibilité de se dire. Soit l'infini ou l'absolu.

(Fragment 8) : Il serait captivant d'entrevoir ce que signifie pour Mallarmé la recherche de l'absolu, par comparaison avec le sens que lui donne un mystique, sans passer par le discours officiel chrétien.
(ou ce que signifie pour Proust la volonté d'achever son œuvre en dépit de son athéisme).
Le rapport donc qu'il y aurait entre la volonté de survivre en tant qu'auteur dans la mémoire des hommes et celui de survivre en tant que personne dans l'au-delà.
La foi ne serait, comme pour Valéry la philosophie, qu'une question de mots.

Ainsi le silence ou l'effarement de Mortin ou de Monsieur Songe, au terme de leur parcours théâtral ou romanesque, ne témoignent-ils pas seulement de l'échec de la parole mais de son dépassement, d'un accès possible à une autre dimension – eschatologique – de l'être que confirme Théo. Au salut par l'œuvre auquel croyait encore le jeune écrivain, succède une tentative de désœuvrement, voire de désécriture, qui s'efforce de retrouver la simplicité, l'innocence enfantine.

Conclusion provisoire

De quel vécu de lecteur la bibliothèque de l'auteur témoigne-t-elle ? Notre réponse à cette question ne pourra jamais être que partiale et parcellaire. Nous avons toutefois tenté de saisir et de présenter ici la singularité d'une pratique du Livre. La bibliothèque de Pinget, comme son œuvre, ne ressemble à aucune autre. Certes, comme toute bibliothèque d'écrivain, elle recèle des modèles, des auteurs à qui il voue ses exercices d'admiration, mais en réalité toute son activité d'écrivain a été focalisée sur le désapprendre. Autant Pinget admirait chez ses interlocuteurs des signes de belle culture, autant il se méfiait des apprentissages studieux régurgités, non-assortis d'intuition et de sensibilité. Lui-même a pourtant fait l'effort d'acquérir des outils méthodologiques et théoriques. Droit, alchimie, structuralisme et nouvelle critique requièrent un raisonnement et un vocabulaire spécifiques qu'il a studieusement acquis, quitte à s'en servir comme matériau romanesque ou dramatique.

La bibliothèque est aussi le lieu de la création. Des fragments empruntés/récupérés viennent ainsi construire l'œuvre qui ne cesse de problématiser ou de dramatiser la scène du Livre. Distant ou lointain, perdu ou effacé, le texte-origine constitue souvent chez Pinget le sujet anecdotique du roman ou de la pièce de théâtre. Manuscrit perdu au fond d'un puits ou dans une malle, ce négatif du texte révélé (écrit et publié) est, partiellement en tout cas, le retraitement de lectures anciennes ou amies. Cette opération de recyclage livresque est toujours dévoilée aux traducteurs, mais quelquefois cachée aux critiques et lecteurs francophones.

Sans doute peut-on s'étonner de la présence et de l'importance du corpus philosophique, des ouvrages sur la spiritualité, la théologie. L'image de l'écrivain humoriste (léger, voire facétieux) s'en trouve certainement altérée. Discret sur ce qu'il pensait au sujet des êtres et des choses, Pinget n'en a pas moins poursuivi une réflexion personnelle dont il n'a pas fait étalage. Elle ne transparaît dans son œuvre que sur le mode ironique ou parodique, pour donner le change, tant il se méfiait des généralisations et des jugements hâtifs.

Sa propre pratique de lecteur peut paraître contradictoire ou paradoxale en ce qu'elle fait cohabiter des lectures exigeantes et des livres-jouets, décorés, fabriqués, collés, découpés par ses soins.

Citons, pour lier lecture exigeante et jeu enfantin, un passage à l'acte intéressant, une incidence concrète de la lecture dans le vécu de l'écrivain. Pinget écrit au dos d'une photo de la tour qu'il a lui-même construite dans sa ferme de Touraine: «Tour de Bollingen. J'ai construit cette tour en 1977 après ma lecture de Jung, réalisant ainsi le rêve ancien d'avoir une tour.» Détail anecdotique sans doute, mais qui vient confirmer l'image de l'écrivain-bâtisseur et illustre sa volonté d'être perçu comme étant «à l'ouvrage», capable de construire des murs autant que de faire des livres et ce, loin de la ville et de ses mondanités. (Christine Montalbetti parle d'«une efficace sur le monde», voir son ouvrage: *Le Voyage, le monde et la bibliothèque*, Paris, PUF, 1997, p. 256.) La bibliothèque de Monsieur Songe est celle d'un artisan (à la retraite, mais qui a eu une solide formation humaniste) et non celle d'un intellectuel lettré, mondain, avide de participer aux débats de son époque. Sa curiosité est celle d'un introverti qui tente d'en savoir autant que possible sur lui-même et sur le monde de manière à mieux vivre. Ce «mieux vivre» ne peut se trouver exclusivement dans les livres.

Son appartenance au Nouveau Roman et aux éditions de Minuit ont propulsé Robert Pinget dans un débat théorique sur la littérature qu'il n'avait pas nécessairement envie de mener. En bon élève, il s'est toutefois acquitté de sa tâche en public en gardant par-devers lui, c'est-à-dire dans les marges du livre annoté ou par le refus d'entamer la lecture de textes étrangers à ses préoccupations, ses intimes convictions quant au sens véritable de la littérature et du Livre. L'esthétique romanesque et l'aventure des lettres ont eu beaucoup moins d'importance pour lui que son développement personnel. Se comprendre aura été son seul souci. La véritable curiosité de Monsieur Songe est de savoir ce qui se passe «dans le tréfonds», au-delà des apparences, dans le silence et le tumulte des passions. Contradictoire, sa bibliothèque l'est autant que lui, elle ne livre que par bribes les secrets de la création. Elle vient, en tout cas, clairement étayer la conception que Pinget avait de son travail:

> Mes livres n'ont été que des exercices de contrôle de ma faculté créatrice, de mes sensations, de ma mémoire. Exercices de maîtrise du ton (qui peut prendre diverses formes). Nullement l'exposé d'une conception artistique ou philosophique. En tout cas pas consciem-

ment. [*Cette dernière phrase est barrée.*] Le rôle du critique est justement de formuler cette conception à partir des modalités et des choix que j'ai faits successivement.

Je n'ai adhéré à aucune théorie littéraire. J'ai glané ça et là (chez autrui) certains modes d'expression ou certains procédés qui me paraissaient convenir à ma recherche. D'où la diversité apparente (du point de vue formel) de mes écrits. […]

L'art n'a pas été pour moi un moyen d'affirmer des convictions philosophiques, morales, religieuses ou sociales. Il a été une libération de toutes les contraintes autres que formelles. Il a toujours été pour moi un jeu. La rigueur est ailleurs que dans l'élaboration d'une forme littéraire caractéristique (et unique). Or on ne joue pas impunément. Le châtiment est venu sous la forme de l'insuccès (provenant donc de l'incompréhension du lecteur, désorienté).

Il me reste à savoir si dans une dernière manifestation, je peux affirmer mes références et si cela est souhaitable. Il me semble que oui.[..] Sans avoir lu le dixème de ce que j'aurais dû lire, je me suis néanmoins efforcé de me cultiver. Il ne me reste de cet effort absolument rien. (Fragment manuscrit non daté).

Pour nous lecteurs, cette œuvre s'est écrite dans le délestage, l'oubli et le souci de faire entendre, sous le fatras des références, en éliminant brouillages et parasites, un balbutiement autre, authentique, libéré de l'emprise de la critique.

[…] ce qui m'importe ce n'est pas de bien chanter, c'est d'entendre ma voix sans la bronchite, tu sais la bronchite, il y a plein de petits sifflets.

Voilà. Je n'ai plus rien à dire, néanmoins tout me demeure, j'ai gagné (*Mahu ou le matériau*).

Le balbutiement initial est devenu une voix singulière, modulée par la présence, proche ou lointaine, du Livre.

Impression : EUROPE MEDIA DUPLICATION S.A.
F 53110 Lassay-les-Châteaux
N° 8383 - Dépôt légal : avril 2001

Mise en page, photogravure : Exegraph, Toulouse.

8439 123